드라마 레위기

드라마 레위기

지은이 | 김경열
초판 발행 | 2020. 12. 23
7쇄 | 2023. 10. 17
등록번호 | 제1988-000080호
등록된 곳 | 서울특별시 용산구 서빙고로65길 38
발행처 | 사단법인 두란노서원
영업부 | 2078-3352   FAX | 080-749-3705
출판부 | 2078-3331

책값은 뒤표지에 있습니다.
ISBN 978-89-531-3934-3 03230

독자의 의견을 기다립니다.
tpress@duranno.com   www.duranno.com

두란노서원은 바울 사도가 3차 전도여행 때 에베소에서 성령 받은 제자들을 따로 세워 하나님의 말씀으로 양육하던 장소입니다.
사도행전 19장 8-20절의 정신에 따라 첫째 목회자를 돕는 사역과 평신도를 훈련시키는 사역, 둘째 세계선교(TIM)와 문서선교 (단
행본·잡지) 사역, 셋째 예수문화 및 경배와 찬양 사역, 그리고 가정·상담 사역 등을 감당하고 있습니다. 1980년 12월 22일에 창립된
두란노서원은 주님 오실 때까지 이 사역들을 계속할 것입니다.

눈 감고도 그려지는

드라마

Drama Leviticus

레위기

김경열 지음

두란노

중학교 때 친구를 따라 처음 교회에 나가서 예수님을 알게 되었습니다. 성경은 고등학교 시절부터 읽기 시작했습니다. 창세기가 너무 재밌었습니다. 야곱과 요셉의 이야기를 읽다가 눈물을 처음 흘려 보기도 했습니다. 고2 때 마태복음 5-7장의 산상수훈을 읽었는데, 내 마음에 지각변동이 일어났고, 그날 이후로 예수님이 내 인생을 지배하게 되셨습니다.

그런데 정작 그리스도의 십자가 복음을 깨닫고, 내가 죄인임을 비로소 고백한 것은 로마서를 읽고 공부하던 대학교 때였습니다. 그때부터 세상을 바라보는 관점이 달라졌고, 급기야 십자가 복음을 전하는 데 인생을 바치는 목사가 되기로 결심하기에 이르렀습니다.

성경을 계속 읽었는데, 대부분은 푹 빠져서 읽을 만큼 쉽고 재밌었지만, 출애굽기의 성막 이야기에서부터 레위기, 에스겔서 같은 선지서들과 요한계시록은 읽기가 쉽지 않았습니다. 재미가 없어서 따분한데다가 이해하기가 어려웠기 때문입니다. 마치 읽히기 싫어서 철저히 방어하는 철옹성처럼 느껴졌습니다.

목사가 되기 위해 신대원에 입학하고 나니 성경 66권 중에서도 레위기를 한번 제대로 연구하고 싶어졌습니다. 레위기를 연구하면서 성막이 성전의 원형으로서 얼마나 놀라운 상징물인지를 비로소 깨달았습니다. 그러자 출애굽기의 성막 이야기가 더 이상 따분하거나 지루하게 느껴지지 않았습니다. 또 성막을 배경으로 기록된 레위기가 얼마나 심오하며 중요한 책인지를 절실히 깨닫게 되었습니다.

뒤늦은 나이에 선교지에서 레위기를 주제로 박사 논문을 쓸 때, 개인 부흥회를 숱하게 하곤 했습니다. 레위기의 구절구절 그 의미를 깨달아 가면서 감당하기 어려운 벅찬 은혜와 감격이 쏟아졌기 때문입니다. 제가 경험한 큰 은혜와 감격을 글로써 성도들과 나누기로 마음먹었습니다.

레위기로 박사 학위를 받은 뒤, 제가 연구하고 깨달은 사실을 모두 담은 책,《레위기의 신학과 해석》(새물결플러스)을 출간했습니다. 많은 분이 그 책을 읽고 호평해 주셨습니다. 하지만 신학적으로 깊은 논쟁과 전문적인 내용이 주를 이루다 보니 일반 독자들이 읽기에는 어렵다는 아쉬운 평도 있었습니다.

그래서 이번에는 누구나 쉽게 읽고 이해할 수 있는 레위기 이야기를 출간하고자 합니다. 일종의 해설서라고 할 수 있습니다. 약 5년 전에 〈기독신문〉에 레위기 강해 시리즈를 실은 적이 있습니다. 그때

드라마 형식을 빌려 쉽게 설명했더니 독자들의 반응이 무척 좋았습니다.

《드라마 레위기》는 그때의 경험을 바탕으로 좀 더 쉽게 풀어서 쓴 책입니다. 그러다 보니 분량이 세 배 정도 늘어났습니다. 여러 등장인물이 이스라엘 역사 무대에 올라 다양한 이야기를 들려줍니다.

아무래도 학자로서 연구해 온 바를 저술한 것인 만큼 전작과 중복되는 내용이 많지만, 읽기에 까다로운 신학적 논쟁은 대부분 덜어 냈고, 연구 과정에서 달라진 견해와 새롭게 깨달은 사실을 추가로 보완했습니다. 또한 다양한 삽화와 도표를 새로이 넣음으로써 입체적이고 생생한 현장감을 느끼도록 했습니다.

단막극 형식으로 펼쳐지는 장면들이 독자들을 레위기에 기록된 역사의 현장으로 데려갈 것입니다. 바로 그곳에서 레위기 말씀을 실감 나게 느끼고 깨닫기를 바랍니다.

2020년 12월

김경열

Moonsoo Park

Johanan

Joachim

Zohar

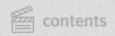
contents

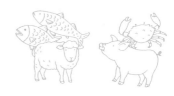

✳ 2부
거룩의 목적은 무엇인가?

하품 나오는 레위기

박문수 집사는 교회를 다닌 지 10년째다. 그동안 성경을 여러 차례 읽었다. 꿀맛 같은 말씀을 읽으며 하나님에 대한 지식이 나날이 깊어져 갔다. 그런데 성경 66권을 통독할 때마다 쉽사리 넘어가지 않는 책들이 있다. 신약에서는 요한계시록, 구약에서는 레위기가 그렇다. 소문대로 두 책은 수면제와도 같다. 특히 레위기는 읽다가 하품이 나올 정도로 지루하다. 몇 가지 종류인지도 모를 만큼 다양한 제사가 등장하고, 제사의 절차는 복잡하기만 하다. 게다가 어려운 용어로 쓰인 따분한 법들과 규정들로 가득 차 있다. 그런데 이러한 것들에 관한 의미나 교훈은 구체적으로 설명되어 있지 않다. 그래서 매번 레위기는 글자만 훑어 읽고, 서둘러 민수기로 넘어가곤 한다.

우리가 바로 박문수 집사다. 대부분의 성도는 박 집사처럼 성경을 통독해 나가다가 레위기에 이르면 감히 넘기 힘든 높은 산을 만난 듯 두려움과 답답함을 느끼게 된다. 그러나 사실 레위기는 알고 보면 형언하기 어려울 만큼 기막힌 장관을 연출하는 아름다운 산이다.

성경의 에베레스트산이라고 할 만한 레위기에 나와 함께 도전해 보자는 뜻에서 이 책을 썼다. 차근차근 오르다 보면, 미처 알지 못했던 아름다움을 발견하게 될 것이다. 그러면 레위기는 더 이상 수면제가 아니라 오히려 청량제가 될 것이며 영혼을 강건케 하는 영양제로 다가올 것이다.

현대에는 꽤 느슨해졌지만, 유대인들은 전통적으로 토라(Torah) 교육에 엄격하다. 그들은 자녀가 다섯 살이 되면 토라를 가르치기 시작한다. 토라는 구약 전체를 가리키기도 하지만, 흔히 '창세기, 출애굽기, 레위기, 민수기, 신명기' 등 모세오경을 말한다. 유대인 부모가 자녀에게 가르치는 첫 번째 토라는 레위기다. 창세기가 아닌 레위기로 성경 교육을 시작하는 것만 봐도 레위기가 얼마나 중요한 책인지를 알 수 있다.

그런데 왜 그들은 어린 자녀들에게 지루하고 딱딱한데다가 난해하기까지 한 레위기부터 가르치는 걸까? 레위기를 들여다보면, 그 이유를 알 수 있다. 레위기는 "어떻게 예배(제사)할 것인가"와 "예배자(제사자)는 어떻게 살아야 하는가"를 낱낱이 자세하게 가르쳐 주는 교본이기 때문이다. 한마디로 '예배'와 '삶'을 위한 구체적인 지침서다.

우리가 에베레스트산처럼 느끼는 레위기를 유대인들은 다섯 살짜리 아이들에게 성경 읽기를 시작하는 첫걸음으로 가르친다는 사실에서 도전을 받는다. 또 다섯 살이면 말귀를 겨우 알아듣기 시작할 나이인데, 그 어린아이들에게 레위기를 가르친다니, 사실 레위기는 이해하기 어려운 책이 아님을 시사하는 것이 아닐까?

기실 레위기는 그야말로 복음의 진수를 담고 있으며 신앙생활의 규범을 제시하는 책으로 설교자에게는 설교의 보물창고요 신학자에게는 마르지 않는 신학적 샘물이며 모든 성도를 위한 신앙생활의 교본이다. 그런데도 오랫동안 오해와 홀대를 받아 왔다. 이제 레위기를 재평가하고, 본래의 위상을 되찾게 해 줄 때가 된 것이다.

레위기는 레위인을 위한 책이 아니다?

레위기의 히브리어 제목은 '봐이크라'(wayyiqra)다. 봐이크라를 번역하면, '그가 불렀다'인데, 책 제목이 '그가 불렀다'라니 매우 이상하다.

히브리어로 기록된 모세오경은 각 권을 시작하는 첫 번째 단어를 제목으로 삼는 관행을 따랐다. 예를 들어, 창세기를 가리키는 히브리어 제목 '브레쉬트'(breshit)는 1장 1절의 첫 단어 "태초에"를 가리킨다.

그런데 영어 성경은 레위기의 제목을 '봐이크라'가 아닌 'Leviticus'로 쓰고, 이에 따라 우리말 성경도 '레위기'로 번역했다. 그런데 어쩌다가 레위기라는 제목을 붙이게 되었을까?

아주 오래전, 그러니까 예수님이 오시기 약 300년 전에 히브리어 성경이 헬라어로 번역되었다. 당시 조국을 잃은 유대인들이 로마 전역에 흩어져 살았는데, 로마제국에서 헬라어가 공용어로 쓰였으므로 구약성경을 헬라어로 번역할 필요가 절실했다. 그래서 72명의 학자가 히브리어 성경을 헬라어로 번역했는데, 우수리를 떼고 70명이 번역했다고 해서 '70인경'(Septuaginta)으로 부른다.

그런데 70인경은 봐이크라(레위기)로 불려야 할 책의 제목을 무슨 이유에서인지 '레위인의 책'이라는 뜻의 '레위티콘'(Leuitikon)으로 결정했다. 그 뒤로 라틴어 성경이 이것을 따랐고, 훗날 자연스럽게 모든 영어 성경 번역본들이 이를 승계하였다. 따라서 오늘날 히브리어 성경을 제외한 모든 번역 성경에서 이 책의 제목은 '레위기'가 되었다.

하지만 정작 레위기에는 레위인이 거의 등장하지 않기에 '레위인의 책'은 적절한 제목이 아니다. 레위기가 제사장들을 위한 지침들로 가득 차 있지만, 사실은 제사장들보다는 평민을 위해 쓰인 책이다. 레위기는 곳곳에서 모든 율법이 제사장뿐 아니라 평신도들도 숙지해야 할 중대한 법임을 말해 주고 있다. 또한 모든 언약 백성이 명심해야 하는 상세한 제의적 절차와 거룩한 삶의 기준을 제시한다. 왜냐하면 특별히 선택되어 부름을 받은 언약 백성은 레위기 법의 준수를 통해 세상 민족들과 구별된 거룩한 삶을 구현해야 할 사명이 있기 때문이다.

회막에서 모세를 부르시다

레위기의 히브리어 제목 '봐이크라'가 "그가 불렀다"는 뜻이라는 사실에 주목해야 한다. 레위기가 기록된 정황을 생생히 말해 주고 있기 때문이다. 즉 "그가 불렀다"는 뜻의 봐이크라는 하나님이 모세를 부르셨다는 사실을 가리킨다. 히브리어 문장으로 보면, 봐이크라에 이은 두 번째 단어는 "회막에서"라는 뜻이다. 회막은 곧 성막을 가리킨다. 말하자면, 레위기는 하나님이 회막에서 모세를 부르시면서 시작하는 책이다(레 1:1).

레위기 앞의 책인 출애굽기는 회막(성막) 완성에 관한 보고와 더불어 마무리된다(출 40:33-38). 이때 "구름이 회막에 덮이고 여호와의 영광이 성막에 충만"(출 40:34)했다. 이전에는 하나님의 구름이 시내산 꼭대기에 내려와 있었는데, 성막이 완성되자 그 구름이 성막으로 이동해 왔다. 하나님의 임재 장소가 시내산에서 성막으로 바뀐 것이다. 이것은 대단히 중요한 사건이다. 이제 하나님은 시내산 정상이 아닌 백성들 사이에 마련된 '회막'(성막)에서 말씀하신다. 하나님은 모세를 통해 백성들에게 선포할 계명과 율법을 주셨다. 일대일 대면은 바로 이 상황에 대한 중요한 말씀이다.

성막이 완성된 후(출 25-40장) 성막의 운용에 관한 문제와 성막을 중심으로 한 생활 규칙이 주어지는 것은 자연스러운 수순이다. 즉 성막에서의 제사 규범과 진영 내(그리고 가나안땅)에서의 생활 규범을 담은 책이 바로 레위기다.

이스라엘 백성은 제1년 1월 15일에 이집트 라암셋을 떠난 후(민 33:3) 3월에 시내산에 도착했다. 레위기는 이스라엘 백성이 시내산 아래서 1년간 머무는 동안 모세를 통해 하나님이 선포하신 말씀이다. 이어 제2년 2월 20일에 하나님의 구름이 드디어 움직이기 시작하면서 시내산을 출발한다.

> 둘째 해 둘째 달 스무날에 구름이 증거의 성막에서 떠오르매
> 민 10:11

시내산 아래에서 예배와 삶에 대한 규범을 전수받은 뒤 시내산을 떠난 것이다. 민수기는 그 후 광야에서의 기록이다. 따라서 우리는 레위기 이야기를 시작하기 전에 출애굽 후 시내산에서 있었던 가장 중요한 두 사건, 시내산 언약 및 성막 건설을 먼저 살펴볼 것이다.

무슨 제사가

이리 많은가?

1. 피의 언약을 맺다 / 출 24장 /

출애굽으로 여정이 시작되다

유월절 밤에 이집트 땅 전역에 하나님이 예고하신 마지막 재앙이 닥쳤다. 하나님은
모세를 통해 이집트의 "모든 처음 난 것은 왕위에 앉아 있는 바로의 장자로부터 맷
돌 뒤에 있는 몸종의 장자와 모든 가축의 처음 난 것까지"(출 11:5) 죽을 것이라고 예
고하신 바 있다.

그날 밤, 유다 지파에 속한 요하난은 온 가족을 불러 모았다. 문설주에
피를 바르고 유월절 양을 구워 먹은 뒤 무서운 재앙이 지나가길 기다렸
다. 아침이 되었다. 이집트 온 땅에서 장자를 잃은 사람들의 통곡 소리가 들려왔다.
요하난 가족은 온 이스라엘 백성과 함께 이집트를 급히 떠났다. 며칠 후 홍해가 앞
을 가로막고, 뒤에는 이집트 군대가 쫓아오는 위기 상황에 부닥쳤다.

그러나 하나님이 홍해가 갈라지는 기적을 일으켜 주심으로써 이스라엘 백성은 무
사히 위기를 모면할 수 있었다. 유월절(유대력 1월 14일) 다음 날에 이집트를 떠난 그
들은 갖은 고생을 하며 한 달 반 동안 여행한 끝에 3월 어느 날 드디어 시내산에 도
착했다(출 19:1; 참조, 민 33:3).

  드라마 레위기

백성들은 시내산 아래에 여장을 푼 뒤 거처로 삼을 천막을 치느라 분주했다. 요하
난도 유다 지파가 모인 구역의 한곳에 자리를 잡았다. 천막을 짓던 요하난은 시내
산 꼭대기에 신령한 현상이 나타난 것을 목격했다. 모든 백성이 그 광경을 보고 두
려움에 떨었다. 산 정상을 짙은 구름이 둘러싸고, 번개와 같은 광채가 번쩍이며 화
염이 뿜어져 나오는가 하더니 우렛소리와 신령한 나팔 소리가 땅을 진동시켰다(출
19:16-18). 그러자 사람들이 웅성거렸다.

 1부: 무슨 제사가 이리 많은가?

"하나님이 저 산 위에 내려와 계시는구나!"

"홍해를 가르고 우리를 이곳으로 인도하신 하나님이 저기 계시구나!"

백성들이 산 아래에서 진영을 구축하고 있을 때, 지도자 모세는 하나님의 부름을 받고 즉시 시내산으로 올라갔다. 한참 지난 후에 모세가 산에서 내려왔다. 그리고 모든 백성에게 목욕하고 몸과 마음을 성결하게 하여 하나님을 맞을 준비를 하라고 지시했다(출 19:14-15, 22). 이는 하나님과 '시내산 언약'을 체결하기 위한 준비였다 (출 24장).

모세는 언약식에 앞서 정결하게 준비된 백성을 향해 시내산에서 하나님께 받은 말씀과 율법을 선포했다(출 20-23장). 십계명은 시내산에서 하나님의 직접적인 음성으로 처음 울려 퍼졌다(출 20:1-17).

우렁차게 울리는 하나님의 신령한 음성을 들은 요하난은 경외감에 몸을 떨었다. 얼마나 긴장되었던지 곧 죽을 듯 숨이 막혀 왔다. 온 백성이 하나같이 두려움에 떨며 손으로 귀를 막았다. 그들은 모세에게 달려가 "모세 선생님, 하나님이 우리에게 친히 말씀하시면 우리가 다 죽을 것입니다. 제발 당신이 말씀을 받아서 우리에게 전달해 주십시오!"라고 간청했다(출 20:19-20).

모세는 다시 산으로 올라가 백성에게 전할 율법의 말씀을 받았다. 십계명은 산 정상에서 하나님의 음성으로 백성에게 직접 선포되었지만, 이어지는 율법들은 모세가 하나님께 받아서 선포하였다. 그것이 소위 "언약서"(혹은 "언약의 율법서")라 불리는 출애굽기 20장 23절에서 23장 33절까지의 구약 최초의 법전이다.

12개의 기둥과 24마리의 소

언약의 율법을 받으러 다시 산에 올라갔던 모세가 내려왔다. 곧이어 언약식을 위한 예비 소집이 있었다(출 24:1-3). 하나님이 온 이스라엘 백

드라마 레위기

성에게 시내산 쪽으로 집결하라는 명령을 내리셨고, 언약식에서 각자 있어야 할 곳을 정해 주셨다. 그들은 자신이 서야 할 자리를 미리 확인해야 한다.

이스라엘 백성은 시내산을 향해 삼중으로 자리 잡아야 한다(출 24:1-2). 백성들은 산기슭에 남아 있어야 하고, 백성을 대표하는 아론과 그의 아들들과 장로 70명이 산 쪽으로 가까이 나아가야 한다. 그런 뒤에 모세만이 산 정상에 근접한 곳까지 올라갈 수 있다. 여호와께 가장 가까운 곳이기 때문이다.

모세가 백성을 소집하여 여호와께서 정해 주신 자리를 그들에게 일러 주고, 십계명과 산에서 받아온 율법의 말씀을 전했다(출 24:3).

요하난은 십계명과 더불어 모세가 선포한 기나긴 율법의 말씀을 하나하나 마음속에 새기며 귀담아들었다. 특히 십계명은 하나님이 백성을 향하여 친히 음성으로 들려주신 말씀인 만큼 머릿속에 뚜렷이 각인되었다. 요하난은 하나님의 음성이 내내 귓가에 맴도는 것만 같았다. 말씀을 들은 모든 백성이 한목소리로 "모든 말씀을 그대로 다 지키겠습니다"라고 화답했다(출 24:3).

한편, 언약식을 준비하던 지도자 모세는 그날 그 모든 말씀을 양가죽 두루마리에 충실히 기록했다(출 24:4). 이는 자신이 죽으면 율법의 승계가 이루어지기 힘들 것이므로 후대를 위해 정확히 기록해 두고자 한 것이다. 이후 모세는 오경 전체를 그렇게 차근차근 기록해 보존해 두었다.

이튿날 아침이 되었다. 언약식의 본 예식이 거행되는 날이다(출 24:3-11). 모세는 아침 일찍부터 언약식 준비에 분주했다. 시내산 아래에 커다란 제단을 쌓고, 제단 주변에는 12지파를 상징하는 커다란 12개의 돌기둥을 세웠다.

요하난은 가족들을 데리고 전날 배정받은 자신의 자리를 찾아갔다. 신령한 구름이 둘러싸인 시내산 아래에 운집한 백성의 풍경은 장엄했다. 멀리 모세가 구축해 놓은 커다란 임시 제단이 보였다(출 24:4).

제사장들은 내정되었지만, 아직 제사장으로 위임되지는 않았으므로 모세는 임시로 제사장 역할을 할 신실한 청년들을 선발했다. 그들이 소들을 번제와 화목제로 제단에 바쳤다.

언약식은 그야말로 엄청난 양의 피가 뿌려지는 '피의 언약식'이었다. 요하난은 언약식 내내 기도하며 엄숙한 마음으로 그 광경을 지켜봤다. 모세는 여러 양푼에 담긴 피의 절반, 즉 12마리 소의 피를 제단에 뿌렸다. 피비린내가 진동하여 먼발치에 있는 요하난의 코에도 피 냄새가 느껴질 정도였다.

소들은 12지파에서 나누어 냈을 것으로 보이는데, 추정컨대 번제용 12마리와 화목제용 12마리로 도합 24마리가 준비되었을 것이다. 왜냐하면 "여호와께 소로 번제와 화목제를 드리게"(출 24:5) 하였는데, 여기서 "소"는 단수가 아닌 복수인데다가 도살 후에 받은 피가 "여러 양푼"(출 24:6)에 담겼다고 기록되었기 때문이다. 또한 민수기 7장에서 지파별로 엄청난 양의 봉헌물을 바친 것을 봐도 짐작할 수 있다.

미쉬나(Mishnah)에 기록된 전통적 제사 방식에 따르면, 피는 "제단 사방"(레 1:5)에 뿌렸다. 즉 제사장이 양푼을 들고 제단 사면 벽에 피를 끼얹은 것이다(위임식은 레위기 8장에서 거행된다).

시내산이라는 거대한 성전에 피가 흩뿌려지다

무슨 이유에서인지 모세는 남은 절반의 피, 곧 12마리의 피가 담긴 양푼은 그대로 남겨 두었다. 그는 터벅터벅 가까운 기둥 옆으로 걸어가 거기에 둔 큼직한 두루마리를 펼쳐 들었다. 이것은 전날 모세가 밤새 기록해 둔 율법서 두루마리로 "언약서"라 칭했다(출 24:7). 예비 소집에서 모세는 그 율법 전부를 우렁찬 목소리로 암송하여 전달한 바 있다. 모세는 "언약서"라 이름 붙인 양가죽 두루마리를 펼치고, 큰 소리로 율법의 명령을 낭독하기 시작했다.

율법 전문을 다 듣고 난 요하난과 백성들은 전날처럼 다시 아멘 하며 "모든 말씀을 우리가 지키겠습니다" 하고 응답했다(출 24:7). 특히 하나님의 백성이 되기 위한 언약의 조건이 요하난의 마음속에 엄숙한 명령으로 다가왔다.

시내산에 도착하던 날, 하나님은 이집트의 노예였던 그들을 향해 이렇게 말씀하셨다.

"너희가 내 말을 잘 듣고 내 언약을 지키면 너희는 모든 민족 중에서 내 소유가 되겠고 너희가 내게 대하여 제사장 나라가 되며 거룩한 백성이 되리라"(출 19:5-6).

"내 소유"로 번역된 히브리어 '세굴라'는 단순한 재산이 아닌 '보물, 보화, 귀중품'을 의미한다. 요하난은 그때의 말씀을 기억하고는 가슴이 뜨거워지는 것을 느꼈

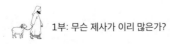

다. 얼마나 큰 위로의 말씀인가. 중노동에 시달리며 학대받던 민족을 하나님이 '내 보배'라 부르시다니! 큰 은혜를 입은 만큼 두루마리의 율법을 지키는 것은 마땅한 도리이니 어찌 아멘으로 순종을 약속하지 않을 수 있겠는가?

모두가 지켜보는 가운데, 모세는 갑자기 남겨 두었던 절반의 피를 가져다가 70명의 장로와 5명의 제사장 내정자들에게 뿌리기 시작했다. 황소 12마리 분량의 피가 담긴 양푼을 가져다가 75명에게 뿌리니 그들의 옷과 온몸이 피로 흥건해졌다. 이 광경을 지켜본 백성들이 숨을 죽였다. 회중 사이에 잠시 깊은 침묵이 흘렀다.

모세의 목소리가 침묵을 깨고 시내산에 메아리쳤다.

"여러분! 이것은 여호와께서 이 모든 말씀에 대하여 여러분과 세우신 언약의 피입니다!"

이것은 놀라운 선언이었으며 대량의 피가 제단과 백성의 대표 양쪽에 뿌려진 만큼 충격적인 예식이었다. 피로 물든 두 의례의 중간에 언약의 율법이 선포되었다.

요하난은 잠시 생각에 잠겼다. '이 피의 언약식은 무엇을 의미하는 것일까?' 요하난과 이스라엘 백성이 그 의미를 깨닫기까지는 오랜 시간이 걸리지 않았다.

백성의 대표는 75명이었는데, 장로 70명과 제사장 내정자 5명이었다. 제사장 후보자는 아론과 그의 아들 넷이다. 24장 1절에는 아론의 첫째와 둘째 아들만 거명되지만 대표로 언급되었을 것이다. 모세와 백성의 대표들이 하나님께 나아갔다. 그들은 마치 하나님을 뵌 것 같았고, 그분 앞에서 잡은 소를 삶아 먹으며 화목제의 잔치를 벌임으로써 그날의 언약식은 마무리되었다(출 24:9-11).

원래 모세 외에는 하나님께 가까운 산 정상 쪽으로 올라오지 못하도록 금하셨지만, 하나님은 잔치를 위해 이스라엘의 "존귀한 자들"(출

 드라마 레위기

24:11)이 가까이 나아오도록 허락하셨으며 그들에게 손을 대지 않으셨다.

우리는 이 피의 언약식에서 한 가지 놀라운 사실을 발견한다. 구약 전체에서 희생 짐승의 피가 인간에게 직접 뿌려진 경우는 여기 시내산 언약식이 유일하다. 모든 제사에서 짐승의 피는 항상 제단에(가끔 본당 안의 향단에) 뿌려졌을 뿐이다.

당시 시내산은 제단이 설치된 일종의 거대한 성전과도 같았다. 성전이 마당-내성소-지성소의 삼중 구조로 되어 있듯이 시내산에 집결한 이스라엘 백성도 그렇게 삼중으로 구분되었다. 각 성전 구역에 출입 제한이 있듯이(예를 들어, 성전 마당은 평민까지, 내성소는 제사장까지, 지성소는 대제사장이 출입할 수 있었다), 시내산도 구역에 따른 출입 제한이 있었다.

그러므로 모세가 12마리 소의 피를 제단에 뿌린 것은 시내산 성전에 피를 뿌린 것과 같다. 마찬가지로 남은 12마리 소의 피를 백성의 대표들에게 뿌린 것은 결국 백성 전체에 피를 뿌린 것이나 마찬가지다. 이렇게 해서 성전과 백성은 피로써 하나로 연결되었다. 성전과 백성은 피의 언약을 통해 마치 한 몸처럼 결속된 것이다. 바로 이것이 이스라엘 백성이 훗날 깨달은 놀라운 시내산 언약식의 비밀이다.

먼 훗날, 예수님이 오신 후로는 성전과 백성이 아예 하나로 결합되어 백성이 곧 성전이요 성전이 곧 백성이 되었다. 이것은 레위기의 제사를 이해할 때 대단히 중요한 의미를 지닌다.

2. 성막, 하나님의 신혼집 / 출 32-40장 /

광란의 시내산 나이트클럽

피의 언약식이 끝나자 하나님은 다시 모세를 시내산 정상으로 부르셨다. 모세는 "여호수아와 함께 일어나"(출 24:13) 하나님의 산에 올랐다. 모세가 장로들에게 우리가 돌아오기까지 기다리라고 말했다(출 24:14-16). 그런데 이상한 일이 벌어졌다. 자욱한 구름이 산을 가리더니 산 위에 여호와의 영광이 맹렬한 불처럼 타올랐다. 그 "구름 속으로" 걸어 들어간 모세가 오래도록 산에서 내려오지 않았다. 그는 "사십 일 사십 야를" 산에 머물렀다(출 24:17-18).

모세를 따라갔던 여호수아는 성과 속의 경계선을 넘었음에도 그분의 은혜로우신 보호 덕분에 무사했다. 아마도 모세에게서 멀찍이 떨어져 따로 머물렀을 것이다.

산 위에서 하나님 앞에 선 모세는 그분이 친히 새기신 십계명 두 돌판을 건네받았다(출 24:12). 그런데 이때 십계명 돌판만이 아니라 또 하나의 중요한 율법을 받았다. 그것은 바로 성막 건축법이었다. 하나님은 성

드라마 레위기

막 건축과 관련한 지시 사항을 친히 하나하나 설명해 주셨다. 아마도 하나님은 성막 조감도를 모세에게 말로 설명하실 뿐만 아니라 환상을 통해 실제 모양을 동영상처럼 보여 주셨을 것이다(출 25:9). 그가 성막의 모양을 입체적으로 정확히 기억할 수 있게 하셨다. 출애굽기 25장부터 31장까지가 성막 건축법을 담은 긴 율법이다. 모세는 산 위에서 이것을 완벽히 숙지하는 데 40일을 보냈다.

모세의 하산이 너무 늦어지자 요하난은 초조해졌다. 백성들도 웅성거리면서 이런저런 불만을 쏟아 내기 시작했다. 민심이 흉흉해지자 백성을 선동하는 무리가 나타났다. 주동자들이 아론에게로 몰려갔다. 그들은 모세와 여호와 하나님을 더 이상 기다릴 수 없으니 자신들을 "인도할 신을 만들라"(출 32:1)고 요구했다. 이 광경을 먼발치에서 지켜본 요하난은 생각했다.

'저 산을 덮고 있는 신령한 구름이 안 보이는가? 구름이 아직 머물러 있거늘, 어떻게 감히 저런 말을 한단 말인가?'

요하난의 마음에 두려움이 엄습했다. 그러나 온 백성이 집단적으로 광기에 사로잡혀 있었고, 모세를 대신하여 백성들을 잠시 지도하던 아론마저도 제정신을 잃은 듯 보였다. 처음에는 백성들을 만류하던 아론이 결국 여론에 떠밀려 금송아지 형상 제작에 앞장서고 말았다. 아론의 지시로 결코 바람직하지 않은 '금 모으기 운동'이 시작되었다. 많은 백성이 금귀고리를 빼서 아론에게로 가져왔고(출 32:2-3), 아론은 그것을 녹여 근사한 송아지 형상을 만들었다.

참고로, 구약에서 "송아지"(히. 에겔)는 새끼 소가 아닌 아직 멍에를 메지 않은 젊은 소를 가리킨다. 가나안 신전들에서 출토된 청동 송아지 상과 비교할 때, 금송아지는 실물 크기가 아니었을 테고, 20~30cm 정도였을 것으로 추론할 수 있다. 온 백성

금송아지의 크기는 20~30cm 정도였을 것으로 추정된다

이 금귀고리를 모조리 빼서 바쳤다고 해도 실물 크기의 소 형상을 만들 수는 없었을 것이다.

아론은 즉흥적으로 그다음 날을 "여호와의 절일"(출 32:5)로 선포했고, 이튿날 아침 일찍부터 광란의 송아지 축제가 시작되었다. 그들에게 부재한 신, 여호와는 송아지 우상으로 대체되었다. 이스라엘 백성들이 춤추며 송아지를 찬양하는 광란의 소리는 마치 전쟁터의 함성처럼 요란했다(출 32:17-18).

광란의 현장에서 두려움에 사로잡힌 요하난은 그야말로 초대형 사건이 터졌다고 생각했다. 이때 춤추며 소리 지르던 군중이 일순간 조용해졌다. 멀리서 누군가의 외치는 소리가 들려왔기 때문이다.

"저기 모세 선생님이 내려오신다!"

멀리 시내산 밑자락 기슭에 모세가 서 있었다. 손에 두 개의 돌판을 들고 있던 그는

  드라마 레위기

백성에게 가까이 다가오더니 갑자기 두 돌판을 내던져 깨트리며 분노를 터뜨렸다. 그 순간, 먼발치에 있던 요하난의 얼굴에까지 서늘하면서도 강한 기운이 엄습했다. 광란이 순식간에 제압되었다. 모세의 등장으로 온 백성이 하나님의 진노의 불을 느꼈기 때문이다.

분노하신 하나님은 백성을 진멸시키려 하셨지만, 모세는 백성을 구하기 위해 하나님께 매달렸다. 그는 자신의 이름을 생명책에서 지울지언정 백성만은 벌하지 말아 달라고 간청했다(출 32:31-32). 조금 전까지 우상 숭배로 제정신이 아니었던 백성들도 즉시 회개했다. 그들은 모세가 전하는 여호와의 준엄한 말씀을 듣고 슬퍼하면서 겸비한 자세로 하나님의 용서를 구했다(출 33:4-6). 모세의 중재로 사태가 수습되었다. 그러나 주동자와 적극 가담한 3천여 명은 죽임을 피할 수 없었다(출 32:28). 요하난은 이 범죄에 동참하지 않았지만, 공동 책임을 느끼며 하나님 앞에 통회 자복했다. 자비로우신 하나님은 패역한 이스라엘 백성을 용서해 주셨다.

시내산에서 받은 성막 설계도

하나님은 모세에게 그가 앞서 깨트렸던 두 돌판과 똑같은 돌판을 다듬어 만들어 시내산 꼭대기로 가져와서 보이라고 지시하셨다(출 34:1-3). 이번에는 여호수아 없이 홀로 등정해야 한다.

모세가 시내산에 오른 것이 대체 몇 번인가? 출애굽기 19장에서 34장까지, 즉 성막 건축이 시작되기 전까지 모세가 몇 번이나 산에 올랐는지는 정확히 파악하기가 어렵다. 학자들은 대략 5~6회 정도로 추정하지만 사실, 당시 현장에 있던 백성들도 횟수를 기억하지 못할 정도로 모세는 빈번히 시내산을 오르내렸다.

이스라엘의 지도자 모세는 이번에도 40일 동안 산에서 내려오지 않

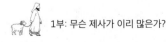

왔다. 십계명 돌판을 처음 받았던 때처럼 40일간 떡과 물을 먹지도 않고 마시지도 않은 채 하나님과 만남을 가졌다(출 34:28; 참조, 신 9:9).

드디어 모세가 두 번째 40일 금식 기도를 마치고 산에서 내려왔다. 요하난은 모세를 보는 순간 놀라움을 금치 못했다. 그의 얼굴에서 신령한 광채가 뿜어져 나왔기 때문이다. 백성 모두가 "모세의 얼굴 피부에 광채가"(출 34:30) 나는 것을 보고 두려움에 사로잡혔다. 사람들은 두 눈을 가리며 그에게 가까이 가지 못했고, 어떤 사람들은 무서워서 바들바들 떨며 땅에 엎드렸다. 먼발치에 있던 요하난도 감히 모세의 얼굴을 정면으로 볼 수 없었다. 40일 동안이나 하나님과 대면했으니 그의 얼굴에 비친 하나님의 광채의 흔적이 남아 있는 것은 어쩌면 당연한 일이었다. 그 광채는 잔상에 불과했는데도 인간은 그것을 감당하기도 어려웠던 것이다. 그러나 정작 모세 자신은 자기 얼굴에서 광채가 난다는 것을 알지 못했다. 이 사실을 깨달은 모세는 즉시 수건으로 얼굴을 가렸다. 그제야 백성은 모세에게 접근할 수 있었다. 한동안 그의 얼굴의 광채는 사라지지 않았는데, 백성들은 그가 얼마나 특별한 인물인지를 다시금 깨닫게 되었다.

이스라엘 백성이 모세의 얼굴에서 뿜어져 나오는 하나님의 광채의 잔상을 보고 심히 두려워한 상황은 충분히 이해할 만하다. 먼 훗날, 신약 시대에도 이와 비슷한 일이 벌어질 것이다. 그리스도인을 잡아오기 위해 다메섹으로 달려가던 사울 앞에 갑자기 신적 광채가 나타나므로 그가 땅에 엎드러지는데, 일어나 보니 눈이 멀어 사흘 동안 보지 못하게 된다(행 9:2-9). 영적 존재이신 하나님의 광채를 인간은 조금도 감당할 수 없는 법이다.

드라마 레위기

대반전의 역사, 성막 건축!

모세는 하산하자마자 백성들에게 하나님이 지시하신 성막 공사에 관해 말하기 시작했다. 앞서 말한 대로, 그는 40일간 산에서 하나님의 세밀한 교육을 받고, 성막 건축을 위한 준비를 철저히 하고 내려왔다. 모세는 온 백성과 기술자들에게 성막 설계도를 정확히 전달했다(출 35:1).

이때 놀라운 일이 일어났다. 온 회중과 기술자들에게 성령의 감동과 지혜의 영이 임한 것이다(출 35:21, 31, 35; 36:1-2). 불과 40일 전에 금송아지를 숭배했던 그들이 한순간에 성령 충만한 백성이 된 것이다. 그야말로 대반전의 역사다.

더 놀라운 것은 성령의 역사가 비교할 수 없이 경이로운 결과를 낳았다는 것이다. 앞서 '악령' 충만했던 백성들이 금송아지를 만들어 냈지만, 헌물한 것은 고작 금귀고리뿐이었다. 알고 보면, 소리만 요란했을 뿐 실제로는 헌신의 열기가 뜨겁지 않았던 것이다. 그러니 참여한 사람도 많지 않았을 것이 분명하다. 이것이 우상 예배의 수준이다. 따라서 앞서 말한 대로, 그들이 제작한 송아지 우상의 크기도 자그마했을 것이다. 시끌벅적하게 드리는 예배가 참된 예배는 아니다. 진정한 헌신이 수반되지 않는다면, 그것은 우상 숭배에 버금가는 가짜 예배일 수 있다.

그러나 성령 충만한 역사로 드려지는 헌신은 급이 다르다. 성막 건축에 온 백성이 열정적으로 참여했다. 모든 남녀가 금귀고리뿐 아니라 "팔찌와 귀고리와 가락지와 목걸이와 여러 가지 금품을 가져다가 사람마다 여호와께 금 예물을"(출 35:22) 드렸다. 그 밖에도 성막 건축에 필요한 모든 값비싼 물품들을 자원해서 헌물했다(출 35:21-29). 놀랍게도 이 장면은 훗날 오순절에 성령이 불같이 임한 초대교회에서도 그대로 재현된다.

성령을 받은 성도들이 모든 것을 내놓아 서로 통용하고, 각 사람의 필요를 따라 나누어 준 것이다(행 4:31-35).

요하난도 피난길에 유사시에 쓰려고 비상용으로 옷 꾸러미 깊숙이 숨겨 놓았던 패물들을 꺼내 하나님께 기쁨으로 바쳤다. 사람들의 열심은 요하난의 헌신을 능가했다. 백성들은 해가 뜨기가 무섭게 작업장 앞에 긴 줄을 섰다. 그들이 "아침마다 자원하는 예물을 연하여" 가져온 덕분에 예물을 더 이상 쌓아 둘 곳이 없어 "성소의 모든 일을 하는" 기술자들의 작업에 큰 방해가 될 지경이었다. 공사 실무자들이 헌물을 중단시켜 달라고 부탁할 정도였다. 급기야 모세가 백성들에게 예물을 그만 가져오라고 공포하기에 이르렀고, 그러고 나서야 끝없이 이어지던 헌물 행렬이 끊어졌다(출 36:3-7). 역사상 회중을 향해 제발 헌금 좀 그만해 달라고 간곡히 부탁한 교회는 이스라엘의 광야 교회가 유일할 것이다.

성막 공사가 본격적으로 시작되었다. 건물과 비품들 모두 모세가 하나님께 받아온 설계도면 그대로 시공되고 제작되었다(출 35-30장). 오랜 공사 기간 끝에 드디어 출애굽 후 제2년 1월 1일에 성막이 완성되었다(출 40:17). 요하난의 눈에 비친 성막은 아름다움 그 자체였다. 이집트에서 보았던 압도적인 크기의 거대 신전들에 비하면 자그마한 천막 예배당에 불과했지만, 요하난은 성막을 볼 때마다 말할 수 없는 감동에 젖어 눈물을 흘렸다. 성막 위에 하나님의 장엄한 영광이 임재했기 때문이다.

시내산에 머물렀던 영광의 구름이 사라지더니 완성된 성막 위에 장엄한 광경을 연출하며 나타났다(출 40:34). 구름을 동반하여 성막을 가득 채운 그 영광의 충만함이 너무나 압도적이었기에 모세와 온 이스라엘은 몸이 얼어붙은 채 입을 다물지 못했다. 하나님이 임재하셨던 시내산 정상까지 유일하게 등반했던 모세조차도 그 영광에 압도되어 감히 회막에 입장하지 못했다(출 40:35).

드라마 레위기

성막은 진영 중앙에 설치되었다. 성막이 완성된 후 하나님은 임재 장소를 시내산에서 성막으로 옮기셨다. 산 위에서 산 아래로 내려오시어 성막에 임재하신 것은 구약의 성육신 사건이자 임마누엘 사건이다. 하나님이 백성들과 함께하기 위해 진영 중앙에 세워진 성막으로 내려오신 것이다.

하나님이 이스라엘과 맺으신 언약은 일종의 결혼식이었다. 언약을 통해 하나님과 백성은 신랑과 신부, 남편과 아내와 같은 사이가 되었다. 그리하여 하나님은 자기 신부인 백성과 함께 거하기 위해 성막이라는 신혼방을 마련하도록 지시하셨던 것이다. 이제 진영 한가운데 있는 성막에 거하시며 백성과 동행하고, 그들에게 복과 은혜를 주시고, 그들을 인도하며 지도하실 것이다.

앞서 말한 대로, 레위기는 출애굽기의 마지막 장면을 고스란히 이어받아 시작한다.

> 여호와께서 회막에서 모세를 부르시고 그에게 말씀하여 이르시되 　레 1:1

즉 하나님의 영광의 압도적인 발현으로 인해 "회막"(성막)에 들어가지 못한 채 밖에서 떨고 있던 모세를 하나님이 "모세야, 회막으로 들어오너라" 하고 부르신 것이다.

이제 하나님과 만나는 장소가 시내산 정상에서 회막으로 바뀌었다. 천하의 모세도 하나님의 부름을 받고서야 비로소 회막에 입장할 수 있고, 이제부터는 회막에서 하나님의 말씀을 받게 된다. 이것이 바로 레위기 말씀이다. 이렇듯 출애굽기와 레위기는 연이어 읽어야 하는 책이다.

하나님은 회막에서 백성이 우선 무엇을 해야 하는지를 알려 주셨다. 다름 아닌 회막 사용법이다. 백성이 회막에서 해야 할 일은 무엇인가? 바로 '제사'다.

 드라마 레위기

3. 무슨 제사가 이리 많은가? / 레 1-7장 /

5대 제사

하나님은 레위기 1장부터 7장에 걸쳐 다섯 가지 제사법을 상세히 가르쳐 주신다. 그런데 레위기의 제사와 관련해서 몇 가지 혼란스럽고 헷갈리는 문제들이 있다. 우선, 도대체 제사의 종류가 왜 이토록 다양한가이다. 구약에는 번제, 소제, 화목제, 그리고 속죄제와 속건제 등 소위 5대 제사가 있다.

그런데 그것들 말고도 끝에 "제"자가 붙은 추가적인 용어들이 있다. 거제, 요제, 전제, 화제 따위다. 도대체 이것들은 또 무엇인가? 먼저 이것부터 깔끔하게 정리하고 넘어가자. 제사로 꼽을 수 있는 것은 5대 제사가 전부다. 즉 끝에 "제"자가 붙어 있다고 해서 모두 제사인 것은 아니라는 뜻이다. 이것들은 단지 제물을 바치는 특유의 몸동작이나 제물의 특징과 관련된 제사 용어일 뿐이다.

우선 5대 제사로 일컬어지는 제사들을 간단히 설명하면 다음과 같다.

첫째, 번제(燔祭)는 전체를 태워 모두 바치는 수직적 헌신의 제사다.

둘째, 소제(素祭)는 유일한 곡식의 제사로 감사의 제사다.

셋째, 화목제(和睦祭)는 감사의 제사로 수평적 나눔을 위한 잔치의 제사다.

넷째, 속죄제(贖罪祭)는 도덕적 죄와 신체적 부정결을 해결하기 위한 제사다.

다섯째, 속건제(贖愆祭)는 재산상의 피해를 준 죄를 위한 배상의 제사다.

앞의 세 제사, 곧 번제, 소제, 화목제는 기본적으로 감사의 자원제다. 즉 언제든지 자발적으로 드릴 수 있는 제사다. 그러나 나머지 두 제사, 속죄제와 속건제는 죄로 인해 반드시 드려야만 하는 의무제다. 속죄제와 속건제는 둘 다 죄를 해결하는 쌍둥이 제사인데, 속죄제는 보통 도덕적인 계율을 어긴 경우이고, 속건제는 남에게 금전적 피해를 입힌 경우에 드리는 제사다.

레위기는 1장부터 5장까지 각 제사법을 일차로 소개한 뒤에 이어서 6장부터 7장까지 앞에서 누락된 다양한 내용을 보충하고 있다. 예를 들어, 1장의 번제를 읽을 때, 6-7장에 추가된 내용을 살펴 보충하며 읽는 것이 좋다.

그 외 "제"로 끝나는 용어들

5대 제사에 속하지 않는 거제, 요제, 전제, 화제를 살펴보자.

첫째, 거제(擧祭)는 흔히 '들어 올리는 제사'로 알려져 있다. 전통적으로 어떤 제물을 들어 올리는 몸동작으로 간주되어 왔다. 그래서 '들 거(擧)' 자가 사용된 것이다. 그러므로 어떤 제물을 '거제로 드린다'고 하면, 그것을 '들어 올려 드린다'는 뜻으로 이해되어 왔다.

 드라마 레위기

그런데 거제로 번역된 히브리어 '테루마'(teruma)는 원래 성전에 '올려 바친 제물'이란 뜻이다. 몸동작을 나타내는 용어가 아닌 것이다. 십일조나 첫 태생(출 34:19)도 '테루마'로 불리는데, 이것은 '들어 올려' 바치는 동작이라기보다는 성전에 '봉헌한다'는 뜻이므로 단순히 '봉헌물'로 번역하는 것이 더 올바르다고 할 수 있다.

둘째, 요제(搖祭)는 '흔드는 제사'라 한다. 어떤 제물을 들어 올려 흔드는 동작으로 간주되어 왔다. 그래서 '흔들 요(搖)'자가 사용되었다. 어떤 제물을 '요제로 드린다'고 할 때는 그 제물을 들어서 '흔들어 바친다'는 뜻으로 이해하면 된다.

그러나 요제로 번역된 히브리어 '테누파'(tenupa)는 원래 단순히 들어 올리는 동작만을 뜻했을 가능성이 크다. 흔드는 동작을 포함할 수도 있지만, 제물을 제단 앞에서 살짝 들어 올리는 동작에 불과했을 것이다. 왜냐하면 몇 가지 제사 절차에서 요제는 결코 흔드는 동작으로 간주하기 어렵기 때문이다. 예를 들어, 숫양을 제단 앞에서 요제로 바치라는 지침이 있지만(레 14:12), 살아있는 육중한 숫양을 들어 흔든다는 것은 대단히 힘든 일이다. 따라서 학자들은 숫양의 두 발을 잡고 잠깐 들어 올리는 동작을 했을 것으로 이해한다.

그러나 영어 성경에서부터 '요제'가 오랫동안 사용되어 용어로 굳어졌으므로 우리도 '요제'라 쓰기로 한다.

셋째, 전제(奠祭)는 '붓는 제사'를 뜻한다. 쉽게 말하면, 포도주나 곡주(독주는 부적절한 번역임)를 바치는 술 제사다. 전제는 결코 독자적으로 드려지지 않는다. 즉 별도의 제사 품목이 아니라는 뜻이다. 전제는 짐승을 바칠 때 함께 바치는 부수적 제물이다. 술이나 피와 같은 액체는 제단 위에

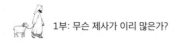

1부: 무슨 제사가 이리 많은가?

붓지 않는다. 만일 제단 불판에 그걸 뿌리면 불이 꺼지는 심각한 사태가 발생하기 때문이다. 율법은 제단 불을 절대로 꺼트리지 말라고 명령한다(레 6:9). 구약에서 전제는 50여 차례 언급되지만, 술을 제단에서 어떻게 어디에 부어야 하는지는 전혀 언급되지 않았다. 다만 랍비 문헌은 전통적으로 술을 제단 벽에 부었다고 설명한다. 제단 위의 불판에 부을 수 없었으므로 타당한 설명으로 보인다.

넷째, 화제(火祭)는 "여호와께 드리는 화제"(출 29:18; 29:25; 레 8:21, 28) 또는 "이는 화제라 여호와께 향기로운 냄새니라"(레 1:9,13,17;2:2)는 말로 반복해서 등장한다.

화제의 히브리어는 '이쉐'(isshe)인데, 두 가지 이유로 '불 제사'로 이해되어 왔다. 하나는 이 단어가 짐승을 불로 태우고 난 다음에 등장하므로 불 제사를 뜻한다고 본다는 것이다. 다른 하나는 '이쉐'가 '불'을 뜻하는 히브리어 '에쉬'(esh)와 철자나 발음이 비슷하기 때문이라는 것이다.

그러나 이 단어는 불로 태우는 것과 상관없는 제물에 관해서도 사용된다는 문제가 있다. 예를 들어, 떡상의 진설병은 불에 태우지 않으므로 화제라고 할 수 없는데도 '이쉐'라 칭한다. 그러므로 학자들은 이쉐와 에쉬는 아무런 상관이 없고, 오히려 우가릿어의 '음식 봉헌물'을 뜻하는 단어에서 비롯되었을 것으로 이해한다. 그러나 이것도 영어 성경과 한글 성경에서 오래도록 사용됨으로써 용어로서 굳어졌기에 우리도 '화제'를 그대로 사용하기로 한다.

어떤 짐승이 제물로 선택되었는가?

희생 짐승은 아무거나 드릴 수 없었다. 다음과 같은 원칙을 따라 골라

 드라마 레위기

야 한다.

첫째, "가축"이어야 한다(레 1:2). 여기서 "가축"이란 굽이 갈라지고 새김 질하는 정결한 짐승, 소나 양이나 염소를 가리킨다. 따라서 나귀나 낙타 는 자동으로 제외된다. 문자 그대로 "가축"이어야 하므로 들이나 산에 서 요행수로 잡았거나 사냥한 들소나 산양은 해당하지 않는다. 물론, 아 브라함이 이삭을 바치려고 할 때, 하나님이 준비하신 산양처럼 비상하 고 특수한 상황에서는 일부 허용되기도 하지만, 원칙은 가축이어야 한 다. 즉 예배자 자신이 직접 땀 흘려 기른 짐승이어야 한다. 이것은 정성 의 문제이기도 하다. 다만 가난한 사람들을 위해서는 집비둘기뿐 아니 라 유일하게 야생 짐승인 산비둘기도 허용된다.

둘째, "흠"이 없어야 한다(레 1:3). 가축 중에서도 좋은 것을 신중하게 골 라야 한다는 뜻이다. 따라서 다리가 부러졌거나 가죽이 찢어졌거나 눈 이 상했거나 병든 것은 제물로 드릴 수 없다(레 22:17-25). 이것 또한 정성 의 문제다.

셋째, "수컷"이 더 선호된다(레 1:3). 번제의 경우, 아주 작은 비둘기를 제 외하고는 네발 달린 짐승 제물은 모두 수컷이다. 평민들이 나누어 먹는 화목제의 경우만 암수 구별이 없을 뿐, 속죄제와 속건제에서도 제물은 수컷이 우선된다.

수컷은 시장 가치 면에서 암컷보다 훨씬 더 저렴한 편에 속한다. 암컷 은 새끼를 낳고, 우유를 제공하며, 또한 육질도 좋아 매우 비싸다. 새끼 를 계속 낳을 수 있으면, 여간해서는 매물로 내놓지도 않는다.

그런데도 하나님은 왜 제물로서 수컷을 우선시하셨을까? 이것은 고 대의 가부장적 가치관이 반영된 것으로 보아야 한다. 수컷이 더 힘이 세

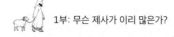

고, 대장 노릇을 했기 때문에 제물로 우선시되었을 것이다. 즉 제사에서는 시장가치가 아닌 제의적 가치가 적용됨을 알 수 있다. 현대인의 관점에서는 다분히 성차별적이나 '더 나은 것'을 바쳐야 한다는 것이 핵심이다.

드라마 레위기

4. 번제, 헌신의 제사 / 레 1장 /

하나님이 힘을 주신다!

요아킴은 하나님께 감사한 마음으로 자신의 가축 중에서 가장 좋은 양을 골라 하나님께 바치기로 결심했다. 그는 평소 찜해 두었던 양의 상태를 잘 살핀 후에 아무런 흠이 없다는 것을 확인하고는 성소로 가져갔다. 성소에는 이미 많은 사람이 다양한 목적으로 크고 작은 짐승을 바치려고 올라와 있었고, 제사장들은 제사를 집행하느라 분주했다. 제단은 흥건한 피로 얼룩져 있었고, 제단 주변에는 짐승들이 흘린 핏자국들이 여기저기 보였다.

그는 자기 순서가 오기까지 잠시 기다렸다가 양을 끌고 그의 번제를 담당할 제사장 앞으로 나아갔다. 제사장이 양의 흠이 없는지 구석구석 샅샅이 검사하여 살폈다. 합격 판정이 내려지자 요아킴의 번제가 시작되었다.

그는 제사장이 보는 앞에서 자신의 손을 양의 머리에 얹고서 이 번제를 통해 비천한 자신을 받아 달라고 하나님께 기도하면서 왜 이 번제를 바치는지를 말씀드렸다. 그는 시편의 감사시를 낭송하며 하나님께 찬송을 올린 뒤에 도살용 칼로 짐승의 고통이 최대한 빨리 끝나도록 목의 급소를 찔러 도살했다. 요아킴과 제사장은 번제 절차를 따라 신중히 그 제물을 제단에 태워 바쳐 제사를 순조롭게 마쳤다.

요아킴은 번제를 바치면서 하나님에 대한 헌신을 다시 한번 다짐했다. 정성을 다해 바친 제사는 하나님이 기쁘게 받으실 것이다. 요아킴은 기쁨으로 충만하여 집으로 돌아왔다. 하나님의 은혜가 집안에 가득함을 느꼈다. 그는 매일 자신이 받은 축복을 감사하며 지냈다. 어려움이 닥칠 때면 번제를 드린 순간의 결심과 감격을 기억함으로써 하나님을 더욱 의지하며 인내했다.

"올라" 번제가 올라간다?

번제는 제물을 제단 위에 통째로 올려서 태우는 제사다. 쉽게 '태우는 제사'라고 할 수 있으며, 대부분의 영어 성경은 번제를 'the burnt offering'(불태우는 제사)으로 번역한다. 번제의 히브리어는 '올라'(ola)인데, 단순히 '올리는 것'을 뜻한다. 이것은 '올라가다'라는 뜻의 동사 '알라'(ala)에서 유래한 명사다. 재미있게도 히브리어 '올라'는 우리말 '올라가다'와 발음이 같다. '올라'가 의미하는 바는 번제물의 모든 부위가 제단 위에 올려져 불에 타면서 연기가 되어 하나님께 향기로 올라간다는 것이다. 그래서 전체를 태워 드린다는 뜻을 반영하여 어떤 영어 성경은 '전번제'(whole burnt offering)로 번역하기도 한다.

레위기 1장의 번제 규정은 짐승 제물을 소, 양과 염소, 비둘기 등으로 등급화한다. 참고로, "소나 양으로"(레 1:2)라는 표현에는 염소가 빠져 있지만, 여기서 쓰인 히브리어 '쫀'(tson)은 작은 가축을 포괄하는 단어로 '양과 염소 떼'를 가리킨다. 우리말에는 양과 염소를 포괄하는 단어가 없으므로 어쩔 수 없이 "양"으로 번역한 것이다. 분명히 헌제자의 경제적 능력에 따라 바치는 짐승의 등급이 달랐을 것이다. 여유가 있는 부자들

  드라마 레위기

은 소를, 중산층은 양이나 염소를, 그리고 가난한 사람들은 속죄제로 비둘기를, 심지어 곡식을 바치는 것도 허용되었다(레 5:7,11). 하지만 부자라고 해서 항상 소만 바치진 않았을 것이다. 소를 주로 바치되, 양이나 염소도 자주 바쳤을 것으로 보인다.

번제에서는 네발 달린 짐승의 경우 수컷만 허용되었다. 이러한 수컷의 선호는 화목제를 제외하고, 제사 전체에서 공통적이다.

그러나 비둘기의 경우에는 암수를 구분하지 않았다. 그것은 비둘기 제사가 가난한 자들을 배려한 제사이고, 또한 비둘기는 너무 작아 암수 구분이 쉽지 않았기 때문일 것이다.

번제를 바치는 방법

희생 짐승은 마당의 제단 근처에서 잡는데, 작은 가축인 양과 염소의 경우, 도살 장소가 "제단 북쪽"으로 정확히 명시된다(레 1:11). 그러나 대형 가축인 소의 경우는 위치가 정해지지 않았는데, 아마 힘이 세고 덩치가 큰 소를 통제하기가 쉽지 않았기 때문일 것이다.

번제물은 가죽을 제외하고 죄다 불에 태웠으며 피는 제단 사면 벽에 뿌렸다. 가죽은 제사장의 수고비로 돌아간다(레 7:8). 가죽을 벗기는 행위에 옛사람을 벗어 버리고 속사람의 온전한 헌신을 상징한다는 의미를 부여하기도 하지만, 실은 가죽의 특성상 잘 타지 않고 다른 부위도 덩달아 잘 타지 않게 되며 또한 향기로운 냄새가 아닌 악취를 풍기기 때

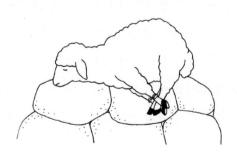

문에 벗겨 냈을 것이다.

가죽을 벗겨 내고 짐승으로부터 더러운 똥과 오물들을 깨끗하게 제거한 뒤, 몸통, 머리, 정강이, 창자 등 모든 부위를 제단 위에 올려 불살랐다 (레 1:9). 랍비들은 번제가 다른 제사들과 달리 인간의 몫을 남기지 않고, 하나님께 모두 바치므로 다른 희생 제사보다 더 우월하다고 설명한다. 그러나 적어도 감사의 목적으로 바치는 제물 중에서 목축하는 사람의 짐승 번제물과 농사꾼의 곡식 소제 사이에 우열이 있다고 보기는 어렵다.

번제의 효과

번제의 일차 목적은 감사로 드리는 헌신과 봉헌이다. 따라서 번제에는 제물을 바치는 사람의 자원하는 마음이 담겨 있어야 한다. 정성스러운 번제를 바치면, 하나님이 이를 "기쁘게" 받으신다고 말한다.

또한 번제는 속죄의 효과를 만든다.

> 그를 위하여 속죄가 될 것이라 레 1:4

이 속죄는 전적인 헌신의 제사에 부수적으로 주어진 은혜라고 할 수 있다. 거짓말이나 이웃의 재산을 탈취하는 행위와 같은 구체적인 죄를 위해서는 속죄제와 속건제가 요구되지만, 번제는 그런 특정한 죄를 위한 속죄가 아님이 분명하다. 따라서 그것은 원죄의 속죄였을 것이다. 매 번제를 통해 하나님이 반복적으로 원죄를 사해 주심으로써 예배자는 삶속에서 죄를 이겨 낼 수 있었을 것이다. 그러나 기본적으로 번제는 하나님을 향한 기쁨의 봉헌물이자 감사의 표시로서 전적인 헌신과 아낌없는

드라마 레위기

드림을 보여 주는 제사였다.

번제가 기쁨의 제사라는 것을 말해 주는 "그를 위하여 기쁘게 받으심이 되어"(1:4)라는 표현에는 중요한 교훈이 암시되어 있다. 그것은 하나님이 번제를 받으실 때, 그 제물 자체뿐 아니라 헌제자 자신을 받으신다는 사실이다. 이것은 안수가 헌제자와 짐승을 연결하기 때문이다. 그 효과는 양자의 동일시, 혹은 비슷한 개념의 대체라 할 수 있다. 이는 가인과 아벨의 제사에서 너무나 분명하게 드러난다(창 4:1-7).

아벨이 정성스럽게 양의 첫 새끼를 바치자 여호와께서 "아벨과 그의 제물을" 받으셨다(4절). 그러나 가인의 믿음 없는 무성의한 제물이 올라오자 여호와께서는 "가인과 그의 제물은" 받지 않으셨다(5절). 헌제자와 그의 제물은 떨어질 수 없는 관계다. 하나님은 아벨의 제물을 받으실 때 동시에 아벨 자신을 받으셨다. 반대로 가인은 그의 제물과 더불어 퇴짜를 맞았다.

제물과 헌제자의 뗄 수 없는 동일시, 이것은 번제뿐 아니라 다른 모든 제사와 봉헌물에도 동일하게 적용되는 원칙이었다고 볼 수 있다. 따라서 하나님이 번제물을 "그를 위하여 기쁘게 받으실 때" 사실은 헌제자 자신이 하나님께 제물로 받아들여진 셈이다.

번제는 언제 바쳤는가?

앞서 말한 대로, 번제는 기쁨과 감사의 자원제이므로 헌제자가 언제든 원하는 때에 번제의 짐승을 준비해서 성소에 올라올 수 있었다. 그것은 기본적으로 헌신의 제사였기 때문에 하나님이 그 제물과 더불어 그

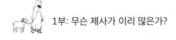

헌제자 자신의 헌신과 봉헌을 기쁘게 받으신 것이다. 이스라엘 백성은 감사한 일이 있을 때마다, 혹은 새로운 다짐을 할 때나 범사에 큰 은혜가 느껴질 때면 수시로 성소에 올라가 번제의 짐승을 바쳤을 것이다.

동시에 아마 번제는 헌제자가 어떤 간절한 기도 제목이 있을 때나 비상한 상황에서 하나님의 도우심을 구할 때 하나님의 응답을 간구하기 위해 바쳤던 것으로 보인다. 나아가 역사서의 증거를 볼 때, 개인적, 국가적 재난이나 질병이 발생할 때 하나님께 은혜를 구하며 탄원을 위해 바치기도 했음이 분명하다.

예를 들어, 다윗은 인구조사를 한 대가로 나라에 하나님의 큰 재앙이 임했다. 이때 다윗이 무슨 계명을 어기거나 구체적인 죄를 범한 것이 아니다. 나중에 살펴보겠지만, 죄목이 구체적인 경우 속죄제를 바쳐야 한다. 아마 그러한 이유로 다윗은 속히 번제와 화목제를 바쳐 하나님의 은혜와 용서를 구했다(삼하 24:25; 대상 21:26).

인구조사는 군대의 규모를 파악하여 자신의 자랑거리로 삼기 위한 의도가 있다. 구체적인 법령이나 계명을 어긴 것은 아니나 이것은 자기 의를 드러내는 교만한 행위다. 교만은 인간 원죄의 뿌리요 실체다. 다윗은 자신의 교만한 죄를 고백하며 번제와 화목제를 바쳐 하나님께서 진노를 거두어 가시기를 탄원했다. 하나님께서는 그의 기도와 제사를 받으시고 이스라엘에 내리신 재앙을 거두셨다(삼하 24:24-25). 이때는 번제가 자원과 감사의 제물이 아닌 탄원과 회개를 위한 제물로 바쳐졌다. 이렇듯 번제는 인간의 교만한 죄성에 대한 "속죄의 효과"를 가져온다.

그 외에도 대홍수가 끝난 후 노아가 번제를 바쳤고(창 8:20-21), 전쟁에서 패한 뒤 하나님께 승리를 간구할 때(삿 20:24-26), 또한 적들의 침공을 앞두고 하나님께 도우심을 구할 때도 바쳤다(삼상 7:8-11). 노아의 번제의 경우 홍수가 끝난 것에 대한 감사의 번제였을 수도 있고, 또한 다시는 그런 심판을 내리지 않기를 바라는 탄원의 번제였을 수 있다.

그 외 다양한 비상한 상황에서 하나님의 응답이나 도우심을 구하기 위해 마치 특별 예배처럼 번제와 화목제가 바쳐졌다는 것을 알 수 있다. 번제는 기본적으로 자원제지만 의무적으로 드려야할 때가 있었다. 매일 상번제(常燔祭, '항상 바치는 제사'라는 뜻)에서 숫양 두 마리를 아침과 저녁에 드렸으며(6:8-13; 출 29:38-40) 절기에는 속죄제 및 소제와 더불어 많은 번제가 드려졌다(민 28-29장). 그럼에도 불구하고 일상에서의 이스라엘 백성 개개인의 번제의 일차적인 기본 목적은 '헌신과 봉헌'이었다. 그들은 감사한 일이 있고 은혜가 넘칠 때 언제든 자신의 경제적 형편에서 최상의 짐승을 골라 하나님께 기쁨으로 달려가 번제를 바쳤다.

황소 같은 비둘기

요아킴의 친구 야베스는 가난했다. 그는 한때 소 50마리에 양  500마리를 키우는 부유한 목축업자였으며 논밭도 있어서 얼 마간 농사를 지으며 부족함 없이 살았었다. 그런데 어느 날 산적 떼가 쳐들어와 가축들을 순식간에 강탈해 갔으므로 그의 가족은 하루아침에 알거지가 되고 말았다. 야베스는 너무나 큰 상실감에 빠져 매일 눈물을 흘려야 했다. 기쁨으로 하나님께 바칠 만한 양이 한 마리도 남아 있지 않았다.

그러나 야베스는 믿음을 잃지 않았다. 그는 예배를 멈출 수 없었다. 오히려 하나님을 향한 그의 사랑은 더욱 뜨거워져 갔다. 자신의 비참한 현실을 돌아봐 달라고 하나님께 울부짖어 기도하고 싶었던 야베스는 소나 양 대신에 비둘기로라도 번제를 드리기로 했다. 하나님은 가난한 자들을 배려해서 집비둘기나 산비둘기를 번제물로 가져오도록 말씀하셨기 때문이다(레 1:14-17).

그는 집에서 키우던 비둘기 중에서 기름진 녀석으로 한 마리 골라 성전으로 가져갔다. 제사장이 그를 반갑게 맞아 주었다. 그의 소식을 들은 바 있는 제사장은 그의 손을 꼭 붙잡고, 눈물로 위로하며 하나님의 은혜를 구하는 기도를 해 주었다.

제사장은 그를 위해 비둘기 제사를 시작했다. 먼저 야베스가 비둘기를 두 손에 움켜쥐고서 하나님께 간절하고도 애절한 기도를 드렸다. 그가 기도를 마치자 제사장이 비둘기를 건네받아 나머지 절차를 모두 진행했다(레 1:15). 제사장은 먼저 비둘기의 목을 비틀어 머리를 떼어 낸 뒤 제단 불 위로 던졌다. 끊긴 목에서 피가 솟구치지 않도록 목을 손으로 꼭 쥔 채로 제단 벽에 가져다가 흘렸다. 그리고 항문 부위를 손으로 잡아뗀 뒤 내장을 모조리 훑어 냈고, 이어서 똥과 오물이 묻어 지저분한 꽁지 깃털을 뽑아서 제거하고 나서 제단 곁의 재 버리는 곳에 던졌다("모이주머니와 그 더러운 것"(레 1:16)의 히브리어는 항문 부위와 꽁지 깃털일 가능성이 크다). 마지막으로, 비둘기의 두 날개 죽지를 잡고 펼쳐서 찢었다. 자칫 너무 힘주면 날개가 떨어지기 때문에 조심스럽게 힘을 조절하여 찢어야 했다. 제사장은 날개 죽지를 펼친 비둘기 몸통을 제단 위에 올려 하나님께 번제로 바쳤다.

야베스와 제사장은 제물이 불타면서 피어올라 가는 연기를 보고 함께 시편을 노래하며 하나님을 찬양했다. 야베스는 소박하지만 간절한 마음을 담아 비둘기 제사를 드렸다. 제사를 마친 그는 기쁨과 감격 속에 집으로 돌아왔다.

"이제 다시 시작이다. 비록 파산했지만, 하나님은 나를 버리지 않으셨다. 하나님이 나를 도우신다. 다시 하나님께 양을 바치고, 나아가 소도 바칠 날이 반드시 올 것이다."

그의 삶은 감사로 넘쳤다.

드라마 레위기

앞서 말한 대로, 번제를 드릴 때 야베스처럼 형편이 어려운 사람은 집비둘기나 산비둘기를 바칠 수 있었다. 이때 집비둘기는 새끼가 요구되는데, 어린 비둘기를 뜻한다. 여기에도 타당한 이유가 있다. 산비둘기는 어린 것이든 나이 든 것이든 고기가 부드럽고 맛이 좋지만, 집비둘기의 경우엔 나이 든 것은 질기고 맛이 없다. 식용으로 부적절하면, 제물로도 적합하지 않으므로 집비둘기는 어린 것이 요구되었다.

비둘기 번제 절차는 네발 달린 짐승과 사뭇 다르다. 아마 헌제자가 머리에 안수하는 대신 두 손으로 새를 쥐고 기도를 올렸을 것이다. 이것이 안수인 셈이다. 이후 모든 절차는 제사장이 진행한다. 비둘기는 아마 몸통이 너무 작아 소나 양처럼 교대로 진행하는 것이 번거롭고 불필요했기 때문일 것이다.

그리고 칼을 전혀 쓰지 않고 제사장이 손으로 모든 절차를 진행한다. 손으로 목을 떼고, 더러운 항문 부위와 꽁지 깃털을 제거한다. 항문 부위를 뗄 때 손가락으로 기술적으로 내장들을 훑어냈다. 마지막으로 두 손으로 날개 죽지를 찢어서 펼친 뒤 제단 위에 올린다. 그러나 이것은 네발 짐승의 표준안이 아닌 가난한 자들을 위한 양보안이므로 번제의 표준 절차와 그것의 의미는 네발 짐승에서 찾아야 한다.

제물로 드리는 비둘기의 날개를 찢는 이유는 몸통에 공기가 잘 통하게 함으로써 불에 잘 타게 하기 위한 것도 있지만, 랍비들은 비둘기 제물이 세 배 정도는 더 커 보이도록 하기 위한 것으로 해석하곤 한다. 가난하여 하나님께 비둘기밖에 드릴 수 없는 헌제자의 속상한 마음을 조금이나마 달래고자 하는 것이다.

그러나 여기서 반드시 명심해야 할 점은 제물의 크기나 종류와 상관

없이 번제의 효력은 동일하다는 사실이다. 각 제물을 드린 번제의 효과에 관한 최종 진술을 보라.

> (소, 양/염소의) 그 내장과 그 정강이를 물로 씻을 것이요 제사장은 그 전부를 가져다가 제단 위에서 불살라 번제를 드릴지니 이는 화제라 여호와께 향기로운 냄새니라 레 1:9, 13

> (산비둘기나 집비둘기 새끼) 또 그 날개 자리에서 그 몸을 찢되 아주 찢지 말고 제사장이 그것을 제단 위의 불 위에 있는 나무 위에서 불살라 번제를 드릴지니 이는 화제라 여호와께 향기로운 냄새니라 레 1:17

수송아지든 양이나 염소든 비둘기든 결론은 똑같이 "이는 화제라 여호와께 향기로운 냄새니라"이다. 모두 100점이라는 뜻이다. 여호와께서는 모든 제물을 동등하게 평가하신다. 사람은 겉모양과 크기를 보는 데 반해 하나님은 중심과 태도를 보시기 때문이다.

신약에는 두 렙돈밖에 바치지 못한 과부 이야기가 나온다. 그녀가 헌금함에 넣은 두 렙돈은 제단 위에 바쳐진 비둘기 번제와도 같다. 예수님은 그녀가 여느 부자들보다 더 많이 바쳤다고 평하셨다(막 12:41-44; 눅 21:1-4). 이것이 진정한 헌금이다. 황소 한 마리 못지않은 비둘기 봉헌이었다. 번제의 정신은 차별 없는 제사에 있다. 누구나 여호와 하나님 앞에 나와 예배할 자격이 있다. 따라서 교회 안에 신분, 빈부, 인종, 지역에 따른 차별이란 존재해서는 안 된다.

 드라마 레위기

5. 진짜 예배, 가짜 예배

제사의 주체

번제의 절차를 살펴보면, 예배의 교훈을 얻을 수 있다. 요아킴과 야베스는 제물의 크기와 상관없이 진정한 제사를 바쳤으며 하나님은 그것을 "향기로운" 제물로 받으셨다.

번제의 주체는 제사장과 헌제자이며 제사 절차는 제사장과 헌제자가 교대로 수행한다. 제사의 일반적인 순서는 다음과 같다. 태우는 부위가 다를 뿐, 대체로 순서는 동일하다.

	제사 절차	담당자	하는 일
1	안수 후 도살	헌제자	피를 양푼에 받음
2	제단에 피 뿌리기	제사장	제단 벽에 뿌림
3	가죽 벗기기와 각 뜨기	헌제자	네발과 머리 절단, 내장 제거
4	제단에 고깃덩이 올리기	제사장	머리 포함, 장작 쌓기
5	내장과 정강이 손질	헌제자	똥, 불순물, 털 제거
6	내장과 정강이를 올린 후 태우기	제사장	고깃덩이 위에 올림

제사는 짐승의 머리에 안수하는 것에서부터 시작된다. 헌제자는 안수 후 곧장 짐승을 도살하고, 양푼에 피를 받는다. 그러면 제사장이 그 피를 제단 벽에 뿌린다. 이어서 헌제자는 짐승의 가죽을 벗기고 머리를 잘라 내고 내장을 모두 긁어낸다. 그러고 나서 짐승의 몸통을 조각내는데, 각 뜨기 작업이다. 제사장은 장작들을 미리 쌓아놓고 나서 고깃덩이를 제 단 위에 차곡차곡 올리는데, 이때 머리도 함께 올린다. 제단 불은 언제나 타고 있어야 하며 거기에 장작을 덧쌓아 짐승을 태운다.

이어서 헌제자는 내장과 정강이를 손질한다. 똥과 음식 찌꺼기가 가 득 차 있는 내장을 모두 제거하고 깨끗이 씻었을 것이다. 짐승의 네 정 강이, 즉 네발에도 불순물이 잔뜩 끼어 있을 것이므로 털을 제거해야 한 다. 제사장은 깨끗이 손질한 내장과 정강이를 제단 위에 추가로 쌓는데, 아마도 앞서 쌓아 놓은 고깃덩이 위에 올렸을 것이다. 오늘날로 치면 짐 승의 살코기와 함께 족발이나 곱창 등도 함께 올린 것이다. 쌓아 올린 장작 위에서 번제물 전체가 활활 타며 하나님께 향기 되어 올라갔다.

제사장과 헌제자가 교대로 임무를 수행하는데, 각자가 할 몫이 있고 역할이 있다. 이때 사실 궂은일은 모두 헌제자가 감당한다는 사실에 주 목해야 한다. 헌제자는 우선 흠 없는 좋은 가축을 골라 제물을 철저히 준비해야 한다. 그 제물에 안수하고 도살하는 것 또한 그의 책무다. 간혹 신체상 문제가 있거나 여성의 경우 가족이나 친구 등 다른 사람이 도살 을 도와줄 수 있을 것이다. 그러나 기본적으로 도살의 책임은 헌제자에 게 있다. 자기 제물이므로 직접 죽여야 의미가 있는 것이다.

또한 헌제자는 짐승의 가죽을 벗기고 각을 떠야 한다. 이 역시 여의치 않으면 다른 사람이 도와줄 수 있지만, 원칙적으로 헌제자 자신이 해야

드라마 레위기

할 일이다. 마지막으로, 헌제자는 짐승의 내장과 정강이를 깨끗이 손질해야 한다.

무엇보다도 제사를 드리는 헌제자의 마음 자세와 입술의 고백이 가장 중요할 것이다. 준비된 마음 없이는 제물을 제아무리 정성스레 바친다고 해도 그것은 형식만 남은 죽은 제사에 불과하기 때문이다. 죽은 제사는 하나님이 기쁨으로 받지 않으신다.

나는 몇 점짜리 예배자인가

헌제자를 오늘의 예배자로 바꿔 보자. 안타깝게도 오늘날 예배 절차에 있어 예배자는 수동적이다. 이미 모든 것이 준비된 상태에서 앉은 채로 순서에 맞춰 예배를 드리고 나서 퇴장하면 그만이다. 소극적인 참여자에 불과한 것이다. 그래서 쉽게 예배를 평가하며 점수를 매기기까지 한다.

오늘날 혼신을 기울여 예물을 바쳤던 구약의 예배자 모습은 거의 찾아볼 수 없다. 예배는 교역자나 봉사자가 잘 준비해야 하고, 예배의 성패는 그들에게 달려 있지 예배자 자신의 책임이 아니라고 여기는 것이다. 예배의 은혜를 받지 못했다면, 좋은 설교를 하지 못한 목사 탓이지 예배자는 잘못이 없다고 생각한다.

과연 그러한가? 레위기의 제사 규정은 제사에서 정성스럽게 제물을 준비하고 온갖 궂은일을 도맡아 하는 헌제자의 역할이 제사장보다 훨씬 더 중요하다는 것을 알려 준다. 그러므로 예배자는 예배 자리에 나아오기 전에 미리 준비되어 있어야 한다. 하나님 앞에 나아가는 자리인 만큼 마음의 준비를 해야 하고, 복장을 점검해야 한다. 또한 헌금을 미리 준비해야 하는 것은 두말할 필요도 없다. 헌금 시간에 지갑을 열어 대충 꺼내 바치는 것을 흠 없는 제물을 준비한 것과 비교할 수 있을까? 헌금할 액수를 미리 정하고, 깨끗한 지폐를 골라 준비하는 것이 마땅하지 않을까?

필자가 아프리카 선교사로 섬길 때, 현지 독립 교회 교단들을 도우며 사역한 적이 있다. 여러 종파가 있었는데, 종파별로 다른 색깔의 유니폼을 입는 것이 특징이었다. 토요일이면 집안의 가장이 가족의 유니폼을 정성스럽게 다림질했고, 지폐도 빳빳하게 다려서 예배를 준비했다. 아프리카 독립교회는 지금도 구약 방식의 짐승 제사를 바치는 등 몇 가지 문제점이 있기는 하지만, 그들의 정성 어린 예배 준비 모습은 도저히 잊을 수가 없다.

예배자는 구경꾼이나 심사자가 아니라 참여자다. 하나님은 예배 참여자에 더욱 주목하신다. 예배를 기쁘게 받으시거나 받지 않으시는 것은 인도자가 아닌 예배 당사자의 마음 자세와 준비에 달려 있다. 예배자는 수동적인 구경꾼이 아니라 적극적인 예배자임을 잊지 말아야 할 것이다.

물론, 예배 준비자들도 이와 동일한 생각으로 철저하게 준비해야 할 책임이 있다. 설교자는 잘 준비된 말씀으로 하나님의 은혜와 위로와 더불어 하나님의 구원과 회복을, 또 예배를 받으시는 하나님의 기쁨을 회중에게 전해야 한다. 덧붙여 예배 순서를 맡은 성가대나 기도자나 헌금 위원들이나 안내 위원들도 예배를 정성스레 준비해야 한다.

예배란 하나님께 자기 자신을 제물로 바치는 시간임을 기억해야 한다. 즉 예배자는 예배 현장에서 가장 먼저 자기 자신을 죽여야 한다. 짐

 드라마 레위기

승을 도살하고 피를 받는 과정이다. 그리고 예배자는 자기 고집과 자아를 모두 조각내고, 마음을 부수어야 한다. 이는 각 뜨기 작업에 해당한다. 나아가 예배자는 하나님 앞에서 지난 한 주간에 지은 모든 죄를 고백해야 한다. 자신의 더러운 내면을 씻어 내는 과정으로 이는 내장 씻기와 정강이 손질에 해당한다. 그리고 나서 자기 자신을 하나님께 온전히 제물로 바쳐야 한다. 짐승을 제단 불 위에서 태워 바치듯이 자기 자신을 바치는 것이다. 이것이 온전한 번제다. 이 모든 일이 예배자의 몫이다. 이것이 제사가 오늘날 우리에게 주는 예배의 교훈이다.

이제 자신에게 물어보자. 나는 하나님 앞에서 몇 점짜리 예배자인가?

6. 소제, 밀가루로 바친 제물 / 레 2장 /

올해도 밀 농사가 풍년이다!

다니엘은 농사꾼이다. 가축을 많이 키운 적도 있지만, 유다 땅에 큰 전쟁이 일어났을 때 모두 잃었다. 지금은 가난한 농부에 불과하다. 올해도 보리와 밀이 잘 자랐다. 하나님이 큰 은혜를 주시어 풍년이다.

매년 유대력 1월(양력 3-4월), 유월절 즈음에 보리를 추수하고, 두 달쯤 지난 유대력 3월(양력 5-6월) 칠칠절(오순절) 즈음에 밀을 추수한다. 보리보다는 주식인 밀의 추수가 더 중요했으므로 칠칠절은 매우 큰 명절이었다. 이때 농민을 대표하는 한 사람이 추수에 대한 감사 표시로 추수물인 보리와 밀 한 단을 준비해서 가루로 만들어 성소 제단에서 소제물로 불태워 하나님께 바쳤다.

올해는 다니엘이 농민 대표로 선발되었다. 그는 유월절 기간에 보리의 첫 추수물 한 단을 가지고 성전에 올라갔다. 제사장이 그것을 볶아 추수 감사의 소제로 하나님께 바쳤다. 50일이 지나 칠칠절이 되자 다니엘은 자기 밭에서 누렇게 영근 밀을 한 단 추수하여 빻아 가루로 만들어 곡식 가루로 소제의 떡 두 개를 정성스럽게 빚은 뒤 성소로 가지고 갔다.

  드라마 레위기

다니엘이 농민을 대표하여 보리와 밀의 소제물을 하나님께 바치고 나면, 다른 농부들이 본격적으로 추수하기 시작했다. 모든 농부는 자기 추수물의 일부를 떼어 하나님께 감사 제물로 바치는데, 이것은 소제물이 아닌 추수에 대한 감사의 봉헌물로 십일조와 별개였다. 그런 뒤 농부들은 남은 농산물을 마음껏 먹을 수 있었다(레 23:14).

소제, "선물"의 뜻?

레위기 2장의 내용은 소제에 관한 규정이다. 농사꾼 다니엘이 바친 밀가루 제물은 "소제물"이다. "소제"의 히브리어 '민하'(minha)는 구약에서 기본적으로 '선물' 혹은 '공물'을 뜻하는데 광범위하게 쓰인다. 예를 들어, 야곱이 형 에서에게 바친 선물이 민하이며 개인적인 선물이나 예물뿐 아니라 속국이 종주국에 바치는 공물도 민하라 칭했다(왕상 4:21). 그러나 제의법에서는 민하가 '곡식의 제사'를 칭하는 전문 용어로 고정되어 쓰인다. 따라서 영어 번역은 대부분 이것을 곡식제를 뜻하는 "grain offering"으로 옮긴다.

한자어 소제(素祭)의 문자적 뜻은 무늬나 장식이 없는 '하얀 제사'를 뜻한다. 제사 때 입는 소복(素服)이 흰옷을 가리키는 것과 같다. 이것은 하얀 밀가루의 특징을 반영한 번역으로 보인다. 최초의 소제 장면은 가인과 아벨의 제사에서 나타나는데(창 4:3), 이때 가인은 농사꾼이었기 때문에 곡식의 제사를 바쳤고, 이것이 바로 소제다.

소제의 기본 재료는 히브리어로 '솔레트'(solet)라 하는데 곱게 빻은 밀가루를 가리킨다. 제단에 바치기 위해 특별히 곱게 빻았다기보다는 요리용으로 곱게 빻은 것을 말한다. 그러므로 곱게 빻은 것에 특별한 의미를 부여할 필요는 없다. 단순히 '밀가루'로 이해하면 된다. 이 밀가루에 올리브기름(감람유)과 유향 등이 첨가된다. 유향은 보스웰리아라는 나무에서 흘러나오는 송진과 같은 진액을 채취한 뒤 말려서 만드는데, 손가락 마디만 한 작은 덩어리로 매우 귀한 물건이었다. 레위기 2장에는 밀가루의 양이 나오지 않는데, 다른 소제의 사례에서 그 양이 1/10에바(약 2.2 리터)였음을 알 수 있다(레 5:11; 6:13; 민 5:15).

소제를 바치는 방법

| 밀가루 | 감람유 붓기 | 유향 덩어리 |

소제의 기본 재료는 밀가루였다. 보릿가루도 드리긴 했지만, 극히 예외적인 경우였다. 보리농사를 지은 뒤, 농사꾼의 대표가 보리 한 단을 바치면 그것을 가루로 빻아 제단에서 태울 때 마땅히 보리의 소제물이 바쳐진다. 또한 간통을 의심받는 아내는 제사장 앞에서 검증받기 위해 보리의 소제물을 하나님께 들고 올라가야 했다(민 5:11-31). 그 외에는 보리의 소제물의 사례가 나타나지 않는다.

밀가루가 소제의 기본 재료가 된 이유는 밀이 보리보다 훨씬 가치가 높았기 때문이다. 밀이 주식이었으므로 밀 농사가 가장 중요했으며 값도 보리보다 더 비쌌다.

드라마 레위기

소제를 위해 밀가루를 제사장에게 가져가면, 제사장은 "그 고운 가루 한 움큼과 기름과 그 모든 유향을"(레 2:2) 취해 제단 위에서 태운다. 이때 한 움큼은 위에서 움켜쥐는 방식이 아니라(이 경우 기름과 유향이 손에 다 묻는다) 기름이 스며든 유향을 얹은 밀가루의 윗부분을 손으로 떠서 손바닥에 올리는 방식을 가리킨다. 결국, 밀가루 대부분이 남게 되는데 그것은 "지극히 거룩한 것"(레 2:3,10)으로 제사장들의 몫으로 돌아간다. 제사장들은 성막 안에서 그것을 떡으로 만들어 먹는다(레 6:15-16). 제단 위에서 태워지는 소제물은 "기념물"(레 2:2,16)이라 일컫는다. 이것을 달리 해석하는 시도도 있지만, 소제물의 한 움큼은 매일의 양식을 주시는 하나님의 은혜를 기억하게 만드는 기능을 했음이 분명하다. 소제 또한 번제와 마찬가지로 하나님께 "향기로운 냄새"(레 2:2,9)로 올라갔다.

음식 소제물들

밀가루 제물이 소제의 기본이긴 했지만, 가난한 사람들에게는 감당하기 어려운 제물일 수 있었다. 다름 아닌 비싼 유향 때문이다. 따라서 가난한 헌제자는 밀가루로 만든 몇 가지 다른 음식 소제물을 만들어 바칠 수 있었다. 레위기 2장 4-7절은 그에 관한 규정이다. 음식 소제물의 경우, 요리에 기름이 사용되지만, 비싼 유향이 첨가되지 않은 것으로 보아 분명 가난한 자들에게 적절한 소제물이었을 것이다.

세 가지 요리 기구를 사용하여 소제의 음식을 만들되 모두 누룩을 넣어선 안 된다. 첫째, 화덕에 굽는 두 가지, 곧 기름을 섞은 무교병과 기름을 바른 무교전병과 둘째, 철판에 부치는 것과 셋째, 냄비에 요리하는 것이 있다. 누룩을 섞은 것은 유교병인데, 이는 무슨 일이 있어도 제단에

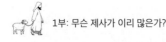

태우지 않았다. 다만 유교병을 성소에 봉헌물로 바칠 수는 있다.

기본 소제물	밀가루+기름+유향	
음식 소제물	화덕에 구운 것	기름을 섞은 무교병
		기름을 바른 무교전병
	철판에 부친 것	
	냄비에 요리한 것	

음식 소제물의 종류를 정리하면 다음과 같다.

첫째, 화덕은 커다란 도기처럼 생겼는데, 그 안에 불을 피워 밀가루 반죽을 안쪽 표면에 발라 구워 떡을 만들었다. 무교병은 기름을 섞어 반죽해서 만든 두툼한 빵이고, 무교전병은 반죽을 얇게 빚어 화덕 표면에 기름을 발라 구운 빵으로 추정된다. **둘째, 철판**은 철로 만든 납작한 판을 말하는데, 표면에 기름을 발라 여러 조각으로 나눈 밀가루 반죽을 펼쳐 납작한 떡을 구울 수 있었다. **마지막으로 냄비**는 평평한 전골냄비와 같은 요리기구인 것으로 보이는데, 기름이 섞인 밀가루 반죽을 요리했다. 좋은

고대부터 사용해 온 흙으로 만든 화덕. 안쪽에 반죽을 발라서 빵을 굽는다

드라마 레위기

냄새를 풍기는 기름(감람유)은 음식에 풍미를 더하면서, 동시에 반죽이 눌어붙지 않도록 한다.

밀가루 소제물과 마찬가지로 제사장은 이것들이 기념되도록 일부만을 취하여 제단 위에서 불사르고, 나머지는 제사장의 몫으로 돌렸다(레 2:8-10). 다만 이것들은 밀가루가 아닌 음식 소제물이므로 제사장은 한 움큼을 손바닥으로 뜨는 것이 아니라 일부만을 떼어 제단 위에서 태웠을 것이다. 앞서 말한 대로, 제사장들은 밀가루 소제물과 마찬가지로 지극히 거룩한 음식 소제물을 성막 안에서 먹었다.

소제는 언제 바쳤는가?

소제는 다섯 가지 제사 중 밀가루를 재료로 하는 유일한 곡식 제사다. 소제는 몇 가지 이유로 독자적인 제사로 드려질 수 있었는데(레 2:12, 14; 6:19-23; 23:10, 16; 민 5:11-13), 가장 중요한 것은 매일 아침과 저녁에 대제사장이 바치는 1/10에바(2.2리터)의 매일의 소제였다. 그는 기름부음 받아 위임된 날부터 매일 아침에 1/10에바의 절반을, 저녁에 1/10에바 절반을 철판에 반죽해 구워 떡을 만든 뒤 썰어서 모두 태운다(6:20-23). 그러나 가장 흔하게는 소제는 다른 동물 제사에 수반되었다(참조, 레 7:12, 13; 14:20; 민 15:2-5; 28:19-20, 27-29). 레위기 1-7장의 제사법에서 짐승을 바칠 때, 동물만을 바치는 것처럼 명시되어 있지만, 사실은 짐승에 소제물과 포도주가 곁들여진 짐승 제물과 소제물과 포도주가 한 세트로 바쳐졌다. 이것은 민수기 15장에 가서야 법으로 선포되지만, 애초부터 하나의 제사 방법이었던 것으로 보인다. 말하자면, 짐승 제사에서 밀가루 소제와 포도주 전제는 필수적이었으므로 밀가루 소제물은 짐승 제물에 수반

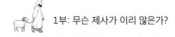

1부: 무슨 제사가 이리 많은가?

되는 제물이었다고 할 수 있다.

또한 소제는 극빈층의 사람들이 비둘기 번제마저 바치기 어려울 때, 번제 대용으로 드리는 제물이었던 것으로 보인다. 작은 비둘기라도 소제물인 1/10에바의 밀가루보다는 비쌌다. 전통적으로 랍비들은 소제가 극빈자를 위한 번제의 대체물이었다고 주장해 왔다. 이것의 근거는 제사법에서 분명하게 나타난다. 형편이 가장 어려운 극빈층은 비둘기를 구하기도 어려웠으며, 따라서 그들을 위한 속죄제로 밀가루가 허용된 것이다(레 5:11). 이러한 랍비들의 생각은 충분히 동의할 수 있는 견해다.

그런데 밀가루 번제 대용으로 들고간 음식 소제물은 가난한 사람을 위한 제물만이 아니었는데, 레위기 8장의 제사장 위임식에서 보듯이 특별 행사가 진행될 때 행사의 풍성함을 위해 다양한 음식 소제물이 준비되었다. 특별히 추수 때에는 보리와 밀을 빻아서 하나님께 추수 감사의 소제물로 바쳤다. 레위기 2장 12절과 14절은 바로 그것에 관한 규정인데, 설명이 너무 짧아서 23장을 참고하여 읽어야 이해된다.

2장 12절의 "처음 익은 것"과 14절의 "첫 이삭의 소제"는 구별해야 한다. 결론부터 말하자면, 12절은 밀의 첫 수확물이고, 14절은 보리의 첫 수확물이다. 12절에서 밀의 첫 추수물은 제단 위에 올리지는 않는 것이 특징이다. 이것은 단지 성소에 봉헌된 성물이 되어 제사장들의 음식으로 사용된다. 서두의 다니엘 이야기에서 말한 대로, 팔레스타인 지역은 구약의 유대력 1월 중순(양력 3-4월) 유월절 즈음에 보리 추수가 먼저 시작되고, 약 두 달 후에 칠칠절(오순절) 즈음에 밀 수확기가 온다.

14절이 보리의 첫 수확물이라는 사실은 레위기 23장 10-11절에 비추어 알 수 있다. "첫 이삭의 소제", 즉 보리의 첫 이삭은 낟알이 아직 단단하지 않았기 때문에 제사장이 볶은 뒤에 기름과 유향을 첨가하여 제단 위에 올려 태운다. 앞서 말한 대로 소제의 재료는 대부분 밀가루인데, 이 것은 보릿가루가 소제물로 쓰인 드문 예다.

정리하자면, 보리 추수가 먼저인데 이때 농민 대표가 첫 보리 한 단을 가져와 볶아서 가루로 만든 뒤 기름과 유향을 첨가하여 제단에서 태운 다. 이어서 밀 추수가 진행되는데, 역시 농민 대표가 첫 수확물 한 단을 빻아 밀가루로 만든 뒤 유교병 두 개를 구워 성소에 봉헌한다. 앞의 이 야기에서 다니엘이 농민 대표로서 했던 일이다. 밀가루로 소제물을 만 들어 제단에서 태우지 않은 이유는 보리와 밀의 연이은 추수기에 먼저 보리를 감사 소제로 태우기 때문일 것이다. 밀의 추수물은 유교병으로 만들어 성소에 봉헌만 했다. 누룩이 섞인 유교병은 제단에 올릴 수 없다.

누룩과 꿀은 넣지 말라

소제물에서 첨가 금지된 재료들이 있다. 바로 누룩과 꿀이다.

누룩을 금지하는 이유는 부패를 상징하는 부정적인 이미지 때문일 것 이다(마 16:6; 눅 12:1; 고전 5:6; 갈 5:9). 아마 과일 꿀을 금지하는 이유도 이것 이 과일즙으로 제조되는 것이므로 누룩과 마찬가지로 쉽게 상하기 때문 일 것이다.

Q. 소제물에서 꿀을 금지하는 이유는?

누룩은 소제의 음식이 무교병이어야 하기 때문에 금지되는데, 꿀 금지의 이유는 논 란이 되어 왔다. 꿀이 이방 제단에 올라가서 금지되었다는 설이 있으나 근거가 없다. 또한 이방 제단에도 밀가루, 소와 양, 무교병 등이 모두 올라갔으므로 설득력이 더더욱 없다.

꿀의 히브리어 '데바쉬'(debash)는 '천연 벌꿀'과 '과일 꿀' 두 가지를 모두 가리킨다. 성경에서 몇 군데의 데바쉬는 분명 벌꿀이다(신 32:13; 삿 14:8-9, 18). 그러나 많은 곳에서 데바쉬는 벌꿀이 아닌 과일 꿀, 즉 일종의 과일 시럽으로 음식의 단맛을 내는 재료를 가리킨다. 이 꿀은 농산물의 품목으로 분류되며(신 8:8; 왕하 18:32; 대하 31:5) 레위기 2장 11절의 "꿀"은 과일 꿀을 가리킨다.

> 밀과 보리의 소산지요 포도와 무화과와 석류와 감람나무와 꿀의 소산지라 신 8:8

위 구절의 모든 것이 농산물인데, 뒷부분은 과일 목록이며 마지막 "감람나무와 꿀"에서 "감람나무"는 열매를 짠 감람유를 가리킨다. 따라서 "꿀" 역시 농산물의 한 품목인 과일 꿀로 보아야 한다.

반드시 소금은 쳐라

소제물에는 누룩과 과일 꿀은 금지되나 소금은 빠지면 안 된다. 방부제로도 사용되는 소금은 쉽게 상하는 누룩이나 과일 꿀과는 달리 불변성을 상징한다. 실제로 고대 근동에서 소금은 동맹, 친목, 약속, 충성의 맹세에 사용되었다. 바벨론에서는 계약의 동맹을 위해 양자가 소금을 먹었으며, 페르시아 왕실에서는 신하들이 왕 앞에서 충성을 맹세하며 소금을 먹었다. 유목민인 베두인의 전통 중에는 유랑하는 가족 단위 간

 드라마 레위기

의 상호 동맹과 보호의 표시로 서로 소금을 먹는 관행이 있었는데, "우리 사이에 소금이 있다"는 속담이 전해져 내려온다. 이것은 그들의 단단한 우정의 결속을 잘 말해 준다. 레위기에서는 "네 하나님의 언약의 소금"(레 2:13)으로 묘사된다. 훗날 예수님은 "너희 속에 소금을 두고 서로 화목하라"(막 9:50)고 가르치셨는데, 당시 사람들이 소금의 이러한 용도를 잘 알고 있었기 때문일 것이다.

"네 모든 예물에 소금을 드릴지니라"(레 2:13b)는 것은 모든 짐승 제물에도 소금을 치라는 명령이다. 말하자면, 번제를 비롯해 다른 짐승을 태울 때도 반드시 소금을 뿌렸다는 뜻이다. 고기를 구울 때, 맛을 내기 위해 소금을 치는 것이 연상된다. 그러나 이 소금은 양념 소금이 아니라 언약 소금이었다. 즉 소금을 치라는 명령은 하나님과의 언약을 상기하도록 하기 위함이다.

소금은 썩지 않게 하는 방부제로서 하나님의 변치 않는 신실한 언약을 기억나게 하므로 모든 제물에 소금을 뿌려서 그 의미를 각인시켰을 것이다. 언약 백성이 제사를 드리는 이유는 다름 아닌 하나님과의 언약때문이다. 하나님과의 불변의 언약은 일종의 소금 언약이며, 제물에 첨가한 소금은 언약을 상기시키는 언약의 소금이다.

7. 화목제, 즐거운 불고기 파티! / 레 3장 /

먼 여행길에서 무사히 돌아오다!

조하르는 먼 여행길을 떠났다. 사해에서 캔 소금 덩어리를 다메섹에 가서 팔면, 가족들의 일 년 생계는 걱정할 필요가 없을 정도로 큰돈을 만질 수 있었다. 영세했던 조하르 일행의 여행 장비는 누추했고, 낙타와 나귀는 노쇠했다. 300km가 넘는 여행길을 감당하기는 버거웠다. 큰 강을 만나 떠내려갈 뻔했고, 뜨거운 광야 길을 건널 때는 길을 잘못 든 바람에 식수가 고갈되어 쓰러질 뻔했다. 우여곡절 끝에 목적지에 가까이 다다랐다.

그런데 불과 하룻길을 앞두고, 산적 떼를 만나 모든 것을 빼앗길 위기에 처했다. 목숨조차 보장할 수 없는 상황이었다. '아, 이럴 수가…' 그때 어디선가 갑자기 한 무리의 군인이 나타나 극적으로 그들을 구해 주었다. 마침 군인들은 임무를 마치고, 다메섹으로 복귀하던 중이라고 했다. 참으로 하나님이 보내신 천군 천사였다. 그 덕분에 다메섹에 무사히 도착한 조하르 일행은 소금을 모두 좋은 값에 팔 수 있었다.

조하르는 힘든 여행길을 마치고 고향으로 돌아왔다. 이제 사랑하는 가족들이 당분간 안심하며 넉넉히 살 수 있을 것이다. 그는 집에 도착하자마자 하나님께 바칠 번

  드라마 레위기

제의 양과 화목제 소를 각각 한 마리씩 고른 후 성전으로 달려갔다. 여행길에 함께 해 주신 하나님, 여러 차례 만난 위기의 순간에 구원의 손길을 베풀어 주신 여호와 하나님께 감사 제사를 바치고, 친족과 마을 사람들과 더불어 기쁨의 잔치를 베풀고 싶기 때문이다.

그는 먼저 번제의 양을 감사 제물로 바친 후, 수소를 하나님께 화목제로 올려 드렸다. 제사 규례를 따라 번제의 양은 남김없이 모두 태워 하나님께 올려 드렸고, 화목제의 수소는 내장의 기름덩이와 두 콩팥과 간엽을 도려낸 뒤 하나님께 태워서 바친후 가슴과 오른쪽 넓적다리는 제사장의 몫으로 돌리고, 남은 몸통을 집으로 가져왔다.

조하르는 마을 사람들을 위해 성대한 식탁을 마련했다. 마을 잔치에 모든 사람이 초대되었다. 그동안 관계가 소원했던 친구 시므온에게도 초대장을 보냈다. 고맙게도 그가 기꺼이 달려와 주었다. 그는 시므온을 보자마자 그와 두 손을 마주 잡고 지난 일을 사과하며 용서를 구했다. 두 사람은 깊은 포옹으로 마음의 벽을 허물었다. 조하르는 사람들과 고기를 나눠 먹으며 여행길에서 하나님이 자신을 어떻게 보호해 주셨는지를 간증했다. 감사의 찬양이 흘러넘쳤다. 간증을 들은 다른 사람들도 자신이 최근에 경험한 하나님의 특별한 은혜를 서로 나누었다. 모두가 시편의 찬양을 연달아 노래하여 잔치 자리에서 아름다운 찬양이 울려 퍼졌다. 조하르와 시므온을 비롯하여 잔치에 참석한 모든 사람이 하나님 앞에서 서로 화목하며 하나가 되었다.

구원의 은혜와 기쁨이 넘친 감사의 제사

레위기 3장은 화목제 규정이다. 위험한 여행을 마치고 돌아온 조하르가 바친 감사의 제사는 1장의 번제와 3장의 화목제였다. 번제는 여러 목적으로 바쳐졌지만, 가장 대표적인 자원의 제사로서 감사 제물을 바치는 경우가 많았다(레 22:18). 이때 흔히 화목제가 수반되었다.

번제가 하나님께 온전히 바쳐진 제물이라면, 화목제는 하나님께 일부를 바치고 나머지 대부분은 사람이 함께 나누기 위한 제물이었다. 즉 번제가 수직적인 제사라면. 또 하나의 감사 제물인 화목제는 주로 사람들과 기쁨을 나누기 위한 수평적인 제사라고 할 수 있다.

화목제의 히브리어 '쉘라밈'(shelamim)은 분명 '샬롬'(shalom)과 뿌리를 같이한다. 샬롬은 쌍방 간의 평화와 친교, 다시 말해 '관계가 좋은 상태'를 말한다. 따라서 화목제는 영어 성경에서 '평화의 제사'라는 뜻의 'peace offering'(RSV), 혹은 '친교의 제사'라는 뜻의 'fellowship offering'(NIV)으로 번역된다.

정리하자면, 화목제는 하나님이 주신 구원의 은혜와 기쁨 속에서 이미 하나님과 누리고 있는 '화목한 관계'에 감사를 표하기 위해 바치는 제사이고, 하나님과의 관계가 틀어졌을 때 관계를 복원하여 '화목'하기 위한 제사는 속죄제와 속건제다. 죄가 하나님과 백성 사이를 가로막기 때문이다.

이미 하나님과 화목한 관계 속에서 온전히 수직적으로 하나님께만 바치는 감사 제사가 번제이며, 사람들과 제물을 나누며 수평적으로 화목하기 위해 바치는 제사가 화목제다.

화목제는 하나님 앞에서 영적인 잔치를 베풀어 사람들과 고기를 나누는 것에 목적이 있기에 암수 구분 없이 소나 양이나 염소를 화목제로 자원하여 바칠 수 있었다. 이때 비둘기는 제외되었는데, 고기를 나누기에는 짐승이 너무 작기 때문이다. 양과 염소는 크지 않기에 아마 친족이나 가까운 이웃들만 초대해서 나누었을 테지만, 소를 제물로 바쳤을 때는

드라마 레위기

온 마을에 잔치가 벌어졌을 것이다. 어느 것을 바칠지는 자신의 형편과 감사의 정도에 따라 헌제자 본인이 결정할 수 있었다.

Q. 화목제에 관한 오해

화목제에 관한 한 가지 큰 오해가 있다. 흔히 화목제를 하나님과 '화목하기 위해' 바치는 제사로 아는데, 사실은 그렇지 않다. 이는 개역개정이 로마서 3장 25절과 요한일서 2장 2절에 쓰인 "화목 제물"의 헬라어 '힐라스테리온'과 동의어인 '힐라스모스'를 '화목제'로 번역한 바람에 생긴 중대한 오해다. 이 헬라어 단어들은 '화목제'를 뜻하지 않는다. 화목제로 번역된 두 단어의 의미는 오히려 '대속물'에 더 가깝다. 구약을 헬라어로 번역한 70인경에서 화목제의 헬라어는 힐라스모스나 힐라스테리온이 아닌 '소테리아'이며 이것은 '구원'을 뜻한다. 화목제가 소테리아(구원)로 번역된 이유는, 죽을 고비를 넘게 하시고 고난과 역경을 이기게 해 주신 하나님의 구원과 도우심의 큰 은혜를 기뻐하며 바치는 제사이기 때문일 것이다.

그러나 위의 신약 구절들은 하나님과 원수가 된 인간이 예수님의 희생 제물과 더불어 화목케 되었음을 말하는데, 그런 기능을 하는 제사는 제물이 죄를 위한 대속물로 바쳐지는 '속죄제'다. 그러므로 화목제는 죄로 인해 관계가 깨진 하나님과 화목하기 위해 바치는 제사가 아니며, 그 목적을 위해 바치는 제사는 속죄제임을 분명히 알아야 한다. 따라서 "화목 제물"에 관한 개역개정의 오역은 "대속물"로 속히 교정되어야 한다. 특히 이것은 전 세계 모든 성경 번역본 중에서 오직 한글 번역본인 개역한글과 개역개정, 그리고 새번역에서만 나타나는 중대한 오역이다.

화목제의 특징

화목제의 가장 큰 특징은 짐승의 핵심 부위만 하나님께 바치고, 나머지는 전부 사람들이 나누어 먹는다는 것이다. 이때 하나님께 바치는 부위는 내장을 뒤덮고 있는 엉긴 기름 덩어리(suet)와 안에 파묻힌 두 콩팥과 간엽(liver lobe)이었다. 번제는 가죽을 빼고 모든 것을 태우므로 이 부위가 자동적으로 포함된다. 그 외 화목제와 더불어 속죄제와 속건제는 공통적으로 이 세 가지 부위만을 제단 위에서 불태운다.

다만 제사마다 남은 고기를 처분하는 방식이 다른데, 속죄제나 속건제를 드린 후에는 고기를 밖으로 반출시켜 태우거나 제사장이 먹었다. 번제는 하나님이 모두 잡수시도록(상징적으로) 전체를 태웠지만, 화목제의 경우 하나님은 기름 부위만 자신에게 바치고 남은 고기는 모두 사람들이 나누어 먹도록 하셨다.

태워야 할 부위 중에 기름은 고기에 섞인 비계(fat)가 아닌 내장을 뒤덮고 있는 엉긴 기름 덩어리(suet)다. 짐승의 콩팥은 좌우에 두 개인데, 둘 다 떼어 제단에 태운다. 덧붙여 간 일부를 바치는데, 여러 성경에서 "간에 덮인 꺼풀"(covering)로 번역되어 있다. "간에 덮인 꺼풀"(레 3:4,10,15)은 히브리어 '요테레트 카베드'(yoteret kabed)의 번역인데, 이는 '간에 붙어 있는 것'을 뜻한다. 그러나 간에 덮인 얇은 막은 제물로 드리기에는 적합하지 않으므로, 랍비들은 이것을 '간의 손가락'으로 해석하며, 간의 '미상엽'(꼬리엽) 부위일 것으로 생각했다. 미상엽은 간의 중심부에서 움푹 함몰된 부위다. 랍비들은 간의 중심 부위가 바쳐진 것으로 해석했던 것 같다. 우리는 이것을 단순히 간엽(liver lobe)으로 칭하기로 한다.

그렇다면, 이 기름 덩어리와 두 콩팥과 간엽은 어쩌다가 모든 제사에

 드라마 레위기

서 반드시 제단 위에서 불태워야 할 요소로 따로 떼어지게 되었을까? 먼저, 장기에 해당하는 두 콩팥과 간엽을 바치는 이유에 관해서는 여러 이견이 있으나, 이들 기관이 동물의 감정이 집약된 기관, 즉 감정의 좌소(Seat)이기 때문이라고 보는 견해가 있다.

영육일체의 인간관을 지닌 구약이 인간의 오장육부를 감정 표현의 기관으로 간주하는 것은 동양적 사고와도 일맥상통한다. 예를 들어, 우리는 겁이 없는 사람을 가리켜 '간이 부었다'고 말하며, 줏대 없이 행동하는 사람을 보고 '쓸개가 빠졌다'고 표현한다. 또한 쓰라린 고통은 '창자가 끊어지는 아픔'으로 표현되기도 한다. 성경도 애끓는 심정을 "창자"가 끊어진다고 표현하거나(애 2:11), "창자"가 들끓는다고 표현하기도 한다(렘 31:20). 또한 지독한 고통은 쓰디쓴 "쓸개"에 비유된다(욥 20:14; 암 6:12). 콩팥 역시 특히 시편에서 자주 심장과 나란히 등장하며 인간의 내면 깊은 곳을 나타낸다(렘 11:20; 17:10; 시 7:9; 16:7). 콩팥을 뜻하는 히브리어 단어가 개역개정에서는 빈번히 "마음"(렘 11:20)이나 "폐부"(렘 17:10)로 번역되어 있다.

> 공의로 판단하시며 사람의 **마음**을 감찰하시는 만군의 여호와여 나의 원통함을 주께 아뢰었사오니 그들에게 대한 주의 보복을 내가 보리이다 하였더니 렘 11:20

> 나 여호와는 심장을 살피며 **폐부**를 시험하고 각각 그의 행위와 그의 행실대로 보응하나니 렘 17:10

그러나 유독 간과 콩팥만 특별히 감정의 자리일 리 없으며 오장육부가 모두 그러하고, 특히 감정의 좌소이자 표출 기관을 꼽는다면 심장이 일등이다. 하지만 심장을 제단에 바치라는 요구는 하지 않는다. 따라서 감정의 좌소라는 이유로 간과 콩팥이 요구되었다는 것은 다소 설득력이 떨어진다.

다른 견해로, 특히 간은 당시 널리 퍼져 있던 간 점술을 금지하기 위해 일부를 잘라 제단에 태우라고 했다는 견해가 있다. 간 점술은 양이나 염소를 죽여 간을 끄집어내 간 표면의 형태, 선의 모양, 색깔 등을 보고 징조를 읽는 점술이다. 민간에서 유행했으며, 왕실에서도 국가의 중대사를 결정할 때 제사장으로 하여금 짐승을 잡아 간을 꺼내 점괘를 보게 했을 정도다. 이스라엘에서 그런 사악한 행위가 발생하지 않도록 하나님은 간을 제단에 태워 처분하라고 명령하셨다는 것이다. 매우 그럴듯한 견해다.

그러나 더 나은 가능한 견해가 있으니, 고대에 간은 피를 만드는 기관으로 간주되었기 때문일 수 있다. 근대 의학을 통해, 피는 뼈의 골수에서 만들어지는 것이 밝혀진 지 이미 오래지만, 고대에는 동서양 모든 문화권에서 피는 간에서 생성된다고 생각되었다. 묵직한 간이 짙은 핏빛을 띠기 때문이다. 어쩌면 하나님은 당시 사람들의 생물학적 지식의 눈높이에 맞추어 '피는 곧 생명'인 이유로 피를 만드는 간의 중심부를 생명(피)의 주인 되신 당신에게 떼어 바치라고 하셨는지도 모른다.

여호와께 기름을 바친 이유
두 콩팥이 요구된 이유는 단순히 그것들이 기름 덩어리에 묻혀 있어

  드라마 레위기

서 기름과 한 덩어리로 취급되었기 때문인 것으로 보인다. 실제로 화목 제에서 태워지는 기름 덩어리와 두 콩팥, 그리고 간엽 한 토막을 통틀어 단순히 "기름"으로 표현하는 경우가 많다(레 6:12; 왕상 8:64; 대하 7:7; 사 1:11). 다른 가능한 견해로, 두 콩팥이 중요했던 이유는 그것이 기름 덩어리에 둘러싸인 채 짐승의 가장 깊숙한 부위에 파묻혀 있기 때문이라는 것을 들 수 있다. 그런 점에서 콩팥은 그 짐승의 중심을 상징하며 가장 중요한 기관으로 간주되었을 수 있다.

그런데 왜 짐승의 기름을 여호와께 바쳤을까? 이에 관해서는 기름이 가장 맛있는 부위이기 때문이라거나 콜레스테롤 덩어리라 인체에 해로 워 제물로 바치게 하셨다는 설이 있다. 기름에 잘 타는 부위인 만큼 제물의 소각을 도왔을 것이라는 실용적 이유를 내세우는 학자도 있다.

그러나 유명한 레위기 학자이자 유대 랍비인 밀그롬(J. Milgrom)이 말한 대로 내장에 엉긴 지방 덩어리는 고기 위에 붙은 비계와 달리 식용으로 적절하지 않은 부위다. 따라서 이 기름 덩어리가 가장 맛있는 최고 부위라는 주장은 성립되지 않는다. 반대로, 기름이 몸에 아주 해롭기 때문에 태우라고 하셨다는 주장도 설득력이 전혀 없다. 콜레스테롤이 인체에 유해하다는 관점은 현대 의학의 발달과 함께 등장했는데, 최근에는 과하게 섭취하지 않는 이상 콜레스테롤은 필수 영양소임이 밝혀졌다. 무엇보다도 이러한 견해는 "모든 기름은 여호와의 것"(레 3:16)이라는 하나님의 소유권 선언과 어울리지 않는다. 아주 해로운 것을 하나님이 자신의 귀중한 소유로 요구하신다는 것은 모순적이다.

하나님이 기름에 대한 소유권을 주장하신 데는 다른 이유가 있다. 그것은 일차적으로 제물이 향기로운 냄새를 내는 데 있어서 기름이 핵심

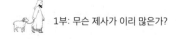

적이기 때문이다. 즉 맛이 아니라 기름이 타면서 내는 향기로운 냄새 때문에 요구되었다고 볼 수 있다(레 1:9, 13, 17; 3:5, 16). 더욱 그럴듯하게는 고대 이스라엘에서는 기름이 부와 풍요의 상징이자 힘의 근원으로 간주되었으므로 풍요와 힘의 근원이 하나님께 있음을 인정하면서 그것을 하나님께 되돌려 드리는 의미가 있었을 것으로 생각할 수 있다.

양의 경우는 특별히 "미골에서 벤 기름진 꼬리"(레 3:9)를 잘라 바치라는 규정이 더해졌다(레 3:9). 양의 꼬리는 기름 성분이 98%에 이르는 기름 덩어리 자체라고 한다. 특히 팔레스타인 양은 꼬리가 유독 두툼하고 묵직한 것으로 알려져 있다. 최근에는 그런 양을 보기가 힘들지만, 그리스 역사가 헤로도토스(Herodotos)가 팔레스타인을 방문해서 목격한 바에 의하면, 고대 팔레스타인 지역의 어떤 양들은 꼬리가 너무 거대한 나머지 바퀴가 달린 작은 수레를 꼬리 받침대로 끌고 다니는 일도 있었다고 한다. 이처럼 양의 두툼한 꼬리 역시 기름 덩어리로 취급되어 미골, 곧 꼬리뼈를 절단하여 제단에 바쳤다(레 3:9). 그러나 쇠꼬리는 기름이 아닌 고깃덩어리이므로 제단에 바치지 않았으며(레 3:3-4, 14-15), 아마 염소 꼬리는 너무 작아서 가죽과 함께 잘려 나갔는지도 모른다.

드라마 레위기

이렇게 기름과 내장 일부를 제하고 남은 고기(아마 남은 내장도 포함되었을 것이다)는 제사장 몫으로 일부를 떼어낸 뒤 헌제자가 가져가 이웃과 함께 나누어 먹었다. 제사장의 몫은 가슴과 오른쪽 뒷다리였으며 나머지 고기는 모두 예배자의 몫이었다.

화목제는 언제 바쳤는가?

번제와 마찬가지로 화목제 역시 자발적인 감사의 제사였기에 누구나 언제든 원하는 대로 화목제 짐승을 바칠 수 있었다. 공적인 측면에서, 국가에서 법으로 정한 절기의 의무적인 화목제는 오순절을 제외하면 발견되지 않는다(레 23:19). 그 이유는 화목제가 다분히 사적인 성격의 제사이기 때문이다. 민수기 29장 39절에 따르면, 대부분의 절기에서 바친 화목제도 법으로 규정되었다기보다는 잔치를 위한 자발적인 제사였음을 알 수 있다(참조, 대하 7:7). 또한 절기 외에 특별한 공적 행사나 국가적 행사에서도 화목제를 풍성하게 드렸는데, 대부분 자발적인 성격의 제사들이었다(민 7장; 삿 20:26; 삼상 11:15; 대하 7:7; 30:22; 31:2).

그러한 공적 행사에서는 속죄제, 번제, 소제 등이 풍성히 드려졌는데, 언제나 화목제가 가장 나중 순서로 진행되었다. 왜냐하면 행사를 마무리하는 잔치의 제사이기 때문이다. 다만 온 백성이 참여하는 성대한 언약식에서는 화목제가 의무적으로 규정된 듯한 인상을 준다. 그러나 이때도 행사를 마칠 때에 풍성한 음식을 나누는데, 이것은 화목제 고기와 더불어 준비된 음식을 나누어 먹는 의식임이 분명하다(출 24:11; 신 27:6-7). 이처럼 중대한 공적 행사를 화목제 잔치와 더불어 마무리하는 것은 마치 성대한 결혼식 후에 피로연에서 풍성한 음식을 나누며 잔치를 마무리하는 것과도 비슷하다.

그 외 일상생활에서 특별한 감사와 은혜를 누린 사람은 언제든지 성소에 올라가 기쁨으로 화목제를 바친 뒤 친족 및 이웃들과 고기를 나누었다.

한편, 화목제는 번제 및 소제와 더불어 레위기가 기록되기 이전부터 하나님이 전수해 주신 대로 드려 온 제사였다(참조, 출 18:12). 레위기에서 비로소 신설된 제사는 속죄제와 속건제다.

세 종류의 화목제

화목제는 제사를 바치는 이유와 동기와 목적에 따라 세 종류로 나뉜다(레 7:15-16).

화목제 종류	동기	짐승의 상태	섭취 기한
감사제/찬양제(히. 토다)	특별한 축복을 받음	흠 없는 것	당일
서원제(히. 네데르)	서원의 이행	흠 없는 깃	이틀
자원제/낙헌제(히. 네다바)	기쁨의 자원	일부 흠은 용인	이틀

첫째, 감사제/찬양제로 번역되는 히브리어 '토다'는 '감사', 혹은 '찬양'을 뜻한다. 조하르의 사례에서 보듯이, 위험한 장거리 여행을 무사히 마치거나 전쟁터에서 무사히 돌아왔을 때, 죽음의 위협에서 건져 주신 하나님께 감사의 화목제를 바칠 수 있었다. 또 죽을병에서 회복되었을 때도 특별한 축복으로 인해 감사의 화목제를 드렸을 것이다.

감사의 화목제를 드릴 때는 당일에 고기를 모두 먹어야 했다(레 7:15). 이것은 감사의 기쁨이 충만한 순간에 고기를 남김없이 먹는 것이 바람

드라마 레위기

직하다는 뜻일 것이다.

둘째, 서원제 역시 감사로 드리는 화목제이지만, 서원의 이행을 위해 바친다는 점에서 차이가 난다. 서원의 화목제는 하나님께 무언가를 서원할 때 바치는 것이 아니라 서원 기도가 응답되어 감사함으로 자신이 서원한 내용을 이행할 때 바치는 제사다.

예를 들어, 자녀를 갖지 못해 한이 많았던 한나가 하나님께 서원했다. 만일 하나님이 아들을 주신다면, 그 아이를 성전에 봉헌하겠다고 맹세한 것이다. 하나님이 마침내 사무엘을 주셨다.

그녀는 남편 엘가나와 함께 감사의 서원 이행을 위해 수소 3마리와 밀가루 1에바(22리터), 그리고 포도주 한 가죽 부대를 준비해서 실로 성전으로 향했다(삼상 1:24). 어떤 사본에는 3년생 수소 1마리로 기록되어 있지만, 소 1마리당 밀가루 3/10에바(6.6리터)가 수반되므로(민 15:8-9) 1에바라는 밀가루 양으로 볼 때 3마리가 옳아 보인다.

수소 3마리의 용도에는 감사 번제는 물론, 감사를 위한 서원의 화목제 또한 포함되어 있었다(참조, 레 22:18). 만일 엘가나가 재력가라 소 3마리를 끌고 간 것이라면, 1마리는 하나님께 번제로 드리고, 나머지 2마리는 화목제 잔치를 위해 사용했을 것이다. 아마 한나와 엘가나는 성막이 있었던 실로 성읍뿐 아니라 인근 촌락 주민들까지 모두 초대하여 성대한 잔치를 벌였을 것이다. 서원의 화목제는 감사의 화목제와 달리 이튿날까지 고기를 먹도록 허용되었다(레 7:16-17).

셋째, 자원제/낙헌제로 번역되는 히브리어 '네다바'는 개역개정 성경에서 "자원" 제물(레 7:16; 22:18, 23), 혹은 "낙헌" 제물(민 15:3; 29:39; 신 12:6, 17; 시 54:6; 암 4:5)로 번역되어 있다. 이것은 일관성이 없는 번역인데, 모두

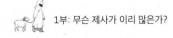

'네다바'의 화목제로서 "자원" 제물로 통일되는 것이 바람직하다.

자원의 화목제는 특별한 일이 있어서 감사하는 것이 아니다. 단순히 하나님의 은혜가 너무나 크게 느껴져 기쁨으로 자원해서 드리는 화목제다. 현대 그리스도인들도 생활 속에서 이런 자발적인 감사 제물을 드릴 수 있다.

예를 들어, 운전하면서 찬양을 듣다가 갑자기 지난날 하나님의 은혜가 너무 크게 느껴지며 눈물이 터져 나올 수 있다. 잠시 차를 길가에 세워 두고서 운전대에 손을 얹은 채로 하나님께 눈물의 감사 기도를 드린다. 주일 예배에 하나님께 특별 감사헌금을 바치며 봉투에 이렇게 쓴다. "하나님, 범사에 감사합니다!"

특별 감사헌금이 아닌 범사의 감사헌금, 이것이 자원의 화목제인 것이다.

순전히 자발성에 의해 바치는 제사이므로 짐승의 "지체가 더하거나 덜하거나 한"(레 22:23) 것도 바칠 수 있었다. 이웃과 더불어 고기를 나누어 먹는 잔치가 이 제사의 주목적이기 때문이다. 이때 "더하거나 덜하거나"로 번역된 히브리어는 아마도 발의 숫자보다는 발이 길거나 짧은 것을 가리켰을 것이다. 그러나 앞서 설명한 감사와 서원의 화목제에서는 다른 제사들에서와 마찬가지로 어떤 흠도 일절 허용되지 않았다.

자원의 화목제도 서원의 화목제와 같이 이튿날까지 고기를 먹을 수 있었다. 감사의 화목제는 당일에 고기를 실컷 먹으며 모든 잔치를 끝내야 했던 반면에 감사의 정도가 비교적 낮은 서원과 자원의 화목제는 이튿날까지 사람들을 초대해 고기를 나누어 먹을 수 있었다.

드라마 레위기

화목제 고기는 율법이 지정한 기한을 넘기면 거룩성을 상실하여 더러운 고기(히. 피굴)로 간주되었다. 어떤 학자들은 위생적 의미에서 상한 고기를 뜻한다고 주장하지만, 그렇게 볼 수는 없다. 고기가 불과 하루 만에 상할 리가 없기 때문이다. 고대에도 고기를 오래 보관하며 먹는 노하우가 있었다. 고기를 삶거나 육포로 말리면, 오랫동안 보관할 수 있다.

따라서 히브리어 '피굴'은 위생상 부패가 아닌 제의상 부패를 뜻한다고 볼 수 있다. 제의적 의미에서 유통 기한이 지난 부패한 고기를 먹는다면 '끊어짐' 곧 '제명'의 중벌을 받았다.

유통 기한이 끝난 화목제 고기는 섭취가 금지되는데, 고의든 실수든 부정한 것과 접촉되어 더럽혀진 화목제 고기 또한 섭취가 금지되었다. 그렇게 부정케 된 고기는 아무리 아깝더라도 폐기해서 소각해야 했다. 그런 고기를 먹는 것은 자신을 스스로 부정케 하는 심각한 죄였기 때문이다.

또한 유출이나 사체를 만지는 등, 여러 원인으로 몸이 부정한 상태에서 화목제 고기를 먹은 경우에도 제명의 중벌을 받았다(레 7:18-20). 말하자면, 화목제 식탁은 일반적인 식탁도 아니고, 단순한 불고기 파티도 아니었다. 특별한 예식으로서의 식탁이자 일종의 연장된 예배로서의 잔치였기에 부정한 사람은 입장할 수 없었으므로 어쩔 수 없이 초청에서 제외되었다. 그런데도 부정케 된 사람이 고집을 부려 화목제 식탁에 참여하여 고기를 먹는다면, 모든 고기가 부정해진 것으로 간주되어 전량 폐기해야 하는 사태가 벌어진다. 또한 그 사람은 제명의 중벌을 면치 못한다. 이것은 화목제 고기의 나눔이 마을에서 실천되는 중요하고도 거룩한 나눔의 예식이었음을 말해 준다.

화목제의 의의

앞서 말한 대로, 화목제는 하나님과 화목하게 되기 위해, 즉 속죄를 위해 드리는 제사가 아니다. 화목제는 번제와 같이 하나님과 지속적으로 평화로운 관계를 유지하고, 이를 기뻐하는 감사 제사다. 다만 이 잔치로 인해 사람들 간에 반목과 불화가 해소되며 화목을 이루는 효과가 나타난 것이 분명하다. 이는 화목제는 이웃과 더불어 기쁨과 감격을 나누는 잔치의 제사이기 때문이다. 이것은 하나님이 절대적으로 기뻐하시는 공동체의 하나 됨이다.

조하르의 사례에서 보듯이 큰 위기를 모면한 사람은 마음에 여유가 생기는 법이다. 이때 다른 사람과의 불편한 관계는 매우 사소해 보일 수 있다. 따라서 화목제를 바치면서 공동체의 친목이 강화되고 불편한 관계에 놓인 사람들도 특별한 축제로 인해 화해의 관계로 복원되었을 것으로 보인다. 이런 점에서 화목제는 공동체의 하나 됨과 사람과 사람 사이의 화목을 이끄는 중요한 제사였을 것이다.

참고로, 어떤 종류의 화목제든 감사함으로 하나님께 번제를 드린 후에 화목제가 드려져서 남은 고기 대부분을 사람들이 기뻐하며 나누어 먹었던 것으로 보인다.

화목제는 오늘의 예배에 중요한 교훈을 준다. 흔히 예배에서는 번제적 요소, 즉 하나님을 향한 수직적 경배만이 강조되는 경향이 있는데, 하나님과의 수직적 교제(번제) 못지않게 사람 간의 수평적 교제(화목제)도 중요하다. 예수 그리스도 안에서 성취된 제사의 정신은 예배를 통해 실현되어야 마땅하다.

예수님은 예배에 앞서 성도들끼리의 나눔과 화해를 크게 강조하셨다.

 드라마 레위기

심지어 성도 간의 화목이 없는 예배는 아무런 의미가 없다고 말씀하기까지 하셨다.

> 그러므로 예물을 제단에 드리려다가 거기서 네 형제에게 원망들을 만한 일이 있는 것이 생각나거든 예물을 제단 앞에 두고 먼저 가서 형제와 화목하고 그 후에 와서 예물을 드리라 마 5:23-24

오늘날 예배 시간은 짧아졌지만, 주어진 시간 속에서 잠시라도 성도 간에 축하, 감사, 위로 등을 나누고, 합심하여 기도하는 시간을 가져야 할 것이다. 하나님은 예배가 풍성한 교제와 나눔의 자리가 되는 것을 기뻐하신다. 화목제의 부족한 요소는 예배 후 식사와 교제, 구역 예배나 여러 프로그램을 통해 채울 수 있다. 또한 신자들은 화목제의 정신을 따라 자신이 가진 물질을 성도들과 나눌 뿐 아니라 이웃과도 넉넉히 나눌 수 있어야 한다. 비단 물질만이 아니라 어려운 이웃을 섬기는 데 우리의 시간과 힘과 지식이 사용될 수 있다. 화목제의 나눔 정신은 교회 울타리 너머에도 전해져야 한다.

8. 속죄제, 너의 죄와

더러움을 씻으라! / 레 4-5장 /

무심코 안식일을 범하다

최근 요아킴은 태어나서 처음으로 가장 정신없는 한 달을 보냈다. 딸의 결혼식을 성대히 치르고 나서 며칠 뒤 지병이 있던 아버지가 돌아가셨다. 장례식을 겨우 마친 뒤, 한숨 돌리는가 싶었는데 최근 함께 사업을 시작한 동업자 녀석이 현금과 귀중품을 몽땅 빼돌려 야반도주하고 말았다. 요아킴은 머뭇거릴 겨를이 없었다. 그 녀석이 두로항에서 배를 타고 떠나 버리기라도 하면 끝장이었다. 서둘러 그의 행적을 수소문하여 뒤쫓아 떠났다.

그는 사흘을 노숙하고 나흘째 이른 아침부터 발걸음을 재촉했다. 반나절이 지나 어느 마을에 도착했다. 그런데 마을에 사람들이 거의 보이지 않았고, 길거리가 너무 한산했다. 순간적으로 이상한 생각이 들더니 머리카락이 쭈뼛 섰다. 아뿔싸, 그날은 안식일이었던 것이다. 일련의 큰 사건들이 연이어 발생하는 바람에 요아킴은 안식일을 망각하는 중대한 실수를 저지르고 말았다. 가슴이 덜컹거리며 두려움에 사로잡힌 요아킴은 그 자리에서 무릎을 꿇고 하나님께 용서를 구했다. 그러나 그것만

드라마 레위기

으로는 죄가 해결될 리 없다. 성전에 올라가 속죄제를 바쳐야만 할 것이다.

요아킴은 하나님의 은혜로 그의 재산을 훔쳐 달아난 동업자가 승선하기 직전에 붙잡을 수 있었다. 재산을 되찾아 집으로 돌아온 그는 무심코 안식일을 범했던 죄를 용서받기 위해 즉시 성전으로 향했다. 속죄제뿐 아니라 추가로 드려야 할 제물도 있다. 잃었던 재산을 되찾게 해 주신 하나님께 감사의 번제와 화목제를 드려야 한다. 그중 가장 중요한 제사는 물론 속죄제다. 죄를 용서받지 않고 드리는 번제와 화목제를 하나님이 기뻐하실 리 없기 때문이다.

속죄제는 언제 바쳤는가?

요아킴이 안식일을 무심코 범한 뒤 바친 제사는 속죄제다. 속죄제는 두 가지 문제를 해결하기 위한 제사다. 첫째, '비고의적인 죄'를 해결하고(레 4-5장) 둘째, '부정결'의 문제를 해결하기 위함이다(레 11-15장).

부정결의 문제와 관련한 예를 들자면, 여인이 아이를 낳으면 산후 정결례를 거쳐 깨끗게 되는데, 일정 기간이 지난 뒤에 목욕해야 하며, 가장 중요하게는 자녀 출산에 대한 감사의 번제와 더불어 '속죄제'를 바쳐야 한다(177쪽 레위기 12장에서 더 자세하게 설명할 것이다). 덧붙여 유출병에 걸린 여자는 피가 멈춘 뒤, 또 악성 피부병(나병이라는 번역은 잘못된 것이다)에 걸린 환자는 병이 치료된 뒤에 반드시 '속죄제'를 바쳐야 한다.

사람의 몸이 부정하게 되었을 때, 이것이 죄 문제가 아님에도 불구하고 속죄제가 요구된 이유는 무엇인가? 분명, 다양한 부정결이 창세기 3장에서 죄가 세상에 들어온 후 생겨난 증상이기 때문일 것이다. 즉 부정결의 문제도 근원을 따져 보면 죄 문제에서 비롯된 것이기 때문에 속죄제가 요구된 것으로 추측된다.

한편, 속건제는 속죄제와 더불어 죄 문제를 우선 해결하는 제사인데, 속건제가 해결하는 죄는 재산상의 피해를 입힌 죄에 국한된다는 점에서 속죄제가 다루는 죄와 차이가 난다. 속건제는 상대방의 금전적/물질적 손해를 배상하고, 하나님께 속건제 숫양을 바침으로써 죄 문제를 해결한다.

그러나 속죄제는 도덕적 계율을 어긴 죄를 해결하는데, 다만 그 죄는 '비고의적인 죄', 다시 말해서 "부지중에" "그릇" 범하여 여호와께서 금지하신 계명을 어긴 죄다. 한글 성경에서는 단순히 "여호와의 계명 중 하나라도"(레 4:2, 13, 22, 27)라고 쓰여 있으나 히브리어 원문을 정확히 번역하면 "여호와께서 금지하신 계명 중 하나라도"라는 의미다. 이 중 "금지하신"이 누락되었다.

고의적인 죄의 경우는 고의성이 가벼운 일부 경우를 제외하고는(레 5:1-4) 죄성이 매우 심각하여 속죄제가 허용되지 않았다. 중범죄이므로 하나님이 직접 징벌하여 처단하시거나 백성들에게 지시하여 죄인을 돌로 쳐 죽이게 하셨는데, 전자의 예는 레위기 10장에서 잘못된 제사를 드린 나답과 아비후가 여호와의 불에 맞아 죽은 것을 들 수 있고, 후자의 예는 민수기 15장에서 안식일에 나무하는 죄를 범한 사람에게 내려졌던 투석형을 들 수 있다. 다만, 다윗의 사례에서 보듯이 중범죄의 경우라도 하나님이 심판을 유보하여 회개의 기회를 주시기도 했다. 어쨌든 금지 명령은 매우 중대한 계명이다. 따라서 "부지중에", 곧 무심코 위반했다고 하더라도 그 죄가 상당히 무겁다.

당시 율법은 안식일에 여행하는 것을 절대 금하였지만, 요아킴은 무심코 이 금지 명령을 위반했다. 속죄제를 통해 하나님께 용서를 구해야 하는데, 그는 "평민의 한 사람"이므로 암염소나 암양을 속죄 제물로 바쳐야 한다(레 4:27-28).

이처럼 속죄제는 죄와 부정결의 문제를 해결하기 위해 바치는 것이 원칙이나 그 외에도 제사장 임직(레 8장)이나 레위인의 임직(민 9:5-22) 또는 나실인의 서원(민 6장)과 같은 몇 가지 특별한 예식에서도 속죄제를 드렸으며, 국가의 절기마다 다양한 속죄제를 바치곤 했다.

속죄제의 기능에 관해서는 의견이 몇 가지로 나뉘는데, 그중 가장 그럴듯한 설명은 아마도 제단을 중심으로 한 성전의 부정결을 닦아 내는 기능을 했으리라는 견해다. 성전이 더럽혀진 이유는 백성이 지은 죄와 몸에 생긴 부정결 때문이다. 이에 관한 근거와 오염 발생의 메커니즘은 나중에 별도로 상세히 설명할 것이다. 이것은 레위기의 제사법에서 가장 중요한 내용이다.

신분에 따라 등급화된 속죄제

속죄제는 죄인의 신분과 사회적 지위에 따라 달랐다. 다음 도표는 당시 높은 지위로부터 낮은 지위에 이르기까지 제물의 크기와 가치가 등급화되어 있음을 보여 준다.

신분	제물	피 뿌리는 곳	제단 위	남은 고기
(대)제사장	수소	내성소/향단	기름 두 콩팥 간엽	밖에서 소각
회중				
족장	숫염소	마당/번제단		제사장 섭취
평민	암염소 혹은 암양	마당/번제단		제사장 섭취
빈민	비둘기 2마리(속죄제와 번제)	마당/번제단	번제용 비둘기	속죄제용 비둘기 제사장 섭취
극빈	밀가루 1/10에바	없음	한 움큼	제사장 섭취

우선, 성경은 (대)제사장의 비고의적인 죄의 속죄에 관해 "흠 없는 수송 아지"(레 4:3)를 바칠 것을 명령한다. 많은 학자가 "기름 부음을 받은 제사장"(레 4:3)을 대제사장으로 해석하지만, 그렇게 할 경우에 제사장이 목록에서 누락되므로 대제사장을 포함한 제사장들로 보는 것이 합당할 것이다. (대)제사장과 회중은 동급이므로 둘 다 수소가 요구된다. 이때 회중은 제사장이 포함된 것을 의미한다.

제사장과 회중이 분리되어 취급되는 경우에 제사장이 제외된 회중이 드리는 제물은 흔히 숫염소였다(레 9장; 16장).

족장은 평민의 지도자로서 숫염소를 속죄제로 바쳤고, **평민**은 암염소나 암양을 바쳤다. 여기서 수컷이 암컷보다 제의적인 가치 면에서 우위에 놓여 있음이 다시금 확인된다(시장 가치로는 암컷이 월등히 비쌌다).

한편, 제사장과 평민 사이에 레위인이 있어야 하는데 레위기 4-5장의 목록에서는 빠져 있다. 레위인은 제사장과 평민 사이의 신분이었다는 점에서 족장과 동급이었을 수 있다. 그러나 그들도 이스라엘 지파의 일원으로서 성막 봉사를 맡았을 뿐 평민으로 분류되었을 가능성이 크다.

양과 염소를 조달하기 어려운 **가난한 계층**을 위해서는 비둘기 2마리가 속죄 제물로 허용되었다. 이때 1마리는 번제와 같이 제단 위에서 온전히 태웠고, 다른 1마리는 피를 제단에 흘린 뒤 제사장이 섭취하는 방식으로 처리되었다.

그러나 가난한 계층에서도 **극빈자**들은 비둘기조차 힘에 겨웠다. 그런 이들이 무심코 죄를 범했을 경우에도 죄 문제를 그대로 넘길 수는 없기에 하나님은 그들에게 마지막 수단을 허락하셨다. 그들이 평소 음식으로 먹는 밀가루를 소제의 속죄 제물로 가져오라 명하신 것이다. 그들은

드라마 레위기

밀가루 1/10에바를 드리면 된다(레 5:11-13). 이때 싼 유향도 심지어 감람유도 붓지 않는다. 가난한 자를 위한 배려다.

경제적 형편과 무관하게 죄 문제는 어떤 방법으로든 반드시 해결해야 했다. 비록 밀가루는 피가 없는 속죄 제물이기는 하지만, 하나님은 극도로 가난한 자들을 위해 밀가루 제물에도 피의 효력이 있는 것으로 간주해 주셨다. 마지막 한 사람을 위해서까지 속죄의 길을 열어 주신 하나님의 은혜가 크다고 하지 않을 수 없다.

속죄제의 독특한 피 뿌리기

속죄제의 피 의례는 매우 독특한 방식으로 이루어졌다. 먼저, (대)제사장과 회중을 위한 속죄제 수소는 안수하고 난 뒤에 도살하여 그 피를 양푼에 받아 내성소로 가지고 들어간다. 거기서 양푼의 피를 손가락으로 찍은 뒤 지성소 휘장 앞에 놓인 향단 주변에 '뿌리고' 향단의 네 뿔에 '발랐다'(레 4:6-7, 17-18).

그러나 평민을 위한 속죄 제물인 염소와 양의 피는 마당에 놓인 번제단의 네 뿔에 '바른다'(레 4:25, 30). 비둘기의 피는 양푼에 받지 않고, 몸채 들고 마당의 번제단에 가서 일부를 제단 사면 벽에 뿌리고 남은 피를 제단 아래 흘렸다(레 5:9).

여기서 주목할 것은 제사장과 회중을 위한 속죄제 수소의 피는 내성소에 들어가 향단을 중심으로 처리했지만, 평민의 속죄제 짐승(염소와 양, 비둘기)의 피는 마당의 번제단에서 처리했다는 점이다. 왜냐하면 신분에 따른 죄의 전파력과 영향력에 차이가 나기 때문이다.

앞서 설명한 대로, 인간의 죄와 부정결은 성전을 오염시키는 결과를 낳는다. 이에 대한 증거는 나중에 자세히 설명할 것이다. 이때 제사장과 회중의 죄의 '독기'는 내성소까지 침범해 향단을 더럽히는 데 비해, 평민의 죄는 마당의 번제단을 더럽혔다. 그러한 이유로 속죄제 짐승의 피를 뿌리는 장소가 달랐다.

도표(85쪽)에서 확인하듯이 피를 어디에 뿌렸느냐에 따라 속죄제 고기의 처분 방식도 달라졌다. 내성소에서 피를 뿌린 짐승의 경우는 그 고기를 제사장이 먹지 못하고, 진영 밖의 재를 버리는 "정결한 곳"(레 4:12)에서 소각하여 없애야 한다. 그에 비해 마당의 번제단에서 피를 처리한 속죄제 짐승의 고기는 제사장들에게 일종의 수고비로 건네진다. 제사장들은 그것을 먹어서 없앴다. 이것은 분명히 속죄제 고기의 오염도의 차이로 인한 것이다. 내성소에 피를 뿌린 속죄제 짐승의 경우, 피를 통한 오염도가 강하므로 먹을 수 없어 밖으로 내어 불태웠던 것이다. 그러나 마당에 피를 뿌린 속죄제 짐승의 경우는 오염도가 경미하여 제사장이

드라마 레위기

먹을 만했기에 하나님은 그 제사를 집례한 제사장들이 먹도록 조치하셨던 것으로 보인다. 이렇게 해서 속죄제는 '태우는 속죄제'와 '먹는 속죄제'로 나뉜다.

속죄제 외의 제사, 즉 번제, 화목제, 속건제 등의 피 뿌리는 방식은 공통적으로 '끼얹는'(zaraq[자라크] "dash, throw") 것이다. 피를 양푼에 받은 뒤 제단 사면 벽에 뿌려서 처리한다. 그러나 속죄제는 전혀 다르다. 피를 양푼에 담은 뒤 다음 세 가지 동작을 통해 피를 처리한다.

01 뿌리기(hizza[히자] "sprinkle"): 손가락으로 "제단의 주변에 두루"(레 1:11; 3:2, 8, 13)

02 바르기(natan[나탄] "daub, put"): 손가락으로 "제단의 네 귀퉁이 뿔에"(레 8:15)

03 쏟기(shapak/yatsak[샤파크/야차크] "pour"): "(번)제단 밑에(레 4:7, 18, 25, 30, 34)

속죄제에서는 피가 든 양푼을 들고 제단 벽에 끼얹는 것이 아니라 손가락을 양푼에 담아 피를 찍은 뒤 소량의 피를 제단 주변에 뿌리거나 제단 뿔에 바르는 동작으로 피를 처분한다. 피가 대량으로 남는데, 이는 제단 밑에 쏟는다.

여기서 손가락으로 피를 뿌리고 바르는 동작이 매우 중요하다. 이것이 가져오는 효과는 제단의 정화이기 때문이다(레 8:16; 16:19). 즉 속죄제의 피를 뿌리고 바를 때, 제단과 성전이 청소된다는 것이다. 이것이 속죄제의 가장 큰 특징이다.

고의성이 있는 죄를 위한 속죄제

레위기 5장 1-6절은 약간의 고의성이 있는 죄를 위해 바치는 속죄제 규정이다. 네 가지 사례가 제시되는데, 모두 고의성이 개입되어 있으며 그 죄의 공개적인 인정과 자백이 요구된다. 죄의 인정과 자백은 속죄제 절차에서 매우 중요하다. 그것 없이는 속죄제가 아무런 효력을 발휘하지 못하기 때문이다.

혹자는 고의성이 있기 때문에 죄질이 나쁘므로 "자복"(레 5:5)이 요구되지만, 4장의 죄들은 '비고의적인' 죄들이므로 죄질이 가벼워 자복(자백)이 요구되진 않았다고 말한다. 실제로 4장에서는 자복의 요구가 보이지 않는다. 그러나 4장은 '금지 명령'이기 때문에 요아킴의 사례에서 보듯이 무심코 죄를 지었더라도 죄성은 심각했다. 따라서 자백은 그런 심각한 상황에서 자동적으로 수반되었다고 볼 수 있다. 그런 이유로 4장에서는 자백을 명시적으로 요구하고 있지 않을 것이다. 속죄제의 최종 효과는 '속죄'와 그로 인한 '죄 사함'이다(레 4:20, 26, 35).

죄를 대신 지는 속죄제 짐승

아무리 오염도가 낮다고 해도 오염된 속죄제 고기를 제사장이 먹는다는 것은 쉽게 납득되지 않을 수 있다. 그러한 이유로 많은 학자가 무슨 일이 있어도 속죄제 고기는 죄로 더럽혀지지 않았다고 주장한다. 또한 죄로 오염된 짐승이 어떻게 제단에 올라갈 수 있느냐고 반문하기도 한다. 그들의 견해를 따르면, 속죄제 짐승에의 죄의 전가가 일어나지 않는다.

그러나 이것은 기독교 전통적인 속죄론과 정면충돌한다. 따라서 우리는 이런 견해를 수용할 수 없으며, 속죄 제물이 인간의 죄를 대신 떠안고 도살되었다는 입장을 분명히 고수해야 한다. 그것이 아니더라도, 구약에서 속죄제 짐승이 죄로 더럽혀졌다는 증거는 얼마든지 찾을 수 있다. 무엇보다 어떤 것을 밖에 내어 폐기하거나 태우는 유일한 이유는 모든 경우에 항상 '오염' 때문이다. 따라서 반출하여 태우는 속죄제 고기는 죄로 인해 오염되어 있음이 너무나 명백하다.

경미하게 오염된 고기의 섭취가 허용된다는 사실은 화목제 고기를 통해 뒷받침된다. 감사의 화목제는 당일에 고기를 먹고, 이튿날에는 제의적으로 이미 부패한 상태로 간주되어 폐기하여 불살라야 한다. 그러나 서원과 자원의 화목제는 이튿날에도 먹을 수 있도록 허용되었다. 이때 이튿날의 화목제 고기는 진행된 제의적 부패로 인해 상태가 좋지 않았음에도 섭취가 허용된다. 그러한 고기라도 삼일째는 상태가 너무나 심각해 어떠한 경우에도 먹을 수 없었으며 남은 고기는 전량 폐기·소각되었다. 따라서 먹는 속죄제의 경우도 하나님은 경미하게 오염되었을 때에 제사장들이 먹을 수 있게 허용하셨다고 봐야 한다.

속죄제 짐승은 인간의 죄를 대신 떠안고 죽임을 당했다. 죄의 전가는 짐승과 헌제자를 동일시하는 안수 순간에 죄고백과 더불어 발생한 것이 분명하다. 이렇게 해서 도살된 속죄제 짐승은 인간의 죄를 대신 지고 죽임을 당하신 예수 그리스도를 예표한다. 많은 구약학자가 거룩한 상태로 제단에 올라가야 하는 속죄제 짐승이 결코 죄로 오염되어선 안 된다고 주장하나, 예수 그리스도의 대속의 죽음은 그런 주장을 결코 허용하지 않는다.

예수님은 완전하시고 어떠한 흠도 없는 완벽하신 분으로 성자 하나님이시다. 그런데 그런 거룩하신 분이 인간의 죄를 대신 짊어지시고, 십자

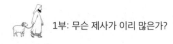

가 제단 위에서 피 흘려 스스로 자신을 희생하셨다. 죄를 떠안으신 그분은 스스로 더럽혀지셔서 영문 밖에 버림받아 그곳에서 폐기되셨다.

히브리서 기자는 예수님의 버림받은 죽음을 속죄제 짐승의 고기를 진영 밖에서 불사른 것과 일치시킨다.

> 이는 죄를 위한 짐승의 피는 대제사장이 가지고 성소에 들어가고 그 육체는 영문 밖에서 불사름이라 그러므로 예수도 자기 피로써 백성을 거룩하게 하려고 성문 밖에서 고난을 받으셨느니라 히 13:11-12

그리스도를 예표하는 흠 없이 거룩한 속죄제 짐승이 죄인의 죄를 대신 떠안고 죽은 뒤, 특별한 의미를 지닌 기름과 두 콩팥과 간엽은 제단에서 불태워졌고, 나머지 몸통의 고기는 원칙상 진영 밖으로 내어져 폐기되었다. 다만 경미한 죄로 인해 바쳐진 속죄제 고기는 제사장이 먹어서 없애도록 하나님이 허용하셨을 뿐이다.

드라마 레위기

9. 속건제, 물건값을 배상하라! / 레 5-7장 /

친구의 재산을 가로채다니!

요아킴은 가족들과 더불어 예루살렘에 올라갈 일이 있었다. 그는 친구 요하난에게 중요한 물건들 몇 가지를 맡기고, 자신이 돌아올 때까지 집을 잘 지켜 달라고 부탁했다. 맡긴 물건은 약 1,000세겔 정도의 값이 나가는 귀중품들이었다.

요하난은 염려하지 말고 다녀오라면서 귀중품들을 자신의 집에 따로 보관했고, 요아킴의 집을 자물쇠로 잠근 뒤 다른 사람들의 침입을 막기 위해 계속 확인했다. 그런데 당시 요하난은 경제적 어려움을 겪고 있었는데, 거액의 빚을 지고 있었다. 그는 친구 요아킴의 귀중품들을 보고 마음이 흔들렸다. 결국, 그는 친구의 물건을 빼돌려 빚을 갚는 데 쓰기로 결심했다.

한 달 후, 요아킴의 가족이 고향으로 돌아왔다. 요아킴은 요하난에게 맡겼던 물건을 돌려 달라고 요구했다. 감사의 표시로 사례는 넉넉히 할 참이었다. 그런데 요하난은 자신은 그런 귀중품을 맡은 적이 없고, 다만 집을 지켜 달라는 부탁만 받았을 뿐이라고 거짓말을 했다. 그는 하나님의 이름으로 '맹세'까지 하면서 시치미를 뗐다.

평소 절친하게 지냈던 이웃에게 배신을 당한 요아킴은 분노를 참지 못하고, 이 문제를 법정으로 가져갈 준비를 했다. 그러나 물증이 없었기에 그 사기꾼에게서 자기 재산을 찾을 길이 보이지 않았다.

일주일이 지난 뒤, 요하난의 아내가 요아킴의 물건을 되돌려주라고 남편을 설득했다. 요하난의 심경에 변화가 생겼다. 그는 요아킴을 찾아가 물건을 돌려주면서 자신의 파렴치한 범행을 인정하고 죄를 자백했다. 요아킴은 그의 사죄를 기쁘게 받아들이고, 그를 용서해 주었다.

요하난은 율법에 따라 원금 1,000세겔 값어치의 물건에 20%를 더해서 갚아 주었다. 다시 말해서, 그는 요아킴이 맡겼던 귀중품에 200세겔을 더해 물어 줘야 했다. 그러나 이 문제는 죄를 자백하고 물건을 돌려주는 것으로 그칠 것이 아니었다. 남의 재산을 가로채고, 나아가 하나님의 이름을 걸고 거짓 맹세를 하는 등 중대한 죄를 저질렀기 때문이다. 율법은 물질의 배상과 더불어 속건제를 위한 숫양을 성전에 바칠 것을 요구한다. 요하난은 규정을 따라 성전으로 올라가 숫양 1마리를 제물로 바쳐야 했다.

드라마 레위기

속건제는 속죄제와 어떻게 다른가?

요하난이 자수한 뒤 바친 제사는 "속건제"다. 속죄제가 여호와의 '금지 명령을 무심코 어긴 죄'를 해결하기 위한 제사라면, 속건제는 '재산상의 피해를 발생시킨 죄'를 해결하기 위한 제사다. 속건제는 히브리어로 '아샴'(asham)이라 부르는데, 이것은 기본적으로 "배상"을 뜻하는 단어다. 따라서 레위기 5장 14절-6장 7절에서 규정되는 속건제는 하나님께 "배상물"로 바치는 제물이다. 영어 성경은 전통적으로 죄에 대한 책임의 제사를 뜻하는 "죄책의 제사"(guilt offering)로 명명하지만 최근의 영어 성경들은 히브리어 아샴의 의미를 잘 반영한 "배상제"(reparation offering)로 번역한다. 한글 성경에서 "속건제"의 "건"(愆)은 '허물 건'으로서 속건(贖愆)은 속함을 받아야 할 허물을 뜻한다. 역시 정확한 번역은 아니나 나름 차별화된 번역으로 통용될 만하다.

특별히 속건제가 요구되는 죄는 히브리어 '마알'(maal)로 지칭되는데, "여호와에 대한 믿음의 위반"을 의미한다. 이때 "믿음"은 일반적인 신앙심을 뜻하지 않고 서약과 맹세를 통해 맺어진 신뢰를 뜻한다. 그 믿음을 깨트리는 경우 속건제를 바쳐야 한다. 개역개정의 5장 15절에서 동사 마알이 단순히 부지중에 "범죄하였으면"으로 부정확하게 번역되었으나 6장 2절에서는 그것이 "여호와께 신실하지 못하여"로 바르게 번역되어 있다. 마알은 신뢰의 위반에 의해 특히 재산상의 피해를 입힌 죄인데이 경우 원금에 1/5을 더한 배상과 더불어 속건제 숫양을 바쳐야 한다. 예컨대, 십일조나 첫 새끼와 같이 성전에 바쳐야 하는 성물을 자신이 유용하는 죄가 여기에 해당된다. 이 죄는 하나님과의 약속을 어긴 "믿음의 위반"이다. 그러나 속죄제가 "무심코" 여호와의 금지명령을 어길 때 바

처야 했던 것처럼 속건제도 고의성이 없이 "무심코" 여호와의 재산에 피해를 입힌 경우에 한하여 바친다. 이것은 레위기 22장 14절 "사람이 부지중 성물을 먹으면 그 성물에 그 1/5을 더하여 제사장에게 줄지니라"에서도 확인된다. 그러나 이어지는 22장 15-16절은 "고의로" 성물을 먹는다면 죄값을 치를 것이라고 경고한다. 말하자면, "무심코" 여호와의 성물을 침해한 경우에는 속건제가 허용되지만, "고의적인" 성물 침해죄는 사형이나 제명(끊어짐)의 중벌이 내려진 것으로 보인다.

남의 재산을 갈취할 때도 궁극적으로 이 죄가 "여호와에 대한 믿음의 위반"이 되는데, 그 이유는 여호와의 이름으로 거짓 맹세를 하고 서약을 하기 때문이다. 앞서 말한 대로 이러한 재산상의 피해를 입힌 자는 원금에 1/5을 더하여 갚고 숫양 1마리를 성소에 바쳐야 했다(레 5:15-16; 6:5). 속건제의 짐승의 제물은 속죄제와 달리 지위와 신분과 상관없이 모두에게 숫양으로 고정되어 있다. 원금의 1/5인 손해 배상도 마찬가지다. 제물로 바친 속건제 숫양은 화목제와 마찬가지로 내장 기름, 두 콩팥, 간엽만 제단에 바쳐 태우며 남은 고기는 수고한 제사장의 몫으로 돌렸다(7:1-6).

속건제는 언제 바쳤는가?

속건제는 몇 가지 이유로 바치는데 크게 여호와의 재산과 이웃의 재산에 피해를 입힌 경우로 나뉜다.

첫째, 여호와의 성물을 무심코 바치지 않았을 때다. 우선 "여호와의 성물에 대하여 부지중에 범죄하였으면" 속건제를 바쳐야 한다고 명시한다(레 5:15-16). 앞서 말한 대로 이 "범죄"는 히브리어로 '마알'(maal), 즉 '여호와에 대한 믿음의 위반'을 의미한다. 범죄자는 "지정한 가치를 따라 성

  드라마 레위기

소의 세겔로" 값을 매겨 숫양을 가져오고, 그 성물에 대해 원금의1 /5를 더해 보상해야 한다. 예를 들어, 실수로 하나님께 약속한 십일조를 바치지 않았다면 '믿음의 위반'으로서 위의 절차를 밟아 문제를 해결해야 할 것이다.

그러나 앞서 말한 대로, 만일 그가 고의로 마땅히 바쳐야 할 성물을 바치지 않았다면, 그는 중벌을 피할 수 없다(레 22:15-16). 성물을 침해한 죄의 피해자는 하나님이시니 그 배상물을 성소에 지불해야 한다. 이렇게 성물의 피해를 배상하고, 별도로 그 죄에 대해 속건제 숫양을 바침으로써 그를 위해 속죄가 이루어지고 그는 죄 사함을 받는다.

둘째, 여호와의 계명 중 하나를 부지중 범했을 때다(레 5:17-19). 이 조건절의 문장은 4장의 속죄제에서 나타나는 금지 명령의 위반에 대한 문장과 동일하다. 거기서도 "여호와의 계명 중 하나라도 부지중에 범하여"(레 4:13, 22, 27)라는 진술이 나타난다. 앞서 속죄제에서 말한 대로 정확히는 '여호와께서 금지하신 명령을 어겼을 때'로 해석되는 조건문이다.

결국, 동일한 조건문에 대해 왜 여기서는 속건제가 요구되는지, 혼동을 일으킨다. 학자들이 추론하는 바와 같이 아마도 속건제에서 '여호와의 계명을 어긴 죄'는 단순한 도덕적 금지 명령이 아닌 성물의 침해와 관련된 죄를 가리킨다고 볼 수 있다.

그런데 여기서는 원금의 20%를 더하여 배상하라는 요구가 없다. 이 상황은 다음과 같이 이해된다. 어떤 사람이 무의식중에 성소의 비품을 손상시키거나 오염시켰다. 그러나 의심은 갈지라도 정확히 누가 그 성물을 침해했는지는 아무도 모른다. 어떤 사람이 자신의 책임이라 생각하면서 속건제를 드린다. 그러나 범인이 불확실하므로 배상금의 요구는

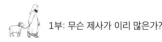

뒤따르지 않는다. 그런데도 그는 속건제의 숫양을 드림으로써 성소를 침해했을지도 모를 자신의 죄로부터 홀가분해진다. 이러한 배상이 요구되는 잘못들에 관하여 성경은 "이는 속건제니 그가 여호와 앞에 참으로 잘못을 저질렀음이니라"(레 5:19)라고 분명히 진술한다.

셋째, 이웃의 재산을 가로챘을 때다. 여호와 앞에서의 서약이나 맹세를 파기하면서 일으킨 타인의 재산 침해도 '마알'로 규정된다. 레위기 6장 1-7절은 그 사례들이다. 범죄자는 "여호와께 신실하지 못하여 범죄"(레 6:2)하는데, 이를테면 요하난처럼 다른 사람이 맡긴 물건이나 전당물을 속여서 가로챈 뒤, 하나님의 이름으로 맹세하며 사실을 부인하는 경우다. 또한 물건을 잃어버렸다고 거짓말하거나(속임수) 맡은 물건의 일부를 빼돌리거나(도둑질), 나아가 이웃에 모종의 압력을 가하여 강탈하는(탈취) 경우도 포함된다. 물건을 주운 뒤에 하나님께 거짓 맹세하며 시치미를 떼는 경우도 포함된다.

이러한 거짓과 사기와 불의에 맹세가 수반되므로 하나님의 이름을 모독하는 행위가 된다. 이것은 칼을 든 강도 짓은 아니지만 이웃으로부터 합법적 수단으로 부당한 이익을 교묘히 취하는 행위라고 할 수 있다. 임금 착취나 임금 체불과 같은 죄를 예로 들 수 있다(참조, 레 19:13).

범죄자는 그 물건을 주인에게 돌려주되 원금에 20%를 더하여 배상금을 물어 줘야 한다. 아마도 죄가 드러나는 날, 즉 사건의 진상이 파악된 뒤에 그러한 배상 절차가 진행되었을 것이다. 이어서 범죄자는 성소에서 정한 값에 맞는 숫양을 성소에 가져가 속건제로 바쳐야 한다.

그 외에 기타 다양한 사례들을 살펴보자. 완치된 나병(정확히는 악성 피부병) 환자가 진영에 다시 들어오기 위해서는 복잡한 정결 과정을 거쳐야 한다(레 14장). 그중에 속건제의 어린 숫양을 드리는 절차가 있다. 무의식중에 신성한 대상을 침해한 죄로 저주를 받아 나병이 옮았을지도 모른다는 인식 때문에 속건제가 요구되었는지도 모른다(참조, 민수기 12장의 미리암의 나병과 역대하 26장의 웃시야의 나병).

또한 서약 기간 중에 사체와의 접촉으로 더럽혀진 나실인은 재서약을 위해 새 2마리로 번제와 속죄제를 바치고, 이어서 속건제의 어린 숫양을 바쳐야 했다(민 6:7-21). 이미 약혼한 여자 노예와 결혼함으로써 결혼이라는 신성한 서약을 엉망으로 만들었을 때나(민 19:20-22) 여호와의 이름으로 이방 여자와 결혼 서약을 했을 때도(에 10:29) 속건제의 숫양이 요구되었다.

마지막으로, 일반적인 '배상물'을 바쳐야 하는 경우가 있다. 앞서 말했듯이 '아샴'이 레위기의 속건제 규정에서 말하는 숫양의 속건제가 아닌 일반적인 배상(물)을 의미하는 경우가 있다. 이때는 속건제가 아닌 '배상(물)'이라는 단어를 사용하여 이 둘을 구분하는 것이 바람직하다. 짐승의 피에 의한 배상뿐 아니라 다양한 유형의 손해 배상을 통틀어 '아샴'이라 부를 수 있다. 예를 들어, 블레셋 족속은 법궤를 빼앗아 다곤 신전에 두는 성물 모독죄를 저질러 재앙을 만난 뒤 법궤를 이스라엘에 돌려줌과 동시에 금 독종 다섯과 금 쥐 다섯의 배상 제물(속건제)을 바쳤다(삼상 6장). 넓게 보면, 속죄제도 배상(아샴)의 제사다(레 5:6).

Q. '속죄제' 설명 중에 갑자기 '속건제'가?

개역한글의 경우, 레위기 5장에서 속죄제의 설명 중에 갑자기 "속건제"가 나타나 혼동을 야기한다.

> 그 범과를 인하여 여호와께 속건제를 드리되 양떼의 암컷 어린 양이나 염소
> 를 끌어다가 속죄제를 드릴 것이요 제사장은 그의 허물을 위하여 속죄할지
> 니라 레 5:6, 개역한글

여기서 "속건제"는 사실 '배상물을 드리되'로 해석해야 한다. 그런데 개역개정은 그것을 "속죄제"로 번역하여 억지로 조화시켰는데, 정확한 번역이 아니다. 그것을 '배상물로 드리되'로 해석하면 명쾌하게 이해된다.

이런 점에서 볼 때, 이사야 53장의 "의로운 종"(사 53:11)이 "속건제물"(사 53:10)로 바쳐졌다는 번역도 재고되어야 한다. 여기서 쓰인 히브리어도 '아샴'인데, 문맥상 "속건제물"이 아닌 '배상물'이다. 예수님을 예표하는 여호와의 의로운 종은 묵묵히 순종하며 백성을 대신하여 희생되는 속죄제 양이다. 이때 그는 '배상물'로 자신을 희생한다. 말하자면, 의로운 종은 다른 사람의 죄를 대속하기 위해 자기 목숨을 '배상물'로 삼아 죗값을 치르는 희생양이다.

무심코 지은 죄 vs. 고의적인 죄

앞서 말한 대로, 여기서 여호와의 재산에 입힌 피해는 "부지중에", 곧 무심코 저지른 죄로 규정된다(레 5:15). 그러나 이웃의 재산을 탐하는 행위(레 6:1-7)는 다분히 고의적이다. 속임수, 도둑질, 거짓말 등을 통해 남의 재산을 집어삼키는 악랄한 범죄이기 때문이다.

이때 사람의 사유 재산에 입힌 피해를 원금에 불과 20%만을 더하여 배상하는 것은 출애굽기에서 소나 양을 도둑질한 경우와 상충한다. 출애굽기에서 절도죄의 경우, 원금의 4배 혹은 5배를 갚아야 하기 때문이

드라마 레위기

다(출 22:1). 양이나 염소를 한 마리 훔친 것이 발각되면 네 마리로 갚고, 소 한 마리를 훔쳤으면 다섯 마리로 갚아야 하지만 속죄제나 속건제는 드리지 않았을 것이다. 4~5배에 달하는 배상의 책임을 진 뒤에야 사건을 종결하는 이유는 죗값을 충분히 치렀기 때문이다.

얼핏 보면, 출애굽기와 레위기의 배상법이 서로 모순되어 보이나 양자의 죄가 다르다. 앞서 말했다시피 레위기의 속건제 규정은 기본적으로 무심코 여호와의 성물을 침해한 죄를 처리한다(레 5:15). 그러나 고의적으로 성물을 취한 범죄자는 원칙적으로 하나님의 엄중한 벌을 받아야 마땅하다(레 22:14-16). 이때 속건제의 절차를 밟기 위해서는 죄인의 자수가 필요했을 것이다.

레위기 6장 1-7절도 마찬가지 상황으로 추정된다. 요아킴의 친구 요하난의 사례에서 보았듯이, 이웃이 맡긴 물건을 훔치고 유용한 사람이 여호와의 이름으로 거짓 맹세를 하며 자신의 범죄를 부인한다. 하지만 속건제는 참회와 죄책감을 동반하는 제사이기 때문에 분명 그 범죄자는 범행이 지목되었을 때 처음에는 부인하다가 나중에 심경에 변화가 생겨 잘못을 인정하거나 자수했을 것이다. 이때 그는 원금의 20%를 더해 물어주고, 여호와의 이름을 맹세에 남용했으므로 속건제를 드려야 한다. 반면에 출애굽기 22장은 범죄자가 물증과 더불어 체포된 경우다. 따라서 그 벌은 매우 무거워 재산상 커다란 손실을 초래한다.

한편, 어떤 학자는 속건제의 벌금 액수에 대해 회개를 권장하고, 피해자의 재산을 되찾아주려는 의도가 담긴 법이라고 설명한다. 즉 속건제 규정은 자수를 유도하기 위한 징벌 감면책이라는 것이다.

우리는 이웃의 재산은 물론이고 하나님의 재산을 내 것이라고 착각하는 일이 없어야 한다. 사실 우리가 가진 모든 것이 그분의 것이며, 그것에 대한 고백으로 우리는 십일조와 각종 헌금을 드릴 뿐이다. 만일 마땅히 그분께 드려야 할 봉헌물을 오로지 내 삶을 누리기 위해 사용한다면, 구약에서는 속건제를 바쳐야 하는 죄일 수 있다. 신약시대의 신자들도 자신의 육적인 물질 사용을 회개한 뒤 하나님 나라를 위해 자신의 모든 것을 바치겠다고 결심한다면 그것은 일종의 속건 제물이 될 수 있다.

10. 예배, 십자가의 예배로!

수직적 헌신과 수평적인 나눔이 있는 예배

지금까지 다섯 가지 제사를 살펴보았는데, 이제부터 이 제사들이 현재 우리 삶과 예배에 어떤 의미가 있고, 배울 수 있는 교훈은 무엇인지 생각해 보겠다.

소제를 제외한 제사들의 기본 원칙은 짐승을 바치는 것이다. 모두 직접 키운 가축이 표준적 제물이었으며 가난한 사람들은 비둘기로 대체할 수 있었다. 소제는 유일한 곡식 제사로 다른 제사들처럼 그 용도나 목적에 따라 분류되는 제사의 종류가 아니며 그 목적이 다양했다.

오늘날 예배의 적용과 관련해서 그 목적에 따라 주목해야 할 제사는 번제, 화목제, 속죄제/속건제라 할 수 있다. 속죄제와 속건제는 죄 문제를 해결하기 위한 쌍둥이 제사로 속죄제가 둘을 대표한다.

번제, 화목제, 속죄제에서 배울 수 있는 것은, 예배란 십자가에 깃든 수직적 요소와 수평적 요소를 겸비해야 한다는 것이다. 우선 번제물은 수직적인 예배로 인간의 몫 없이 모두 불태워 하나님께 올려 드린다. 다만 가죽은 벗겨 내서 태우지 않고 집례하는 제사장의 수고비로 돌리는데, 이는 가죽이 타는 냄새가 고약하고 또한 잘 타지 않는 특징 때문일 것이다. 어쨌든 번제의 고기는 인간에게 할당되지 않고, 모두 하나님께 올려진다. 하나님께만 집중하는 것이다. 이것은 오늘날 예배에서도 가장 기본 태도일 것이다. 하나님은 이러한 번제를 "향기로운 냄새"로 받으시는데, 번제 편에서 설명한 대로 사실은 제물과 더불어 제물을 바치는 사람을 기쁘게 받으신다는 의미다(레 1:3-4).

화목제는 짐승의 내장 부위의 기름 덩어리와 두 콩팥, 간엽을 하나님께 바쳐 제단에서 태우고, 나머지 고기는 모두 사람이 나누어 먹었다. 가슴과 오른쪽 뒷다리는 화목제를 집례한 제사장에게 돌렸고, 나머지 몸통을 예배자가 집으로 가져가 가족, 친족, 이웃들과 함께 잔치를 벌인다. 따라서 화목제는 나눔의 제사로 수평적 제사라 할 수 있다.

번제와 화목제 모두 기본적으로 감사의 제사다. 다만 번제는 다양한 목적으로 바칠 수 있지만, 감사의 제물로 바칠 때는 전적으로 하나님께만 감사를 표하며 전적인 헌신과 내어 드림을 위해, 그리고 아마도 자신의 모든 것이 주님의 것임을 고백하면서 바쳤을 것이다.

화목제는 앞서 살핀 대로 세 가지 이유로 바쳤는데, 감사와 서원과 자원이 그것이다. 화목제를 바칠 때는 통상적으로 번제가 함께 드려진 것으로 보인다. 화목제는 일종의 단합을 위한 회식 자리이자 마을 잔치였다. 그러나 한번 실컷 먹어 보자는 뜻의 상차림은 결코 아니었다. 단순한 불고기 파티라면 화목제가 아니어도 일상생활 속에서 언제든지 가능했을 것이다. 화목제는 예배로서의 식탁 교제였다. 따라서 단순한 잔치가 아니라 하나님 앞에서 베풀어진 영적인 잔치였다고 할 수 있다.

드라마 레위기

오늘날 우리 예배와 교회 안에서의 공동체 삶 속에서도 화목제의 요소가 강조될 필요가 있다. 우리는 신앙의 선배들로부터 예배는 수직적으로 하나님께만 집중해야 한다고 배웠다. 이것은 선배들이 물려준 고귀한 신앙의 유산이 아닐 수 없다. 그런 훈련 덕택에 지금도 필자는 예배를 어떻게 드려야 하는지 늘 인식하며 살아가고 있다.

그러나 레위기의 제사를 통해 우리가 알 수 있는 사실은 예배는 수평적 나눔 또한 매우 중요하다는 점이다. 하나님은 화목제 잔치에 함께하실 만큼 우리와 가까이 계시는 아버지이시다. 예배 시간에 성도들이 간증을 나누고, 감사의 박수를 치며 서로 격려하고 위로할 때, 하나님도 그들을 위해 진심으로 박수 치며 기뻐하실 것이다. 따라서 예배 시간에 형제자매를 향해 박수를 쳤다 해서 이것이 결코 하나님의 영광을 가리거나 그분을 욕되게 하는 일이라 할 수 없다.

우리의 예배 시간은 교제와 사귐의 화목제를 실현하기에는 너무 짧다. 따라서 교회는 예배 후에라도 화목제의 정신을 따라 성도의 교통과 사귐, 위로와 심방, 나눔의 식탁 등을 풍성히 가져야 할 것이다.

이렇듯 하나님에 대한 예배는 수직적이면서도 수평적이어야 한다. 필자는 이것을 '십자가 예배'라 칭하고 싶다. 우선적으로, '수직적인' 번제의 예배로 하나님께 온전히 집중해야 하고, 동시에 '수평적인' 화목제의 예배로 성도 간에 기쁨과 감사를 나누는 예배가 되어야 한다.

십자가는 그 자체로 그리스도의 희생의 속죄제를 의미한다. 우리는 예수님의 대속의 피 없이는 하나님께 나아가 예배드릴 수 없다. 그러므로 우리는 그리스도의 희생을 기리는 예배를 드려야 한다. 예배를 드릴 때마다 그것이 '십자가의 예배'임을 기억할 필요가 있다.

11. 내 죄가 성전을 더럽힌다!

무심코 범한 죄일지라도

요아킴은 몇 달 전 실수로 '무심코' 안식일을 범한 뒤에 하나님께 속죄제를 바쳐 용서를 받은 적이 있다. 이처럼 비고의적으로 계명을 위반한 경우에 속죄제가 요구되었다. 하지만 만일 그가 고의적으로 안식일을 범했다면, 그는 즉각 이스라엘 백성들에 의해 투석형의 사형을 당했을 것이다. 이런 극악한 반역죄는 사형이 원칙이었던 것이다.

중대한 실수를 저지른 요아킴은 먼 여행길에서 돌아와 자신의 죄를 용서받기 위해 속죄제 암양을 가지고 성전으로 올라갔다. 그는 속죄제의 절차대로 암양을 정성스럽게 바쳤다. 앞서 속죄제에서 살펴본 바와 같이 제사장과 회중은 수소를, 백성의 지도자는 숫염소를 바치나 평신도는 암양이나 암염소를 바쳐야 하는 규례를 따른 것이다.

요아킴은 절차에 따라 양의 머리에 안수했으며 더불어 자신이 안식일을 무심코 범해 계명을 위반한 죄를 고백했다. 이때 그의 죄는 안수를 통해 암양에게 자연스럽게 전가되었다. 그 후 요아킴은 암양의 목을 찔렀다. 피가 목에서 뿜어 나오자 옆에

 드라마 레위기

서 거들던 레위인이 양푼으로 피를 받았다. 양이 요아킴의 죗값을 대신 치르고, 피 흘려 죽은 것이다.

속죄제에서 추가해야 할 문제가 남아 있다. 어떤 학자들은 '비고의적인' 계명 위반에 대한 속죄제를 규정하는 레위기 4장에 '자백'이 전혀 언급되지 않았으므로 비고의적인 죄는 자백을 요구하지 않는다고 주장한다. 반면에 레위기 5장의 네 가지 범죄 사례는 약간의 '고의성'이 있는 것들로서 이때는 명시적으로 자복이 요구되고 있다는 것을 지적한다(레 5:5). 즉 비고의적인 죄는 자백이 불필요하고, 고의적인 죄만 자백을 요구한다는 것이다. 그들에 따르면, 4장의 비고의적인 죄의 속죄는 자복 없이 죄책감만으로 충분하다. 그러나 요아킴의 사례를 통해서 본 바와 같이, 자백 없는 속죄제가 과연 가능했을지 의문을 품지 않을 수가 없다.

제사의 본문들에서는 특정한 행위나 절차들이 언급되지 않고 자주 생략되는데, 그렇다고 해서 그런 일이 전혀 발생하지 않았다고 단정 지어선 안 된다. 그 행위나 절차가 자명하거나 당연시되는 경우에 언급이 불필요해서 생략하거나 간략하게 기록할 뿐이다. 예를 들어, 여러 번제와 속죄제 사례들에는 "안수"가 생략되어 있으며(참조, 레 5장, 9장, 10장), 남은 고기와 잔존물의 뒤처리 또한 전혀 언급되지 않는다. 그러나 실제로는 네발 달린 짐승의 제사에서 "안수"는 필수적이었으며, 남은 고기와 잔존물의 뒤처리 또한 레위기 1-7장에 나온 절차를 그대로 따라야만 했다.

자백의 요구가 레위기 5장에 나오지만, 4장에서도 정황상 그리고 정서적으로 무심코 지은 죄를 위해 속죄제를 드리는 현장에서 죄를 자백하지는 않았다고 보기는 어렵다. 무엇보다 무심코 죄를 범했더라도 용

서를 받기 위해서는 당연히 죄를 먼저 인정하고 고백하는 것이 인간 정서에 부합한다. 비유를 들자면, 운전 중에 잠시 졸아 무심코 중앙선을 넘었는데, 하필 건너편의 교통경찰에게 적발되었다고 하자. 이때 자신의 중대한 실수에 대해 이런 식으로 즉시 잘못을 시인하지 않는가?

"어이쿠 죄송합니다. 밤을 새워서 깜박 졸았네요. 제가 큰 잘못을 저질렀습니다."

이렇게 자복하며 용서를 구하지 않는다면, 경찰관이 어떻게 선처를 해 줄 수 있겠는가? 잘못을 인정해야 그에게 주의를 당부하며 그나마 싼 걸로 끊어 줄 수 있을 것이다.

속죄제의 특이한 피 뿌리기와 성전의 오염

속죄제 암양의 피가 담긴 양푼을 건네받은 제사장은 번제단 위로 올라가 양푼에 손가락을 담가 피를 묻힌 뒤 제단 네 뿔에 한 번씩 네 차례 발랐다(레 4:25, 30). 그리고 많은 남은 피를 모두 제단 밑에 쏟았다. 제사장과 회중의 경우에는 제사장이 내성소 안으로 들어가 손가락에 피를 묻혀 거기 놓인 향단 주변에 일곱 차례 뿌린 뒤 이어서 다시 손가락에 피를 묻혀 향단 뿔 네 개에 피를 발랐다. 역시 남은 피는 다시 마당으로 들고 나와 번제단 밑에 쏟아서 처리했다.

이때 주목해야 할 것은 속죄제의 피 뿌리기와 피 바르기는 속죄제에서만 시행되는 특유의 피 의례라는 것이다. 이때 이렇게 피를 뿌리고 바른 다음에 나타나는 효과는 제단의 씻음, 즉 제단 정화였다. 이 또한 레위기 4-5장의 속죄일 규정에는 전혀 언급되어 있지 않지만, 다른 속죄제 본문인 레위기 8장 15절과 16장 19절에서 분명하게 증거된다.

드라마 레위기

이것이 의미하는 바는 이미 오염된 상태에 있는 제단이나 향단을 속죄제의 피가 씻어 냈다는 것이다. 그렇다면 왜 제단과 향단을 비롯한 성전의 기물과 나아가 성전 자체가 더럽혀져 있는가? 우리가 내릴 수 있는 결론은 인간의 죄와 부정결이 성전을 오염시킨다는 것이다. 이것은 세 가지 추가적 증거를 통해 뒷받침된다.

첫째, 레위기 20장 1-2절은 몰렉신에게 자녀를 바치면 그것이 성전 오염을 발생시킨다고 말하면서 그 사람은 죽임을 당할 것이라고 엄중히 경고한다. 둘째, 레위기 15장 31절은 이스라엘 백성의 부정결이 하나님의 성막을 더럽힌다고 진술한다. 셋째, 민수기 19장 20절은 사람이 부정케 되었음에도 불구하고, 만일 몸을 깨끗하게 하지 않고 내버려 둔다면 그것은 규정 위반, 곧 심각한 범죄 행위가 되어 여호와의 성막을 더럽히는 결과를 가져온다고 경고한다.

어떤 사람들은 인간의 죄/부정결이 멀리 놓여 있는 성전을 '원거리'로 오염시킨다는 것은 불합리하다고 주장한다. 하지만 이런 다양한 증거들을 토대로 우리는 인간의 죄와 부정결이 성전을 원거리에서도 오염시키는 것이 분명하다는 결론을 내릴 수 있다.

이때 사람의 신분과 등급에 따라, 또한 죄질에 따라 성소의 오염 부위가 달랐다. 평민의 죄는 성소 마당의 번제단을 더럽혔을 뿐이다. 그러나 영급이 높은 (대)제사장의 죄와 회중에 의한 집단적 범죄의 그 죄는 더 강력한 오염력을 지녀 성소 마당을 지나 내성소로 침입해 거기 놓인 향단을 더럽혔다. 그래서 레위기 4장을 보면, 제사장과 회중의 죄를 위해 소를 잡은 뒤 그 피를 내성소의 향단에 손가락으로 피를 바르고 뿌리는 반면(4:5-7, 16-18), 평민의 경우 마당의 번제단에 피를 바르는 것을 볼 수

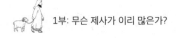

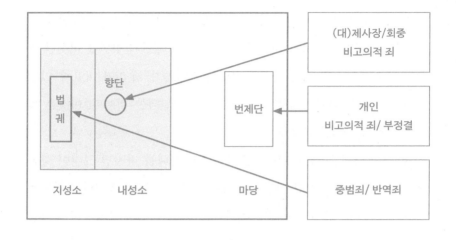

있다(4:25, 30; 번제단에 묻은 죄의 오염이 약해 바르기만 한다).

그러나 만일 개인이든 집단이든 제사장이든 평민이든, 그 죄가 무심코 지은 죄가 아닌 심각한 중범죄였다면(예를 들어, 고의적인 안식일 위반이나 몰렉신에 대한 자녀 희생), 그 죄는 내성소마저 뚫고 지나 지성소에 파고들어 거기 놓인 법궤를 오염시켰다. 지성소는 입장이 불가능했기에 이 오염은 즉시 제거가 되지 않고 속죄일까지 기다려야 했으며, 따라서 속죄일은 바로 그 지성소의 심각한 죄의 오염을 청소하는 날이기도 하다.

사람에게 뿌리지 않는 짐승의 피

여기서 한 가지 의문점에 주목할 필요가 있다. 구약 어디를 찾아봐도 희생으로 바쳐진 짐승의 피가 인간에게 뿌려지는 법이 없다. 단 한 번 예외가 있는데, 바로 앞서 상세히 설명했던 출애굽기 24장의 시내산 언약에서 짐승을 바칠 때다. 그 외 제사장 위임식(레 8장)과 나병 환자의 복

드라마 레위기

귀 의례(레 14장) 등 두 번의 사례에서는 짐승의 피의 극히 미량을 손가락으로 예배자의 오른쪽 신체 말단, 즉 오른쪽 엄지손가락과 발가락, 그리고 귓불에 바른다. 이것이 원래는 인간에게도 피를 발랐다는 희미한 암시일 수도 있지만, 자명한 증거는 아니다. 우리에게 중요한 것은 출애굽기 24장의 시내산 언약이다.

어쨌든 모든 제사, 심지어 죄를 위한 제사인 속죄제와 속건제에서도 그 짐승의 피를 죄인에게 뿌리는 법이 없다. 이것은 신약의 증거와 분명히 상충한다. 신약에서는 우리 주 예수 그리스도의 피가 신자들에게 뿌려지고 신자들의 옷에 뿌려져 신자들의 죄를 깨끗게 하고 그들을 희게 한다고 선언하기 때문이다(벧전 1:2; 히 10:22; 계 7:14). 도리어 구약의 제사들에서 피는 주로 '제단 벽'에 끼얹어 뿌려진다. 속죄제의 경우에는 제단 벽에 끼얹는 대신 "제단"이나 "향단," 일 년 한 차례 속죄일에는 지성소 내의 법궤 뚜껑 부분인 "속죄소"에 손가락으로 피가 뿌려지고 발라질 뿐이다. 이렇게 제단과 성전에 피가 뿌려진 뒤 놀랍게도 예배자를 향해 '죄 사함'과 '정결함'이 선언된다.

결론적으로, 속죄제 절차와 그에 따른 메커니즘을 요약하면 다음과 같다.

01) 죄인이 짐승의 머리에 안수할 때 자백과 더불어 죄가 짐승에게 넘어간다.

02) 짐승이 도살될 때 그 짐승이 죗값을 치르고 피 흘려 죽는다.

03) 제사장이 피를 성전의 기물(제단이나 향단)에 뿌리고 바른다.

04) 이때 기물과 성전이 깨끗이 청소된다.

05. 피를 통해 기물의 오염이 흡수되어 짐승의 고기로 넘어온다.

06. 속죄제 짐승의 고기에는 예배자의 죄와 성전의 오염이 옮겨져 있다.

07. 오염되어 있는 짐승의 고기를 태우거나 제사장이 먹어서 처리한다.

08. 오염이 심한 고기는 진 밖의 재 버리는 곳에서 태워서 없앤다.

09. 오염이 경미한 고기는 먹을 만했기에 제사장이 먹을 수 있도록 허용되었다.

10. 최종적으로 속죄가 성취되고 죄 사함이 선포된다.

앞서 속죄제가 '태우는 속죄제'와 '먹는 속죄제', 둘로 나뉨을 살펴본 바 있다. 요약하자면, 제사장과 회중을 위해 바친 수소의 속죄제는 그 신분의 위상으로 인해 죄로 인한 오염도가 높아 먹을 수 없었으며 반드시 진 밖으로 내어 불태웠다. 그러나 평민을 위한 속죄제의 짐승은 오염도가 낮아 먹을 만했기에 제사장에게 일종의 수고비로 건네져 그들이 먹었다. 이렇게 태우거나 먹을 때, 고기에 묻어 있던 '죄'가 완전히 말살되는 것은 물론이다. 위의 10가지 절차를 거친 속죄의 메커니즘을 볼 때, 피가 인간에게 뿌려지지 않고 성전의 기물들에 뿌려진 뒤 인간이 속죄를 얻어 죄 사함을 받는다는 것을 알 수 있다.

그런데 왜 구약에서는 성전과 성전의 기물이 청소되면, 인간이 죄 사함을 얻게 될까? 이 수수께끼에 대한 답은 출애굽기 24장의 시내산 언약에서 발견되며, 이것은 신구약의 구속사 흐름 및 성전과 교회의 관계를 전면적으로 새롭게 이해하도록 돕는다.

드라마 레위기

성전과 백성이 하나가 된 시내산 언약

우리는 출애굽기 24장에서 피범벅이 된 시내산의 언약식을 살펴본 바 있다. 바로 여기서 짐승의 피가 인간에게 뿌려진 유일한 장면을 볼 수 있다. 그것도 엄청나게 많은 양의 피가 뿌려졌다. 제단은 성소를 대표하고, 아론과 그의 아들들을 비롯한 장로들은 백성을 대표한다. 막대한 양의 피가 제단과 백성 양쪽에 뿌려졌고, 중간에 하나님의 말씀이 선포되었다. 성전을 대표하는 제단도 백성의 대표들도 피로 범벅이 되었을 것이다. 즉 성전과 백성, 양자가 모두 피로 흠뻑 적셔졌다. 이로써 하나님과 백성 사이에 언약이 체결되었다. 이때 피로써 백성과 성전은 언약 관계로 결속되었다. 양자는 뗄 수 없는 관계인 연합체가 되어 서로 영향을 주고받게 되었다.

바로 이러한 이유로 백성이 죄를 짓거나 부정을 타면, 성전이 더럽혀졌다. 반대로 바로 이러한 이유로 더럽혀진 성전에 속죄제 짐승의 피를 뿌리면, 성전이 깨끗하게 되고, 동시에 백성이 깨끗하게 되었다. 요컨대, 오염력은 백성에게서 성전으로 전해지고, 정화력은 반대로 성전에서 백성에게로 발효되면서 서로 유기적으로 연결된 두 실체 사이에 일종의 선순환적 영향력이 작용했다.

12. 속죄일, 이스라엘이 리셋되는 날! / 레 4, 16장 /

속죄일을 엄숙히 기다린 이스라엘 백성들

요아킴이 실수로 범한 죄를 하나님께 속죄제를 드려 용서를 받은 적이 있지만 그는 언제나 자신이 깨닫지 못하여 해결되지 않은 죄가 있을 것이라는 생각을 하며 지냈다. 이것은 다른 모든 백성도 동일하게 품고 있던 생각이었다. 요아킴은 이런 깨닫지 못한 죄를 위해서는 속죄일까지 기다렸다가 하나님의 용서를 구해야 한다는 것을 잘 알고 있었다.

때는 가을로 접어들어 음력(유대력) 7월이 되었다. 이달은 명절이 유독 많은 중요한 달이다. 음력 7월 1일은 나팔절로 이스라엘의 '설날'(신년)인데다 10일은 바로 '속죄일'이다. 이어서 음력 7월 15일부터 일주일간은 가을의 과일 추수를 기뻐하며 감사하는 '초막절'(혹은 수장절)이다. 특히 새해를 맞이하는 7월 1일부터 속죄일인 10일까지의 열흘은 한 해를 시작하는 가장 중요한 기간이다. 백성들은 설날부터 속죄일까지 열흘간 마음의 준비를 단단히 하려 애썼다. 요아킴 또한 자신과 가족이 지난 한 해 동안 망각한 죄는 없는지 기억하며 회개하고 겸비한 자세로 보냈다.

드라마 레위기

속죄일 예전의 특징과 절차

여기서 레위기 16장의 속죄일을 미리 설명할 필요가 있다. 그것은 레위기 4장의 속죄제 때문이다. 속죄제는 죄를 용서받기 위한 제사인데, 속죄일 또한 죄 사함을 위한 날이므로 밀접한 관련이 있다. 엄숙한 속죄일을 맞아 제사장들이 준비해야 하는 짐승은 다음과 같다.

대상	속죄제		속죄제 기능	번제
제사장 집안	수소	희생용	성전의 오염 청소	숫양
회중	두 마리 숫염소	희생용	성전의 오염 청소	숫양
		방생용	백성의 죄 제거	

주목할 것은 제사장들을 위해서는 소 한 마리의 속죄제를 가져오나 레위기 16장 5절이 진술하는 대로 회중을 위해서는 숫염소 두 마리를 가져온다는 것이다. 그 두 마리 중에 한 마리는 제단에 바치고, 다른 한 마리는 모든 백성의 죄를 실어 산 채로 광야의 '아사셀'에게로 보낸다. 여기서 개역개정의 '아사셀을 위하여'보다는 '아사셀에게'가 더 타당한 번역이다(10절). 지정된 어떤 사람이 그 염소를 광야 멀리 '아사셀에게' 끌고 가는데, 학자들은 아사셀을 '험한 낭떠러지'를 뜻하는 장소로 보거나 '고대의 악령'의 이름으로 본다. 혹자는 아사셀을 '보내는 염소'(scape goat)로 해석하나 이 경우 그 문장은 광야로 방출하는 그 염소를 '보내는 염소(아사셀)에게' 보낸다는 해괴한 뜻이 되고 만다.

따라서 위의 두 견해가 유력한데, 필자는 '아사셀'이 고대의 악령의 이름이라는 견해를 지지한다. 간혹 이것이 사탄 배상설로 이해된다는 비판을 하나 이 염소는 백성의 죄를 떠안고 모든 죄의 원주인인 악령에게 그 죄들을 되돌리기 위해 '보내지는' 것이지 '바쳐지는' 것이 아니다.

제물을 바치는 과정에서 놀라운 특징들이 발견된다. 먼저 소와 염소의 피를 각각 지성소와 내성소에 뿌린다(16:14-15). 이어서 두 짐승의 피를 '섞어서' 함께 마당의 번제단에 뿌린다(16:18-19). 이것은 제단에 바쳐진 소와 염소가 하나로 묶인다는 것을 시사한다. 결국, 두 염소가 회중을 위한 하나의 속죄제로 준비되는데(레 16:5), 둘 중에 속죄제로 바쳐진 염소는 다시 제사장들을 위한 속죄제 수소와 피가 섞여 하나로 통합된다. 이어서 아론은 하얀 세마포 옷을 입은 채 속죄제 염소의 짝인 아사셀 염소 의식을 진행한다. 아사셀 염소는 도살되지 않고도 희생의 자격을 갖춘 특수한 형태의 속죄 제물이다. 이렇게 도합 세 마리의 짐승이 하나의 거대한 속죄제를 구성한다.

이를 뒷받침하는 강력한 증거는 아론이 입은 하얀 세마포 옷이다. 대제사장 아론이 아사셀 염소 의식을 마친 뒤에야 대제사장의 복장으로 갈아입은 뒤 두 번의 번제를 드린다. 흰옷을 입은 채로 진행되는 순서들

드라마 레위기

은 그것들이 하나로 통합된 속죄제 의식임을 보여 준다.

이때 속죄제 소와 염소의 피가 성전의 지성소, 내성소, 성소 마당을 차례로 씻어서 성전 전체를 청소한다. 이로써 피를 통해 성전의 모든 부정결이 그 소와 염소의 고기로 흡수되고, 심하게 더럽혀진 고기들은 밖으로 반출시켜 소각한다. 그럼으로써 성전의 오염이 완전히 제거된다.

그리고 아론은 아사셀 염소에 "두 손"을 얹어 안수함으로써 모든 백성의 죄를 살아 있는 염소에게로 옮겨 놓는다. 두 손으로 안수하는 이유는 모든 죄를 옮기는 집약적 전가를 위함이다. 아사셀 염소는 모든 죄를 짊어지고 광야로 내보내짐으로써 공동체로부터 죄를 완전히 제거한다. 아사셀 염소는 필시 죽음으로써 그 임무를 완수하게 될 것이다.

성경은 도살되는 두 속죄제 짐승의 기능이 성전 청소임을 분명하게 말하고 있다.

이스라엘 자손의 부정에서 단을 성결하게 할 것이요 레 16:19b

여기서 "성결하게"의 히브리어 원문의 뜻은 '깨끗하게 하고 거룩하게'이다. 반면에 다음 구절은 아사셀 염소의 임무가 '죄를 짊어지는 것'임을 분명하게 보여 준다.

염소가 그들의 모든 불의를 지고 레 16:22a

평일에는 속죄제 짐승 한 마리가 모든 임무를 통합적으로 완수했다. 즉 속죄제 짐승에 예배자의 죄가 전가되고, 도살된 후에 피가 성전에 뿌려짐으로써 피를 통해 성전의 오염이 흡수되어 옮겨진다. 즉 짐승 한 마리에 사람의 죄와 성전의 오염을 모두 전가한 것이다. 오염이 심한 고기는 밖으로 내어 불태웠고, 경미한 것은 먹을 만했기에 하나님의 지시를 따라 그것을 섭취하여 오염을 완전히 제거했다(레 10:17).

요컨대 속죄일에는 아마도 그날의 특수성으로 인해 성전의 오염을 씻는 짐승들의 역할과 백성의 죄를 짊어지고 제거하는 짐승의 역할이 분리되는 특수한 방식이 사용되었다. 반면 평일에는 속죄제 짐승 한 마리가 통합적 기능을 수행한다.

왜 속죄일이 필요한가?

레위기를 면밀히 관찰하며 읽는 사람들은 죄를 깨달을 때마다 속죄제를 드린다면 왜 속죄일이 필요한지 의아스러워한다. 그러나 이스라엘의 제의에서 백성의 모든 죄를 완전히 속죄하기 위해서는 평일의 속죄제와 속죄일의 속죄제가 모두 필요했다. 평일에는 죄가 드러나거나 깨닫게 될 경우에만 속죄제를 바쳐야 했다. 그러나 전혀 생각나지 않는 죄는 죄를 지은 당사자가 모르기에 그대로 남아 있다. 속죄일에는 일 년 동안 해결되지 않고 이러한 누적된 죄들을 한꺼번에 해결한다. 다시 말해, 속죄일은 대청소의 날이다.

비유를 들자면, 평상시에는 냉장고나 침대 밑에 내버려 두었던 쓰레기들을 날 잡아 청소한다. 그 아래를 들춰내면 바퀴벌레 시체, 과자 부스러기, 종잇조각 등 생각지도 못한 온갖 더러운 것들이 쌓여 있는 것을 발견하는데 그날에 모든 것을 깨끗이 청소한다. 이렇게 마치 날을 잡아 집안을 구석구석 청소하는 것처럼 속죄일은 미해결된 백성의 모든 죄와

드라마 레위기

성전의 지성소까지 누적된 오염을 철저히 닦아 내는 날이라 할 수 있다.

그러한 죄들로는 요아킴의 경우와 같이 전혀 깨닫지 못한 죄가 있을 수 있고, 또한 원래 즉각적인 심판이 가해지는 악행 죄라도 어떤 경우 심판이 유예되어 속죄일에 용서받을 기회가 주어졌을 것으로 보인다. 악행 죄의 용서는 속죄일에 용서받은 세 가지 죄 목록에 악행 죄가 포함되어 있다는 사실에서 추론할 수 있다(레 16:16, 21; 유감스럽게도 개역개정에서는 두 구절 모두 번역의 오류로 '악행 죄'가 누락되어 있다. 예를 들어, 16절의 원문은 "이스라엘 자손의 모든 불의와 악행과 그 범한 모든 죄"다). 심판이 유예된 이런 악행 죄뿐 아니라 아마도 고라 일당의 반역이나 아간의 범행에서 유추할 수 있듯이 다른 사람의 죄를 자신의 책임으로 여기며 속죄일에 공동체의 죄를 회개했을 것으로 추론된다.

이처럼 속죄일에는 평일에 처리되지 못한 백성의 모든 죄와 그로 인해 누적된 성소의 오염을 제거함으로써 온 이스라엘 백성의 전면적 속죄가 달성되었다. 성전은 매년 한 번 이루어지는 대대적 청소를 통해 원래의 거룩한 상태(original holy state)로 돌아가(19절) 성전으로서의 기능을 유지할 수 있었다. 철저한 청소를 거쳐 다시 거룩해진 성소는 여호와의 지속적인 임재를 보장했다. 이 점에서 이스라엘에 있어 속죄일은 거룩한 백성의 정체성을 유지하기 위해 가장 중요한 날이었다. 이렇듯 평일의 일반 속죄제와 속죄일의 특수 속죄제가 통합되어 이스라엘의 속죄를 위한 시스템을 구성했다. 이러한 속죄 시스템은 일종의 '거룩 회복 장치'다. 이스라엘은 이 장치를 통해 다양한 방식으로 죄와 부정결로부터 거룩을 회복하고 유지했다.

하지만 법궤가 자동으로 위력을 발휘하지는 못했던 것과 마찬가지로 이 거룩 회복 장치 역시 그 자체로 효력을 발휘하지 못했다. 아무리 제사의 형식이 완벽하다 해도 무엇보다 중요한 것은 예배자의 회개 태도와 정성이다. 특별히 속죄일에는 모든 노동을 중단하고, 종일토록 '자기 고행'을 통해 진정한 통회 자복의 시간을 가져야 한다(레 16:29, 31, 23:27-32). 인간의 내면보다는 정교한 제사 의식에 더 관심을 두는 속죄일 규정은 '스스로 괴롭게 하라'(자기 고행)는 간략한 법정적 지침만을 주고 있을 뿐 구체적인 실천사항에 대해선 입을 다문다. 랍비들은 '자기를 괴롭게 하다'는 뜻을 가진 히브리어 동사 '아나'(ana)의 성경적 개념의 범위는 금식, 맨땅에서 잠자기, 남루한 옷 입기, 부부 관계 절제, 목욕 금지 등을 포함한다고 말한다. 이와 같이 마음의 중심이 바르지 않은 자의 제사는 결코 열납되지 않았을 것이다. 백성들의 형식적 예배를 질타한 선지자들은 이미 이 점을 간파했다.

백성이 성전이요, 성전이 백성이다

우리는 앞서 속죄제를 살펴보면서 인간의 죄가 성전을 더럽힌다는 사실을 확인했다. 또한 성전과 백성이 언약의 피로써 하나로 결속된 관계에 놓여 있음을 확인한 바 있다. 두 존재가 공간의 간격을 두고 떨어진 상태에서도 피로 연결된 통합적 관계를 이루었다는 뜻이다.

시내산에서 모세는 언약을 체결하면서 막대한 양의 피를 성소와 백성에게 각각 뿌린 뒤 선언했다.

이는 여호와께서 이 모든 말씀에 대하여 너희와 세우신 언약의 피니라

출 24:8b

드라마 레위기

놀랍게도 예수님은 유월절 최후의 만찬 자리에서 제자들에게 떡과 포도주를 나누어 주시며 이와 똑같은 말씀을 하셨다.

> 이것은 죄 사함을 얻게 하려고 많은 사람을 위하여 흘리는 바 나의 피 곧 언약의 피니라 마 26:28

예수님은 새 언약을 체결함으로써 성전과 백성을 하나로 통합하셨다. 이제 더 이상 백성 건너편에 성전이 따로 존재하지 않고, 백성이 곧 성전이요 성전이 곧 백성이 되는 시대가 열렸다.

건물 성전의 시대가 폐해지고, 사람 성전의 시대가 도래했다. 이로써 그리스도의 피가 백성들에게 뿌려질 때, 곧 그것은 성전에 뿌린 것이 되며, 역으로 성전에 뿌려진 피는 곧 백성에게 뿌려진 피가 된다. 따라서 신약 시대에는 구약 시대와 달리 피는 한 번만 뿌리면 되었다. 백성에게 뿌리는 것이 곧 성전에 뿌린 셈이기 때문이다.

구약에서는 성전과 백성이 피로 연결되어 있었기에 백성이 죄를 지으면 성전이 오염되었고 역으로 성전이 깨끗게 되면 백성이 깨끗게 되어 속죄되었다. 놀랍게도 바울은 레위기에 나타난 성전 오염의 원리를 교회에 그대로 적용한다.

> 너희는 너희가 하나님의 성전인 것과 하나님의 성령이 너희 안에 계시는 것을 알지 못하느냐 누구든지 하나님의 성전을 더럽히면 하나님이 그 사람을 멸하시리라 하나님의 성전은 거룩하니 너희도 그러하니라 고전 3:16-17

바울은 성전 오염론을 이미 알고 있었다. 아니, 놀랍게도 나아가 당시의 고린도교회 성도들과 이 편지를 돌려 읽은 모든 신약 교회와 성도들은 성전 오염론을 잘 알고 있었음이 분명하다. "누구든지 하나님의 성전을 더럽히면 하나님이 그 사람을 멸하시리라"는 바울의 진술은 이것에 대한 지식을 전제하고 있다.

신약 시대에도 이 원리는 유효하다. 바울은 신자가 악독한 부도덕으로 거룩한 교회를 심각히 더럽히면, 여전히 신약의 시대에도 하나님은 그를 멸하실 것이라고 경고한다. 하나님의 성전인 교회는 거룩한 공동체이기 때문이다.

따라서 우리는 나의 죄가 주님의 몸 된 교회를 더럽힌다는 사실을 깨닫고 죄와 회개에 대한 인식을 새롭게 해야 한다. 죄는 개인의 문제로 끝나지 않고 성전 된 공동체를 더럽히는 결과를 낳는다. 만일 이것을 인식한다면 죄인은 회개 자리에서 자신의 죄를 용서해 달라는 것에 그칠 수 없다. 그는 나아가 공동체의 치유와 회복을 위해 기도해야 할 것이다. 우리는 어떤 죄든 그것이 곧 공동체 전체의 문제임을 인식해야 한다. 따라서 다른 사람의 죄에 대해서도 우리는 공동의 책임 의식을 갖고 함께 회개의 눈물을 흘려야 한다.

13. 은혜의 불 맞을래,
심판의 불 맞을래? / 레 8-10장 /

아론의 엄숙한 날!

아론의 삶에서 가장 엄숙한 날이 왔다. 아니 그의 아들들과 나아가 모든 이스라엘 백성에게도 참으로 중대한 날이기도 하다. 그가 대제사장으로 임명을 받고 자기 집안의 남자, 곧 그의 아들들이 제사장으로 세워지는 날이기 때문이다.

앞서 출애굽기 29장에서 하나님은 모세를 통해 '제사장 위임식 행사' 전반의 예식 절차를 이미 가르쳐 주셨다. 이제 그 절차대로 아론과 그의 아들들이 제사장직에 위임될 것이다(레 8장). 또한 레위기 1-7장에서 모든 제사법이 주어졌으니 그 제사들을 책임지고 집행할 제사장을 임명할 순서인 것이다.

더불어 제단은 성막 건축이 완료되면서 이미 준비되었는데, 이제 그 위에 본격적으로 백성들의 제물들을 태워 제사를 시작하기 위해 성막을 봉헌할 필요가 있었다. 따라서 이날은 제사장들이 위임되면서 동시에 성막이 봉헌되는 날이었다. 말하자면, 제사장 위임식과 성막 봉헌식이 함께 진행된다. 제사장들에게 관유가 부어지고 성막의 모든 기물에 역시 관유가 발라진다.

당일 아침, 모세와 아론은 그날 행사를 위해 하나님께 오래도록 기도를 올렸다. 특히 모세는 이날 엄숙한 행사의 총책임자로 행사가 차질이 없도록 모든 제물과 필요한 물품을 철저히 준비해야 했다. 아론은 두렵고 떨리는 마음으로 자신과 아들들이 행여나 죄를 짓거나 부정 탄 일은 없는지 자신을 돌아보며 하나님의 은혜를 구했다.

제사장들이 누군가! 그들은 하나님과 백성들 사이에서 양쪽을 중재하는 중대한 사명을 감당해야 했다. 즉 백성들은 제사장을 통해 성소에서 하나님께 제물을 바치며 그분께 나아갈 수 있었다. 성막이 세워진 후 이제 제사장의 중재 없이 백성들은 하나님께 나아갈 수 없었다. 그러니 그들의 위임은 백성들에게도 얼마나 중요했던가!

 드라마 레위기

위임식을 진행하다

레위기 8장은 제사장 위임식과 성막 봉헌식 장면이다. 제사장들과 성막 양쪽 모두에 기름을 붓고 발라 봉헌하는데, 행사의 초점은 제사장 위임식이다. 제사장 위임식의 준비물로는 제사장 관복과 특수한 관유, 속죄제를 위한 수송아지와 번제용 숫양, 그리고 위임식 화목제를 위한 숫양과 무교병 한 광주리가 필요했다. 이때 광주리에는 세 종류의 소제물이 들어 있었다(26절). 위임식을 위해 모든 백성이 회막 주변에 운집했다.

제사	제물
속죄제	수송아지
번제	숫양
위임식 화목제	숫양
소제	무교병 한 광주리(떡, 과자, 전병)
그 외 준비물	제사장 관복, 관유

모세는 위임식에 임하기 전에 아론과 그의 아들들을 목욕시킨 다음 아론에게는 대제사장 관복을, 아들들에게는 일반 제사장의 예복을 입혔다. 그들의 거룩한 직분의 구별됨은 우선 거룩한 옷을 통해 드러나야 한다. 다시 말해 제사장의 복장, 특히 대제사장의 복장은 하나님의 거룩하심과 영광의 현시다. 일반 제사장의 옷은 간단했다. 그들은 기본 예복('속옷'은 잘못된 번역)을 입고 허리띠를 맨 다음 머리에는 관을 쓴다(8:13). 그러나 대제사장의 의복은 많은 보석과 더불어 매우 복잡하고 화려했으며

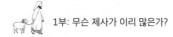

대단히 비쌌다(기본 예복, 최고급 청색 염료로 염색한 겉옷, 최고급의 삼색 실에 금실까지 섞인 에봇과 흉패, 금패를 두르는 머리에 쓰는 관).

신약의 그리스도인은 사실 일반 제사장 수준이 아니라 대제사장급의 신분이다. 우리는 '왕 같은 제사장'이기 때문이고, 유일하신 대제사장이신 예수님의 손을 잡고 구약의 대제사장처럼 지성소 입장이 가능하기 때문이다. 따라서 그리스도인들이 상징적으로 입는 '그리스도의 옷'은 바로 대제사장급의 거룩한 옷을 가리킬 것이다. 우리는 유일하신 대제사장이신 그리스도로 옷을 입은 존재다(롬 13:14; 갈 3:27). 그러니 우리는 얼마나 영화로운 존재이며 또한 얼마나 구별되어야 할 존재인가!

이어서 진행되는 기름 부음 의례에서는 값비싼 재료로 만든 관유를 사용했다. 모세는 먼저 성막을 봉헌하기 위해 관유를 성막에 뿌리고 성막의 비품들과 마당에 놓인 놋제단과 물두멍 등의 도구들에 발라 거룩하게 만들었다(10-11절). 이어서 모세는 아론의 머리에 관유를 부어 그를 거룩하게 만들었다(12절). 여기서는 생략되어 있으나 아론의 아들들에게도 동일한 절차를 따라 관유를 부은 뒤(출 28:41) 그들에게 제사장 복장을 입혔다(13절).

제사장 내정자들이 이렇게 준비를 마친 후 위임식을 위한 일련의 제사들이 바쳐진다(14-29절): 수소의 속죄제; 숫양의 번제; 숫양의 위임식 화목제(위임식 숫양은 형식으로 볼 때 일종의 화목제로 볼 수 있다). 가장 특이한 의례는 짐승의 피를 바로 제사장 내정자들의 신체 말단, 즉 오른쪽 귓불, 오른손 엄지, 오른발 엄지에 바르는 의례다. 그렇다면 머리부터 발끝에 이르는 신체 말단 부위에 피를 바른 이유는 과연 무엇일까?

동일한 의식이 레위기 14장에서 진 밖으로 추방된 문둥병 환자가 치

 드라마 레위기

유된 뒤 진영 안으로 복귀 절차를 밟을 때 발견된다. 차이점은 단지 거기서는 화목제의 숫양 대신 속건제의 숫양을 잡는다는 점이다. 이 행위에는 분명 몸을 피로 깨끗이 씻는다는 의미가 담겨 있었다. 그렇다면 왜 신체 말단에 피를 발랐을까? 아마도 그 배후에는 사물의 뿌리나 끝이 빈번한 접촉에 의해 쉽게 더럽혀진다는 관념이 있었을 것으로 추론된다. 또한 몸 전체를 대표하는 신체 말단을 씻는 것은 곧 몸 전체를 씻는 것과 같기 때문이다. 피를 제단 뿔에 바른 이유도 마찬가지였을 것이다.

이어서 모세는 제단에 묻은 피가 섞인 관유를 일부 취해 제사장 옷에 뿌린다(30절). 이 또한 매우 독특한 의례다. 관유와 피를 따로 뿌린 것이 아니라 섞어 뿌린 것이 분명하다. 이렇게 해서 그 옷들이 비로소 완전히 거룩해진다.

제사장 위임식과 더불어 제단 봉헌식은 하루가 아닌 7일 연속 진행된다. 이 기간에 매일 수송아지 1마리를 속죄제로 바쳐 그 피로 제단을 씻어냈다(출 29:35-37). 더불어 이때부터 시작된 제사장들의 가장 중요한 직무는 매일 아침저녁으로 일 년생 양을 1마리씩 상번제로 바치는 일이다(출 29:38-40). 저녁의 번제물은 아침까지 두었으며 아침에 새롭게 장작을 추가하여 또다시 번제의 양을 올렸다. 그로 인해 제단 불은 꺼지는 법이 없었다(레 6:9). 매일의 번제를 7일의 위임식 기간에 드림으로써 8장의 '제사장 위임식'과 '성막 봉헌식'이 최종적으로 마무리된다. 성막 봉헌식에서 가장 중요한 것은 바로 마당 주제단의 준비였다. 따라서 성막 봉헌식은 어떤 측면에서 제단을 가동하기 위한 제단 봉헌식이기도 했다. 이제 봉헌된 제단을 본격적으로 가동하기 위한 예식이 진행된다.

제단 가동식

　레위기 9장은 최초로 제단이 가동되는 예식에 대한 것이다. 우리는 이것을 '제단 가동식'이라 부를 수 있다. 제사장이 위임되고 제단이 봉헌된 이후 8일째에 제단 가동식이 진행된다. 이것은 위임식 및 봉헌식과 별개의 행사였다. 제단 가동식의 날에 최초로 레위기 1-7장에 규정된 모든 제사를 한꺼번에 드린다. 바로 속죄제, 번제, 소제, 화목제 등이다. 여기서 속건제가 빠진 이유는 그것이 속죄제의 쌍둥이 제사라 둘 중 하나만 드려도 충분했을 뿐만 아니라 재산상의 피해를 배상하는 제사가 공적 제사에는 부적합하기 때문일 것이다. 제단 가동식에는 제의적 가치가 높은 수컷들(수소, 숫염소, 숫양)을 바쳤다. 제사장 위임식과 마찬가지로 제단 가동식 행사에도 온 회중이 성막 주변에 모였다.

　엄밀히 말하면, 제8일의 제단 가동식에서 드린 제사는 회막 제단에서 바쳐진 최초의 제사는 아니었다. 왜냐하면, 그 이전에 이미 7일간 진행된 제단 봉헌식과 제사장 위임식에서 제사장들을 위한 속죄제(수송아지)와 번제(숫양)와 위임식의 화목제(숫양) 및 소제를 드렸기 때문이다. 그러나 우리는 앞선 이러한 제사들의 목적은 제단을 거룩하게 하여 하나님께 봉헌하기 위한 절차였음을 기억해야 할 것이다. 그 과정을 통해 제단은 비로소 향후 이스라엘 백성이 제사를 바치기에 합당한 기물이 되었다. 제8일에 이르러서야 비로소 최초의 공적 제사들이 집행되면서 제단이 사용되기 시작한 것이다.

　제사용 짐승들은 아론 가문을 위한 것과 백성을 위한 것으로 다음과 같이 따로 준비되었다.

제물	아론과 그의 집안	회중
속죄제	수송아지	숫염소
번제	숫양	수송아지와 어린(숫)양
소제		기름 섞은 소제
화목제		수소와 숫양

먼저 아론이 자신과 그의 집을 위해 속죄제와 번제를 바쳤다(9:8-14). 이때 중요한 것은 아론이 앞서 1-7장에 규정된 제사 매뉴얼 그대로 준수했다는 사실이다. 이어서 아론은 백성의 제물들을 드린다. 마찬가지로 속죄제와 번제의 순서로 바치고 여기에 회중 편에서만 준비된 소제가 추가된다(9:15-17). 마지막으로 역시 회중 편에서만 준비된 수소와 숫양의 화목제가 드려진다(9:18-21). 역시 모든 절차는 레위기 1-7장의 매뉴얼을 준수한다. 따라서 화목제의 경우 요제로 흔든 가슴과 오른쪽 뒷다리는 제단에 태우지 않고 제사장들의 몫으로 돌린다. 나머지 고기 부위는 백성의 몫이므로 장로들의 화목제 식탁을 위해 주어졌을 것이다.

아론은 모든 제사를 마친 뒤 백성을 축복하고는 제단에서 내려온다(22절). 제단에서 내려온 아론은 모세와 함께 회막으로 들어갔다(23절). 이때가 임명받은 대제사장 아론이 최초로 회막에 들어간 순간이다. 그전에는 모세 홀로 회막에 출입했다. 모세와 아론은 회막을 나온 뒤 한 번더 백성을 축복한다(24절). 이때 여호와로부터 불이 내려와 제단 위에서타고 있던 모든 제물을 순식간에 살랐다. 백성들은 이 장면에 압도되어소리를 지르며 엎드렸다. 히브리어 동사 '라난'(ranan)의 원뜻에 비추어볼 때 이는 기쁨의 외침으로 보는 것이 합당하다. 여기서 중요한 점은모세가 제단 봉헌식 때 최초로 제단에 불을 지폈고(레 8:16), 아론이 그 불

위에 최초의 제사들을 드렸지만, 위에서 하나님의 불이 엄습해서 그 제물들을 태웠다는 사실이다. 이로써 이 순간 제단 불은 이제 절대로 꺼트려서는 안 되는 신적인 불로 그 위상이 승격되었다.

실패한 제사와 징벌

레위기 8-10장은 같이 읽어야 한다. 8장에서 제사장이 위임되고, 9장에서 제사장들에 의해 최초로 제사들이 드려지면서 제단이 가동되기 시작한다. 그 제사는 하나님의 불이 위에서 내려와 제물을 태울 때 절정에 이르렀다. 성공적으로 마무리된 최초의 제사였다. 그러나 역설적이게도 10장에는 곧바로 실패한 제사가 보고된다. 아론의 두 아들, 나답과 아비후가 자신의 방식대로 제사를 드리다가 죽임을 당한 것이다. 9-10장은 모두 같은 날 발생한 사건들이다. 9장에서 마당의 번제단에 올린 최초의 제사가 마무리된 뒤 이제 내성소 안에서 바치는 분향 제사를 드릴 차례였을 것이다.

성막에서 제사 드릴 때 형식적 측면에서는 규정을 준수하는 것이 가장 중요했고, 내적 측면에서는 예배자의 태도가 제사의 효과를 결정했다. 성막 내에는 제의를 위해 구비된 여러 비품이 각각 자리에 배치되어 있었다. 이 배치가 흐트러져선 안 되며, 제사 목적으로 특수하게 제작된 거룩한 비품들 외에 다른 물품은 허용되지 않았다. 또한 성막 내에 쓰이는 제의용 불은 제단에서 가져온다(레 16:12). 이러한 제사 규정들을 위반한 제사는 실패로 돌아가기 마련이다.

아론에게는 네 아들이 있었다(출 28:1). 나답, 아비후, 엘르아살, 이다말, 네 아들 중에 나답과 아비후, 즉 첫째와 둘째 아들이 제의적 잘못을 저지른다. 제단 가동식이 진행되고 있는 상황에서 불법적인 방식으로 제사를 드리려다가 하나님의 심판을 받는 것이다. 그들은 결정적으로 제단에서 취하지 않은 정체불명의 "다른 불'"을 담아 옮겨 내성소의 향단에 향을 피웠다.

어떤 학자는 향을 마당에서 피우다 심판의 불에 맞아 즉사했다고 생각한다. 불이 성소 내부에 떨어질 수 없다는 이유에서다. 그래서 사체를 처리하는 데 어려움이 없었다는 것이다(5절). 그러나 이어지는 9절의 진술인 "너와 네 자손들이 회막에 들어갈 때에는 포도주와 독주를 마시지 말라"는 경고는 그들이 내성소에 입장해서 참사를 당했던 것으로 추정케 한다. 두 아들은 성막 내부에서 마치 번개 불같은 하나님의 섬광에 맞아 죽었는지도 모른다. 덧붙여 강력한 금주의 경고는 그들이 이런 잘못을 범하게 된 배경을 암시하고 있다. 어쩌면 그들은 술에 취해 신중하지 못했으며 규칙을 무시한 채 자의적인 방법으로 제의를 수행하려 했는지 모른다. 그들의 제사장 신분과 자리의 중대함을 망각한 채 예배를 무시한 무서운 죄다.

이어서 10장에는 모세와 아론의 매우 중요한 대화가 나온다. 모세는 그날 드린 제사들의 마무리 절차를 점검한다. 그것은 제사장들이 남은 고기를 먹는 일이다(6-7장). 모세의 점검 결과 다른 제물은 아론이 제사장의 몫을 제대로 챙겨 문제가 없었다(10:12-15). 그런데 제사장이 먹어야 할 속죄제 숫염소의 남은 고기가 보이지 않았다. 확인해 보니 이미 그것이 진영 밖에서 소각되었다(16절). 직전에 제사장 두 명이 제의법 위반으로 죽은 뒤라 모세는 그들에게 크게 화를 냈다. 마무리의 실패로 인해 속죄제는 무효가 되어 속죄의 효과를 낼 수 없었다(17절; 참조, 7:18의 무효가

되는 화목제).

아론은 모세에게 해명한다. 두 아들이 죽은 날 속죄제 고기를 먹는 것은 하나님께서도 기뻐하지 않을 것이기에 태웠다는 것이다(19절). 아마 아론은 다른 제물도 그날 먹지 않기로 작정했던 것으로 보인다. 아론의 해명을 들은 모세는 그것을 기쁘게 받아들였다(20절). 여기서 중요한 사실이 확인된다. 태우는 속죄제는 결코 먹을 수 없지만, 먹는 속죄제는 상황에 따라 태울 수 있었다는 것이다. 이것은 본래 속죄제는 죄로 더럽혀진 이유로 태우는 것이 큰 원칙이었음을 암시한다.

10장에서 주목해야 할 구절은 10절이다. 두 아들의 죽음 직후 하나님은 모세를 통해 중요한 말씀을 하셨다.

> 나는 나를 가까이하는 자 중에서 내 거룩함을 나타내겠고 온 백성 앞에서 내 영광을 나타내리라 레 10:3b

이것은 하나님께 가장 가까이 다가가 그분을 위해 성막의 직무를 다하는 제사장들을 통해 하나님의 거룩함이 드러난다는 뜻이다.

오늘날 제사장 나라인 교회는 바른 예배를 통해 하나님께 가까이 가면서 하나님의 거룩과 영광을 충만히 드러내야 할 것이다. 오늘 우리를 위한 유일한 제사장 중재자는 바로 우리의 영원한 대제사장이신 예수 그리스도이시다. 그분이 하나님과 우리 사이의 영원한 중재와 중보의 일을 감당하고 계신다. 따라서 우리는 예수 그리스도를 힘입어 그분을 통해 하나님께 담대히 나아갈 수 있다.

우리는 예배 때마다 성전 된 자신을 잘 살펴보아야 한다는 교훈을 얻

 드라마 레위기

는다. 구약에서는 성전의 외적인 질서와 배치가 중요했다. 각 비품은 하나님이 지정하신 자리에 있어야 했다. 제사장들이 분위기 쇄신을 위해 떡상과 향단과 등잔대의 위치를 멋대로 바꾸어 놓을 수 없었다. 성막 내에서 향을 피우든 등잔대의 불을 밝히든 제단 불이 아닌 "다른" 불을 사용하면 불법이었다. 그 경우 어떠한 값진 제물을 바친들 아무 소용이 없었다. 그러나 지금은 내면의 질서와 정돈이 중요하다. 우리 마음의 질서가 잘 정돈되어 있는지, 우리 생각의 배치가 바르게 되었는지, 하나님의 성령이 계시는 성전 된 공동체는 흐트러짐이 없는지 돌아보아야 한다. 물론 형식적 측면에서 예배의 순서와 준비 또한 여전히 중요하다. 우리가 준비한 예배가 하나님이 기뻐하실 만한 것인지, 우리도 행여 '다른 불', '이방의 불', '세속의 불'을 들고 향을 피우려 하진 않는지 살펴야 한다.

무엇보다 놀라운 은혜와 무서운 심판이 하루 동안에 번갈아 내려질 수 있음을 기억해야 한다. 매 순간 영적 긴장감을 늦추어선 안 된다. 비극적 사건 바로 직전에 제사장들과 백성들은 최고의 제사를 드렸고, 하나님은 이에 그야말로 극적으로 응답하셨다. 백성들은 전율을 느끼며 그분을 경외함으로 엎드려 기쁨의 탄성을 내뱉었다(9장). 그러나 어리석은 인간은 절정의 은혜를 맛본 직후라도 곧장 타락의 길로 떨어질 수 있다. 본문은 바로 그것을 잘 말해 준다(10장). 제단 위에 내려 모든 제물을 순식간에 태운 바로 그 불이 잘못된 분향을 한 나답과 아비후에게 떨어져 그들을 태웠다. 하나님의 불은 동일하다. 그 불이 한번은 은혜의 불로, 다른 한번은 심판의 불로 임했다. 우리는 어떤 불을 맞아야 할까?

거룩의 목적은
무엇인가?

14. 거룩하고 속된 것,
깨끗하고 더러운 것

제사장들의 중대한 임무

"형, 사고 소식 들었어?"

미사엘은 숨을 헐떡거리며 집으로 달려 들어가 형 엘사반에게 성막에서 발생한 비극적 사고 소식을 전했다. 친척인 두 제사장, 나답과 아비후가 성막에서 예식을 드리다 하나님의 불을 맞고 즉사했다는 소식이었다. 온 진영이 이 사고 소식으로 들썩거렸다.

성막에서 이런 사고가 발생하면, 그것을 수습하는 일은 레위인의 고핫 가문인 미사엘과 형 엘사반의 책무였기에 두 형제는 출동 준비를 서둘렀다. 그들은 대제사장 아론의 사촌동생이었는데(레 10:4-5), 성실한 직무로 사촌형의 총애를 받았다. 아니나 다를까 호출 명령이 떨어졌다. 제사장은 거룩한 성막 내에서는 어떠한 사체도 만질 수 없으니 사체를 수습하는 일은 레위인들이 맡아야 했다. 미사엘과 엘사반이 두 제사장의 시체를 성막으로부터 진영 밖으로 옮겨 매장했다.

드라마 레위기

두 제사장의 비극적인 죽음 직후 하나님은 아론에게 제사장이 준수해야 할 강력한 규정을 하달하신다. 제사장들은 다시는 무서운 제의적 실수를 범하지 않기 위해 성막의 직무 중에는 정신을 차리고 긴장해야 한다. 따라서 그들은 직무 직전에 포도주나 독주(곡주)와 같은 음주가 금지되었다(10:9). 제사장은 언제나 맑은 정신으로 성막의 직무에 임해야 했다. 제사장들의 임무의 핵심이 레위기 10장에 간결하게 요약되어 있다.

> 그리하여야 너희가 거룩하고 속된 것을 분별하며 부정하고 정한 것을 분별하고 레 10:10

성과 속, 정과 부정은 레위기 제의 신학의 중심 주제다. 이것들을 분별하는 것은 이스라엘 제사장들의 핵심 직무다. 제사장들은 성과 속, 정과 부정을 분별하는 한편, 이를 기준 삼아 백성들의 삶을 지도해야 한다(레 10:11). 따라서 성과 속, 정과 부정은 제의뿐 아니라 레위기의 모든 규례의 토대를 이룬다.

성과 속, 정과 부정은 무엇인가?

레위기 10장 10절에서 제사장의 직무가 성과 속, 정과 부정을 분별하는 것임을 명시한 뒤, 곧장 이것과 관련된 법안이 선포된다. 그것이 레위기 11-15장의 '정결법'이다. 제사장들이 분별해야 하는 것에서 나타나는 대로, 레위기에서는 양극의 관계인 성-속과 정-부정이 충돌한다. 이스라엘은 양극의 영역에서 정결과 거룩의 편에 서야 한다. 이는 의식적 정결법(레 11-15장)과 윤리적 정결법(레 18-20장) 각각의 결론이기도 하다.

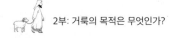

윤리적 정결이라는 개념은 이방의 역겨운 "가증한 풍속을 하나라도 따름으로 스스로 더럽히지 말라"(레 18:30)는 명령에서 확인된다.

이렇듯 레위기 신학의 요체는 '정결'과 '거룩'이다. 이 둘은 결국 거룩이라는 주제로 수렴된다. 거룩은 삶의 여러 차원에서 구현되어야 한다. 우리는 다양한 차원의 정결과 거룩을 검토하기에 앞서 정결과 거룩의 개념이 무엇이고, 이것은 부정결 및 세속과 어떤 관계인지 살펴보기로 하자.

성경의 정결은 위생적 개념을 넘어선 관념적 개념이다. 동서양을 막론한 종교 일반의 제의 체계에서 어떤 것을 두고 깨끗하다거나 더럽다고 하는 것은 위생적인 개념을 일부 포함할 수는 있지만, 원칙상 관념적이고 정신적인 개념이다. 불쾌하거나 불길한 느낌을 주는 말을 들었을 때 '귀가 부정 탔다'고 하거나 '다리를 떨면 부정을 타 복이 달아난다'는 말처럼 '부정 탄다'는 표현의 심리적, 종교적 의미는 무언가 꺼림칙한 상태, 정상적이지 않은 상태를 말한다. 성경의 정결-부정결의 개념도 마찬가지다.

그렇다면 '거룩'의 개념은 무엇인가? 거룩이란 '분리성'과 '완전성/온전성'을 내포하는 개념이다. 거룩한 것은 저만큼 '떨어져 있는' 상태로 존재하며 속된 것과 분리되어 있다. 동시에 거룩한 것은 분리된 상태에서 '완전한' 상태로 존재한다. 완전하다는 것은 질서정연하고 흠과 결점이 전혀 없는 상태를 말한다. 바로 하나님이 그러하신 분이다. 오직 하나님만이 저 너머에 초월해 계시면서 완전체로 존재하신다. 또한 그분이 거룩하게 만든 공간과 사물, 곧 성소와 그 안에 놓인 성물이 그러하다. 이러한 거룩은 사물의 적합한 질서와 관련되어 있다. 곧 거룩이란 하나님이 세상에 주신 질서를 온전히 유지하는 것이다. 따라서 거룩을 침해하면서 무질서를 야기하는 혼란(disorder)과 혼합(hybrids), 그리고 불완전함은 용납되지 않는다. 마찬가지로 여기서 질서는 정결한 것이고, 질서를 이탈한 무질서는 부정결한 것으로 여겨진다.

이 같은 거룩의 개념은 사회적 영역과 신체, 그리고 자연 속에 반영된다. 따라서 구별되어야 하는 것이 섞이면 안 된다. 밭에 두 종자를 뿌리면 안 되고, 두 종류의 옷감으로 옷을 제작하면 안 되며, 동물과의 수간과 동성애가 금지된다. 이것은 뒤에서 더 자세히 살펴볼 것이다.

정결과 거룩은 다른 개념이다

정결과 거룩은 이처럼 공통의 관념을 기반으로 하고 있지만, 양자는 구별된 개념이다. 어떤 사람들은 거룩을 정결과 같은 개념으로 보는데 이 둘은 분명하게 구별된다. 예컨대 정결한 짐승과 거룩한 짐승은 다르다. 정결한 짐승 중에서도 엄선된 짐승만이 거룩한 짐승으로 승격되어 제단에 바쳐진다. 쉽게 말하면, 거룩은 정결보다 상위 개념인 것이다. 정결은 신적 영역인 거룩에 접근하기 위한 전제 조건이다. 정결을 기반으로 거룩의 단계로 올라간다. 따라서 정결한 삶은 거룩한 삶의 기반이다.

성경에 따르면 거룩은 하나님 고유의 특성으로, 거룩의 원천은 오직 하나님뿐이다. 거룩은 하나님의 본질적 속성이다. 장소와 사람의 거룩함은 하나님이 부여하신 것이다.

이스라엘 백성이 '거룩하다'고 말할 때 동일한 거룩의 개념이 적용되

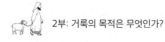

어 그들의 분리성과 온전성으로 인해 열방과 구별된다. 평민보다 제사장에게 요구되는 거룩의 기준이 엄격한 것처럼(레 21:6-8), 이스라엘은 제사장 나라의 거룩한 백성으로서(출 19:6) 열방보다 더 엄중한 표준을 따라야 한다.

밀그롬의 말대로 거룩의 개념에서 중요한 측면은 '윤리'이며, 거룩은 특히 그분의 성품, 즉 인격적 속성과 관련된 것이다. 거룩은 "…로부터의 분리"(separation from)일뿐 아니라 "…으로의 분리"(separation to)이기도 하다. 다시 말해 하나님의 백성은 '세상으로부터' 분리되는데, '하나님을 향해' 분리되어 있다. 따라서 그들의 삶은 제의적 차원에서뿐 아니라 윤리적 차원에서 열방과는 구별된 삶이어야 한다.

성과 속, 정과 부정의 차이점

성과 속은 신적 영역이고, 정과 부정은 인간의 영역이다. 즉, 성과 속은 신적 영역에서 하나님께 속한지 안 속한지를 기준으로 나뉜다.

하나님의 영역에 속한 것은 거룩하고 그것을 벗어난 바깥, 인간의 영역은 속된 곳이다. 그러나 정과 부정은 인간의 영역에서 깨끗한지 더러운지를 나누는 구분이다. 실제로 성경에서 '하나님이 정결하다'는 표현은 전혀 나타나지 않으며 이는 매우 이상하고 어색하다. 이때 세속의 영역은 인간의 영역일 뿐 더럽다는 의미는 아니다.

다음 도식은 성과 속, 정과 부정의 관계를 잘 보여 준다.

한 가지 주의할 점은 성과 속의 구분은 이원론의 도식이 아니라는 것이다. 모든 영역이 만물을 창조하신 하나님의 통치하에 놓여 있기 때문이다. 그럼에도 성경은 만물 안에서의 성과 속을 명확히 구분한다. 즉,

 드라마 레위기

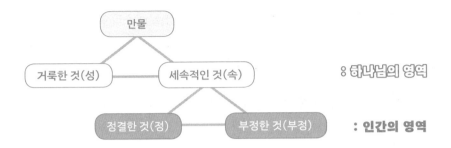

만물

거룩한 것(성)　　세속적인 것(속)　　**⑧ 하나님의 영역**

정결한 것(정)　　부정한 것(부정)　　**: 인간의 영역**

하나님과 피조물 사이에는 거룩의 경계선이 존재한다. 성과 속의 대비는 하나님의 영역과 인간의 영역 구분을 위한 개념으로, 창조주와 피조물의 간격을 말해 준다. 이때 후자가 전자의 지배를 받는다는 점에서 이원론적으로 분리될 수 없다. 그리스도인은 세상 사람들과 구분되는 거룩한 '성도'(saints)임과 동시에 세상을 위해 선한 청지기의 삶을 산다.

　참고로 여기서 거룩이 상대성을 지닐 수 있음을 고려해야 한다. 이스라엘 백성은 세속의 부정결한 민족들에 대해서는 '거룩한 백성'으로 규정된다. 하지만 이스라엘 공동체 안에서 하나님에 대해서는 그들은 단순히 세속의 영역에 속한 '정결한 백성'일 뿐이다. 그 영역 안에서는 오직 성전과 그 안의 제사장들만이 거룩한 그룹으로 구별된다. 나아가 심지어 제사장이라도 하나님 앞에서는 스스로 거룩한 존재라 여길 수 없다. 그들은 선지자 이사야와 같이 "화로다 나여 망하게 되었도다. 나는 부정한 사람이요"(사 6:5)라고 고백해야 했을 것이다. 따라서 이스라엘이 거룩한 영역에 있다 함은 세상 나라에 대해서 그러한 것이며, 반대로 이스라엘이 세속의 영역에 있다 함은 하나님에 대해서 그러하다. 하나님과 백성 사이에 성과 속을 나누는 근원적 거룩의 경계선이 있기 때문이다.

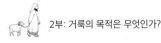

여기서 세속과 정결은 중립의 상태다. 즉 평소 이스라엘은 세속의 영역에서 정결을 유지한다. 그들 중 거룩의 영역으로 들어오는 자들은 종신직의 제사장들과 특별한 서원 기간의 나실인처럼 따로 구별된 사람들뿐이다. 일상의 정결한 가축들 또한 거룩한 제물로 승격되어 성소의 제단에 바쳐진다.

역동적인 성-속과 정-부정의 상태

다음 도식은 정과 부정, 성과 속의 네 가지 범주의 역동성을 잘 보여준다.

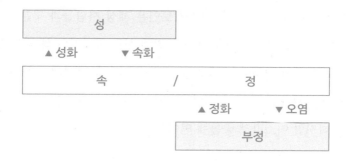

이스라엘 백성은 성전 밖의 일상의 상태, 즉 세속의 영역에서 정결한 신분으로 살아간다. 그러나 그들은 '거룩', 즉 성스러운 영역을 지향하는 한편 부정결의 상태로 전락할 것을 경계해야 한다. 그들의 신분은 정적인 상태에 있지 않고 늘 유동적이었다. 즉, 그들 중 일부는 성화의 과정을 통해 거룩한 상태로 올라갔고, 그러다 다시 세속으로 돌아오기도 했으며(예, 나실인), 오염으로 인해 부정한 상태로 전락하였다가 다시 정결한 상태로 복귀하기도 했다.

드라마 레위기

앞서 지적한 대로 흔히 '세속'이라는 말을 사람들은 더럽다는 뜻으로 이해하고 사용한다. 그러나 구약에서 세속을 의미하는 히브리어 명사 '홀'(hol)은 신성한 것과 대치되는 일상의 것을 가리키며, 동사 '할랄'(halal)은 신성한 것의 침해를 지시한다. 다시 말해 '세속'이 더럽다는 개념을 지닐 때는 주로 '거룩'에 대해서 그럴 뿐 일상의 상태에서는 중립적 가치를 지닌다. 다만 간혹 그 의미가 확장되어 인간의 영역에서 부정적 의미로 적용될 때가 있다(창 49:4; 레 19:29, 21:9).

부정결한 것의 침범으로 거룩한 것이 모독당할(히. 할랄)때도 있는데 이는 거룩이 사라지면서 세속화되는 것이 아니라 거룩이 부정결로 오염된 상태다. 이 문제를 시급히 해결하기 위해서는 성물의 부정결을 즉시 청소하여 제거하거나(참조, 레위기 4장에서 제단을 속죄제의 피로 닦아 냄), 아니면 그 성물을 파괴해야 한다(참조, 레 7:19. 부정결과의 접촉으로 더럽혀진 화목제 고기를 태움). 정결한 상태에서는 언제든지 성화의 단계로 승격될 수 있고, 부정결의 상태로 강등될 수도 있다. 제사장과 성물들처럼 속된 것이 성화 과정을 거쳐 거룩해지는 것이다. 그러나 속된 것이 부정을 타서 위험에 빠지는 경우 즉시 오염을 씻어 내 정결함을 되찾아야 한다.

여러 가지 이유로 발생하는 부정결은 대개 일시적 상태이나 11장의 부정한 동물들처럼 일부는 항구적인 부정을 지닌다. 항구적 부정 자체는 전염성이 전무하므로 백성들의 영역에서 함께 공존한다. 그러나 모든 짐승이 하나님의 창조물이므로 그 부정한 짐승들이라도 결코 그 자체로 부정하게 여기지 않으며 음식으로서 부정할 뿐이다.

특히 부정결은 전염성을 지닌다. 많은 학자의 주장과 달리 거룩은 거룩한 제사장이나 성물과의 접촉을 통해 전염되지 않는다. 구약에서 거

룩이 전염되는 경우는 하나님의 임재에 의해 직접적 접촉이 발생할 때뿐이다. 반대로 부정결과 접촉한 것은 더럽혀진다. 하지만 정결과 속됨은 사물이나 사람의 기본 상태(ground state)로 그 어떤 수단을 통해서도 다른 대상에 전달될 수 없다. 감염력이 없는 중립의 상태인 정결과 속됨의 등급을 나눌 수는 없다. 따라서 상대적으로 '더 속되고', '더 정결한' 상태란 존재하지 않는다.

다음 장에서는 구약 전반에서 '거룩'의 전염성의 증거가 있는지 살펴보고, 신약에서는 어떠한지 추적해 볼 것이다. 이것은 예수 그리스도의 사역과 관련하여 매우 중대한 쟁점이다.

드라마 레위기

15. 만지면 죽는다! 역동적 거룩

파괴된 성전, 부정결한 삶

"해방이다, 그리고 귀환이다!"

포로로 잡혀간 뒤 70년 만에 드디어 이스라엘 백성은 고국으로 돌아왔다. 여전히 고레스 왕의 치하에 놓여 있었기에 완전한 광복은 아니었다. 하지만 고레스는 모든 자치권을 허락했다. 페르시아(바사) 왕의 허락하에 이스라엘은 스스로 정부를 다시 세우고 지도자도 세워 나라를 재건할 수 있었다. 이것은 광복이나 다름없다. 백성은 나라의 미래의 청사진을 그리며 꿈을 꾸었다. 무엇보다 신앙의 자유를 허락받았다. 그것은 파괴된 성전을 재건하여 다시 제사를 하나님께 올리며 성전에서 마음껏 하나님께 예배를 드릴 수 있음을 뜻했다.

귀국 직후 성전 재건을 위해 첫 삽을 뜬 기공식의 열기는 대단했다(스 3장). 온 백성이 열정적으로 성전 재건에 참여했고 이제 갓 재건된 국가의 재정 형편은 매우 어려웠지만, 조만간 성전이 완성될 것 같은 분위기였다.

그러나 열기는 급격히 식었고 성전 재건을 반대하는 훼방꾼들이 등장해 끊임없이 공사를 방해했다. 무엇보다 백성들의 신앙이 퇴보하여 성전보다는 자기 집을 먼저 짓고 벽을 단장하는 데 열중했다(학 1:4, 9). 그들은 아직 성전을 지을 때가 아니라고 변명을 늘어놓았다(학 1:2). 그로 인해 수년간 성전 공사가 멈췄다.

그러나 그와 더불어 가장 심각한 문제는 백성들의 부정결한 삶이었다. 정결하고 거룩한 언약 백성답지 않게 그들은 정결한 영역과 부정결한 영역을 드나들고 두 영역을 뒤섞으면서 제멋대로 살고 있었다. 분명히 언약 백성은 제사장들의 지도하에 거룩과 세속, 정결과 부정결의 영역을 구분해서 지켜야 했다(레 10:10). 그러나 광복의 은혜를 누린 학개의 시대에 온 백성은 아무렇게나 살면서 부정한 백성이 되어 있었다(학 2:14). 정과 부정, 성과 속의 경계선을 혼미케 한 책임은 전적으로 제사장들에게 있었다. 하나님은 학개에게 제사장들을 불러내 논쟁을 하여 담판을 지으라고 명령하셨다.

하나님의 지시를 받은 학개는 그들에게 논쟁적으로 물었다(학 2:12-14).
"당신들, 내 질문에 한번 대답해 보시오! 어떤 사람이 거룩한 고기를 옷자락에 쌌습니다. 그런데 그 옷자락이 만일 떡에나 국에나 포도주에나 기름에나 다른 음식물에 닿았다면 그것은 성물이 되겠습니까?"
제사장들이 답했다.
"당연히 아니오! 어찌 그게 접촉되었다고 자동으로 성물이 된단 말이오?"
다시 학개가 물었다.
"그렇다면, 시체를 만져서 부정해진 사람이 만일 그 음식 중에 하나를 만졌다면 그

  드라마 레위기

것이 부정해지는 게 맞소?”

제사장들은 답했다.

“당연히 부정해지는 게 맞소! 더러운 걸 만진 다음에 다른 물건을 만지면 그것도 더러워지는 건 당연지사 아니오?”

학개가 곧바로 말을 맞받아쳤다.

“여보시오, 제사장들! 바로 그거요! 하나님이 말씀하시기를 지금 내 앞에서 이 백성이 꼭 그런 꼴이라고 하십니다. 이 나라가 그렇고, 또 백성이 하는 모든 일도 그렇고, 심지어 백성이 준비한 제물마저도 다 부정을 타서 온전한 것이 없다고 하십니다! 당신들은 백성을 지도해야 할 제사장인데 직무유기 중이고, 나아가 여러분 자신들도 이 원칙을 지키지 않고 있소. 여러분은 우리 성전이 무너지고 불에 탈 때를 기억하지 못합니까? 여호와의 전에 돌이 돌 위에 놓이지 아니하며 파괴된 이유가 뭐였습니까? 바로 그때 우리가 지금 우리처럼 온갖 부정한 것으로 더럽혀졌기 때문입니다. 이 상태로는 절대로 성전을 재건하지 못합니다. 제발 먼저 부정한 것들로부터 자신을 멀리하고, 거룩하고 정결한 삶을 회복합시다.”

성과 속의 접촉의 결과

선지자 학개가 따진 것은 '접촉'의 문제다. 접촉에 의해 '성'은 '속'이 되고, '정'은 '부정'이 되며, 반대로 '속'은 '성'이 되고 '부정'은 '정'이 되기도 한다.

그런데 레위기를 비롯한 구약에 따르면, 양극단에 위치한 '성'과 '부정'이 접촉했을 때는 부정결이 거룩을 훼손한다. 흔히 알려진 바와 달리 거룩한 것이 그와 접촉한 사람이나 물건을 거룩하게 만드는 것이 아니다. 원칙적으로 오히려 부정한 것과 성물이 접촉할 경우 성물이 더럽혀

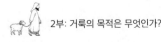

지곤 했다(레 7:19-21). 설사 정결한 사람이나 사물이라 해도 별다른 이유 없이 성소에 나아가면(예를 들어, 제사를 위해서가 아닌 단순히 성막을 구경하러 들어감) 오히려 세속에 속한 그는/그것은 성소를 더럽혔을 것이다. 율법은 성소의 무단 침입을 금지하고 있다(민 1:51; 3:38). 부정결과 거룩이 접촉할 때도 더럽혀지는 것은 언제나 거룩한 쪽이다. 학개가 제사장들을 논박하며 논증한 것이 바로 그 원칙이다(학 2:12-13).

성과 속의 접촉으로 속이 성으로 승격되려면 단순 접촉이 아니라 성화의 절차를 통한 특별한 제의적 접촉이 발생해야 한다. 예를 들어, 갓 제작된 제단은 거룩하지 않으나 거룩한 기름을 붓고 제사를 드려 피를 뿌린 뒤에야 비로소 희생 제사를 드릴 수 있도록 거룩해진다.

하지만 많은 구약학자가 성물은 학개가 명백히 반대했음에도 불구하고 단순 접촉만으로도 거룩을 전염시킨다고 주장한다. 그들이 제시하는 증거는 성물과의 접촉을 통해 사람과 사물들이 '거룩해진다'고 진술하는 구절들이다(출 29:37; 30: 26-29; 레 6:18; 예를 들어, "제단과 접촉하는 것마다 거룩하리라"는 진술). 그러나 그에 해당하는 히브리어 동사 '이크다쉬'(iqdash)는 성물에 닿는 것마다 '거룩해진다'(become holy)가 아니라 '거룩해야 한다'(must be holy)로 해석해야 한다. 즉 이 진술은 어떤 사람이나 사물이 제단과 접촉하려면 거룩한 상태일 것을 요구한다. 따라서 평민은 제단에 올라가거나 접촉이 불가능하고 오직 제사장만이 가능하며, 오직 거룩하게 구별된 짐승만이 제단에 오를 수 있다.

사람과 사물은 그 같은 접촉을 통해 거룩해지는 것이 아니라 오히려 제사장 위임(출 29장; 레 8장)과 나실인 서원(민 6장), 그리고 성막 기물의 봉헌식의 사례에서 볼 수 있듯이(출 30:25-30; 40:9-11) 일련의 의식 절차를

  드라마 레위기

통해 거룩의 지위로 승격된다. 구약에서는 어떤 경우라도 단순한 접촉을 통해 사람이나 사물이 자동으로 거룩해지는 법은 없다.

한편, 법궤를 비롯한 지극히 거룩한 물건들은 강한 거룩의 기운, 거룩의 힘, 비유를 들자면 마치 고압 전류가 흐르는 장치와 같았다. 따라서 성물에 무단 접촉한 사람은 거룩에 감염된다기보다는 오히려 하나님의 강력한 거룩의 힘과 영광의 기운에 의해 해를 입었다. 즉 거룩의 힘은 마치 일종의 '강력한 전기'와 같아서 상대를 감염시키는 것이 아니라 오히려 타격을 가한다. 반면에 부정결은 마치 일종의 '축축한 습기'와 같아서 접촉하는 것에 스며들어 감염을 발생시킨다. 곧 법궤를 비롯한 지극히 거룩한 물건들은 거룩이 힘을 발하는 장치와도 같아서 성물에 접촉한 사람은 하나님이 흘려보내는 강력한 거룩과 영광의 힘에 의해 해를 당하는 것이다.

거룩의 이러한 자기방어적 특징은 다양한 사례를 통해 암시된다. 예를 들어, 민수기 4장 15절에서 성물 운반의 직무를 수행하는 고핫 자손은 성물을 만지면 죽는다는 경고를 받는다. 성물을 만질 자격은 제사장들에게만 주어지기 때문이다. 성물을 만지기는커녕 심지어 성소 내부를 들여다보거나 보자기로 덮지 않은 성물을 보기만 해도 죽었다(민 4:20). 그 이유는 그 지극히 거룩한 예배 비품에서 거룩의 기운이 뿜어져 나와 무단 접촉을 하는 사람에게 타격을 입혔기 때문이다.

바로 그러한 이유로 만일 성막이 이동해야 한다면, 제사장들이 성막의 예배 비품들을 먼저 두세 겹의 보자기로 덮은 다음에야 레위인들이 들어와 어깨에 멜 수 있었다.

이처럼 레위 자손마저 성물과 접촉할 수 없었고, 평민들은 나아가 제

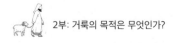

사와 같이 합법적으로 허용된 경우 외에는 성소에 접근하는 것 자체가 금지되었다.

훼손되는 거룩

또한 이 원칙에 의하면, 성물과의 접촉은 죽음과 중벌을 불러올 수 있다. 이것은 오히려 부적격자의 접촉이 성물을 더럽혀 즉각적인 신적 심판이 임한 결과로 보아야 한다. 실제로 이런 자격 없는 자가 성물과 접촉하거나, 불법적인 물품을 가지고 성소에 접근했다가 무서운 징벌을 받은 경우가 여럿 있다. 법궤를 만지다 몸이 찢겨 죽은 웃사(삼하 6:6-8; 대상 13:9-11), 왕의 신분으로 성소에 들어가 향로를 잡고 분향하려다 이마에 나병이 생긴 웃시야(대하 26:16-21), 다른 불을 가지고 분향하다가 죽은 나답과 아비후(레 10:1-7), 여호와 앞에서 멋대로 분향하며 제사장직에 도전하다 멸망한 고라와 일당들(민 16:16-21)이 그 예다.

이 같은 맥락에서 거룩한 시내산의 접근금지 구역에 무단 침입한 백성은 죽임을 당했는데 이때 하나님이 그 사람을 직접 치시거나(출 19:12, 22-24), 백성들이 하나님을 대신해 돌을 던짐으로써 사형을 집행했다(출 19:13). 이처럼 성물과의 접촉이 사람을 거룩하게 한다기보다는 거룩을 훼손했다는 이유로 하나님이 즉각적인 방어조치를 취하신다고 보는 것이 맞다.

이를 뒷받침하는 또 다른 근거는 다음과 같다. 과실치사를 저지른 사람은 성소의 제단으로 피신하여 제단 뿔을 잡고 무죄를 호소할 수 있었다(출 21:12-14; 왕상 1:50-53; 왕상 2:28-35). 이때 그가 거룩한 제단 뿔을 잡았다 해서 거룩해지지는 않았지만, 합법적인 행위였기에 그에게 신적 심

  드라마 레위기

판이 내려지지도 않았다. 하지만 그를 체포하러 누군가 무단으로 제단에 접근하는 것은 죽음의 경고와 더불어 금지되었다. 합법적 수단을 통하지 않은 제단과의 접촉은 제단을 더럽히는 중범죄이기에 즉각 죽음이나 그에 준하는 벌을 내렸다.

하나님의 거룩의 힘

구약에서 거룩한 것이 접촉을 통해 거룩을 전염시키는 경우는 오직 하나님 자신이 직접 임하실 때뿐이다. 그분이 거하시고, 임재하시고, 머무시는 곳은 어디든 거룩해진다(성막[출 29:43-44; 30:25-30], 불붙은 떨기나무 주변 땅[출 3:5], 시내산[출 19:11-12], 진영 밖의 회막[출 33:7] 등을 예로 들 수 있다). 제단 봉헌식에서 진술되듯이(출 29장; 레 8장) 성막의 경우도 마찬가지로, 성막에 관유를 뿌리고 특별한 희생제들을 드리기는 하지만(출 30:25-30; 40:9-11), 궁극적으로는 하나님이 그것을 거룩하게 만드심이 선언된다.

> 내 영광으로 말미암아 회막이 거룩하게 될지라 … 내가 그 회막과 단을 거룩하게 하며 출 29:43b-44

주목할 것은 구약에서 발견되는 전염의 방향성이다. 구약 전반에서 증거되는 것은 거룩한 것이 부정한 것과 접촉할 경우 거룩이 언제나 훼손되거나 더럽혀진다. 말하자면, 구약에서 전염의 방향성은 부정결에서 거룩으로 향한다. 바로 그러한 이유로 부정한 것은 철저한 격리와 거리 두기로 차단되거나 철거와 소각을 통해 근원적으로 제거되었다.

전염의 방향성이 뒤집히다

그런데 신약에서는 놀랍게도 방향이 역전된다. 구약에서는 하나님께서 성전에 좌정하시어 격리와 접촉의 금지를 통해 수동적으로 자신의 거룩하심을 교훈하셨다. 그러나 이제 신약에서 격리와 차단을 해제하시고 예수 그리스도와 더불어 능동적으로 자신의 거룩하심을 드러내신다. 구약에서는 오직 하나님의 직접적인 접촉을 통해 인간과 사물이 거룩케 되었다. 이제 신약에서 거룩의 근원이신 예수님이 접촉을 통해 동일한 역사를 일으키신다. 이것은 예수님이 하나님이시라는 강력한 증거다.

부정결을 차단하셨던 하나님이 이제 부정결의 세계로 진입하신다. 예수님은 부정한 자들에게 먼저 접근하신다. 거룩이 부정결과 접촉했음에도 거룩이 훼손되지 않고 부정결을 해결한다. 나아가 인간은 그분으로 인해 거룩한 존재로 바뀐다. 그리하여 그리스도인은 '성도'(거룩한 무리)라 불린다. "아들이 있는 자에게는 생명이"(요일 5:12) 있다. 이 생명은 예수 그리

 드라마 레위기

스도가 주시는 새로운 생명이다. 이것은 죽음의 권세가 이길 수 없는 영생이다. 거룩한 백성은 이 생명을 얻은 자들이다.

생명은 곧 질서이기에 예수님은 죽음과 질병, 곧 무질서의 세력을 물리치신다. 그로 인하여 앉은뱅이와 소경도 그분과의 접촉으로 온전해졌으며, 심지어 그분은 가장 더러운 오염원으로 간주된 시체, 곧 죽은 나사로에게 다가가 그를 소생시킨다(요 11장). 만성 혈루증(혈우병과 다르다)을 앓고 있어 아무도 가까이하지 않았던 부정한 여인 역시 온전케 하셨다(마 9장; 막 5장; 눅 8장). 특히 나병 환자는 구약에서 가장 무서운 부정을 입은 저주받은 자로 간주되었다. 그들은 마을에서 추방되어 철저히 격리되었으며, 자신들도 사람들과의 접촉을 피하며 살았다. 만일 거리에서 발각되면 돌팔매질을 당해 죽을 수 있었다. 사람들은 무서운 부정함을 입은 그들과의 접촉을 두려워했다. 그러나 예수님은 아무도 찾지 않는 저주받은 나병환자들, 그들을 먼저 찾아가 친히 '접촉'하시면서 치유하셨다.

이러한 행동은 당시 사제들과 바리새인들로서는 상상조차 하기 어려운 일이었다. 제사장들과 바리새인들은 여전히 부정결에서 거룩으로의 감염이라는 패러다임에 갇혀 있었기 때문이다. 어떻게 문둥병자와 혈루병 환자, 더러운 죄인과 세리와의 접촉이 가능하단 말인가? 그런데 예수님은 이들에게 능동적으로 접근하시고 그들과 접촉하신다. 당시 종교 지도자들에게 예수는 미치광이였다. 제정신이 아닌 어떤 젊은이 하나가 온 나라와 백성을 혼란에 빠트리고 있었다.

구약에서는 거룩에 접근하는 데 있어 적법한 자격과 조건을 갖추어야 했으며 다양한 제의적 절차와 안전장치들이 마련되었다. 인간은 하나님 앞에 나가기 위해 '신발을 벗고'(출 3:5), '손발을 씻고'(출 30:19), '몸을 씻어야' 했으며(출 29:4; 레 14:9), '옷을 빨고'(출 19:10, 14; 레 11:25) '성결해야'(출 19:10, 14)한다. 또한 하나님이 지정하신 날짜에 접근해야 하거나(출 19:11; 레 16:2), 제사와 같은 합법적 목적으로 그분께 나아갈 수 있었다. 더불어 공간의 제약, 즉 거룩한 영역으로 정해진 경계선을 함부로 넘으면 죽음의 위협이 뒤따랐다(출 19:21-22; 참조. 레 16:2).

이렇듯 구약에서 하나님의 임재는 법궤가 놓인 성전이라는 고정된 장소로 제한된 수동적 방식이었다. 그 가운데 성과 속은 언제나 구분되고 격리되어야 했다. 그러나 그런 구약의 방식은 잘못된 것이 결코 아니다. 앞서 말한 대로, 하나님은 성전에 임재하시어 이와 같은 피조물과의 근본적인 분리와 간격을 통해 자신의 하나님 되심과 거룩하심을 교훈하셨다.

하지만 새로운 세계가 시작되었다. 하나님 나라가 도래했다. 거룩의 근원이신 예수님이 백성들에게 다가오신다. 돌로 지은 성전의 역할과 기능이 끝나면서 그분은 그것을 대체할 새로운 성전으로 오셨다.

예수님이 오심과 더불어 신약에서는 거룩의 움직임이 능동적 차원으로 변했다. 그분은 더 이상 정결한 자격을 갖추고 '찾아가야 하는 성전'이 아니라, 더러운 자를 직접 '찾아오는 성전'이셨다. 거룩하신 예수 그리스도께서 부정한 세계로 진입하시어 부정한 세력을 밀어내시고 물리치신다. 역설적으로 그분은 스스로 죽음을 받아들인 뒤 부활의 능력으로 죄와 사망의 권세를 깨트리셨다. 그분의 십자가 희생으로 우리 죄는 사라지고 그분의 거룩한 속성을 따라 우리 역시 거룩해진다. 이것이 바로 우리가 얻은 구원의 실체다.

그분이 우리 안에 계시고, 교회 안에 계신다. 그분이 교회의 머리가 되신다. 그리하여 신자들은 동일한 거룩의 전염력을 지닌다. 거룩의 근원이신 예수 그리스도가 우리 안에 계시기 때문이다. 우리를 통해 하나님의 거룩이 발산되고 방사된다.

지금은 구약시대처럼 어떤 특정한 음식, 사물과 공간이 거룩한 것으로 지정되어 있지 않다. 오직 "하나님의 말씀"과 우리의 "기도"로 내 음식과 물건이 거룩해진다(딤전 4:5). 내가 먹는 짜장면 한 그릇이 나의 기도로 거룩한 음식이 된다. 식사 기도를 형식적으로 해선 안 되는 이유다. 그리하여 제사장들인 우리는 기도를 통해 성물 음식을 먹는다. 마찬가지로 우리가 거룩을 선포함으로써 내가 있는 곳, 나의 주변과 이웃이 거룩해질 수 있다. 세상을 거룩케 할 능력은 이미 우리에게 주어져 있다. 이것이 곧 전도요 선교이며, 그리스도인과 교회가 감당해야 할 사명이다.

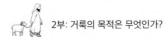

16. 삼겹살 먹지 마라!

먹거리의 유혹들

이스라엘 땅에 혹독한 기근이 찾아왔다. 곡식과 과일은 거둘 것이 없었고, 가축마저 떼죽음을 당해 식량 부족으로 온 나라가 아우성이다. 기근의 고통은 신실한 요아킴과 그의 가족도 예외는 아니었다. 들판에는 산양, 야생염소, 사슴, 비둘기, 참새 등등 아직 더러 있었으나 특히 멧돼지들이 많이 보였고 녀석들이 굶주림에 식량을 찾아 마을 어귀까지 내려오곤 했다. 그러나 요아킴과 마을 사람들은 굶주림 속에서도 멧돼지만은 잡지 않았다. 멧돼지만이 아니라 야생 조류 중에서 독수리와 따오기와 같은 새들, 그리고 기근을 함께 버티고 있던 가축들인 낙타와 노새도 끝까지 잡아먹지 않았다. 이것들은 하나님의 율법에서 엄중히 식용 금지된 부정한 짐승이기 때문이다.

율법에 불순종하여 하나님의 징계로 찾아온 대기근 속에서 요아킴과 백성들은 크게 회개하며 극한의 상황 속에서도 율법을 준수하려 애를 썼다. 오랜 기다림 끝에 마침내 단비가 내렸다. 대지를 적시며 땅과 온갖 생명이 다시 약동했다. 하나님의 약속대로 순종하는 백성에게 "이른 비와 늦은 비"(욜 2:23)를 주신 것이다.

드라마 레위기

실제의 세계와 상징의 세계

기근 속에서도 이스라엘 백성은 멧돼지 삼겹살을 먹지 않았다. 그들이 준수한 음식법은 레위기 11장이다. 소위 '정결법'이라 불리는 레위기 11-15장은 모든 짐승을 정결한 것과 부정한 것으로 분류하는 한편(11장) 인간과 사물의 다양한 부정결한 상태를 정의하고 그 해결책을 제시한다 (12-15장). 부정결의 문제는 결국 '거룩'이라는 주제와 결부되어 있다. 거룩한 백성은 곧 정결한 백성이기 때문이다. 레위기 11-15장의 주제를 장별로 요약하면 다음과 같다.

> 11장: 정-부정 동물과 음식법
>
> 12장: 산모의 출산 후 부정결
>
> 13-14장: 악성 표피 질환의 부정결
>
> 15장: 신체 유출들의 부정결

왜 어떤 짐승은 부정하고, 사람과 사물의 어떤 상태는 부정한가? 레위기 11-15장을 관통하는 부정결의 근원적 원리는 무엇인가? 먹을 수 없는 짐승이 부정한 것과 내 몸에 악성 피부병이 발생하여 부정케 되는 것에는 어떤 동일한 원칙이 적용되는 것인가? 나아가 여자의 자궁에서 피가 나는 증상과 남자의 성기에서 분비물이 나오는 증상은 왜 부정하게 여겨지는가? 이것은 어떤 짐승이 부정하게 여겨지는 것과 어떤 공통점을 지니는가?

이 문제를 해결하기 위해, 먼저 레위기 11장을 면밀히 검토해 보아야 한다. 특히 레위기 11장은 강단에서 가장 흔하게 풍유적(알레고리)으로 해

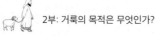

석되곤 한다. 그러나 결론부터 말하자면, 그것은 전혀 온당하지 않은 본문 이해다. 레위기 11장은 신명기 14장과 더불어 고기를 먹는 규례, 곧 '음식법'이며, 현대의 유대인들도 여전히 '코세르'(kosher)라는 이름으로 이 법을 엄격히 준수하고 있다. 그러나 그들에게 코세르는 더 이상 하나님을 경외하는 수단이 아니라 무신론자 유대인들도 당연하게 지키는 단순히 형식화된 전통과 관습이라 볼 수 있다. 그러나 모든 토라가 그렇듯이 원래 레위기 11장(신 14장)의 음식법의 목적과 취지는 "내가 거룩하니 너희도 거룩하라"에 있었다. 이스라엘 백성은 그것을 엄격히 지킴으로써 하나님을 경외하며 거룩한 백성의 신분을 유지했다. 먹거리를 통해 하나님에 대한 신앙을 표현하며 이방 민족과의 분명한 차별성을 간직했던 것이다.

오해하지 말 것은 어떤 짐승을 부정하다 했을 때, 그것은 그 짐승이 내재적(본질적)으로 더럽거나 부적절하다는 뜻이 아니다. 하나님은 태초에 모든 피조물을 아름답게 창조하셨기 때문이다(창 1장). 따라서 돼지도 낙타도 독수리도 그 자체로는 선한 피조물이며 결코 더럽지 않다. 심지어 뱀마저도 하나님의 아름다운 피조물이다. 그러나 하나님은 피조물에 다양한 상징성을 부여하셨다. 상징의 세계에서는 어떤 사물이나 동물이 부정적이거나 긍정적인 상징성을 가질 수 있다.

따라서 성경을 읽을 때, 우리는 상징의 세계와 실제의 세계를 혼동해선 안 된다. 부정한 독수리가 동시에 하나님의 보호하심의 이미지로 사용된다. 뱀은 사탄을 상징하나 지혜를 상징하기도 한다. 부정한 짐승 나귀는 왕을 태우고 다니는 귀한 동물이다. 다만 먹는 문제와 관련해서 이러한 짐승들에 부정하다는 상징성이 부여될 뿐이다.

왜 돼지와 나귀, 독수리는 부정했나?

어떤 짐승들은 왜 부정한 것들로 분류되었을까? 일단 레위기 11장 자체에서 부정한 짐승에 대한 어떤 기준을 제시하고 있다. 예컨대, 육상동물은 새김질과 갈라진 굽이며, 수중동물은 지느러미와 비늘이다. 각각이 두 가지를 모두 갖춰야 정결한 짐승으로 분류되어 먹을 수 있다. 그러나 우리의 질문은 도대체 무슨 이유로, 무슨 근거로 그런 신체적 표준들이 마련되었느냐는 것이다. 이에 대한 몇 가지 답변들이 제시되어 왔다.

여기서는 가장 대표적인 두 해석, 보건-위생학적 해석과 풍유-상징적 해석을 먼저 살펴보고 나서 이러한 해석을 뛰어넘는 새로운 해석을 살펴볼 것이다.

첫째, 보건-위생학적 설명이 있다. 부정한 짐승을 금지한 이유는 그것이 몸에 매우 안 좋기 때문이라는 것이다. 즉, 그런 짐승의 고기는 콜레스테롤이 많거나 기생충의 숙주이거나, 서식 환경이 불결하거나, 혹은 인

간의 몸에 도움이 되지 않는 영양분이라는 것이다. 말하자면 돼지가 그렇듯이 비위생적이며 건강에 해롭다. 이것은 전통적인 유대교 랍비들의 해석이며 오늘날 제칠일안식일예수재림교회가 이를 따른다. 금지된 물고기들은 매우 탁한 물에서 살기에 건강에 좋지 않으며, 금지된 새들은 피가 탁하고 진하므로 그 고기를 먹으면 몸에 매우 해롭다. 근대 의학의 발달과 더불어 돼지의 경우 선모충이 기생하여 날것으로 먹으면 치명적인 감염을 일으키고 토끼는 야토병을 유발하는 것으로 알려져 이런 견해는 더욱 힘을 얻었다.

하지만 이런 견해의 문제는 정결한 짐승으로 분류되어 먹을 수 있는 짐승들에게도 똑같은 이유가 적용될 수 있다는 점이다. 소, 양, 염소 등도 기생충에 감염되어 있기에 날고기는 바람직하지 않으며, 사육되는 돼지는 매우 불결하지만, 야생 멧돼지는 다른 들짐승과 서식 환경이 차이가 없기에 딱히 불결한 환경에서 산다고 볼 수 없다. 게다가 야생 멧돼지에서는 선모충이 발견되지 않는다. 먹을 수 있는 기준인 지느러미와 비늘을 갖는 많은 물고기가 매우 더러운 3급수에서 살기에 주의를 기울여야 한다. 영양학적 측면에서도 금지된 짐승 중 많은 것이 대단히 균형 잡힌 영양 성분을 포함하고 있다.

그러나 보건-위생학적, 그리고 영양학적 견해는 결정적으로 정과 부정의 동물의 구분을 없앤 신약의 선포에 의해 더 이상 지지를 받기 어렵다(막 7:14-20; 행 10:9-16; 딤전 4:3-5). 레위기의 음식법 폐기에 대한 신약의 선언은 너무나 명징하다.

혼인을 금하고 어떤 음식물은 먹지 말라고 할 터이나 음식물은 하나님이 지

  드라마 레위기

으신 바니 믿는 자들과 진리를 아는 자들이 감사함으로 받을 것이니라 하나
님께서 지으신 모든 것이 선하매 감사함으로 받으면 버릴 것이 없나니 하나
님의 말씀과 기도로 거룩하여짐이라 딤전 4:3-5

만일 하나님이 구약에서 인간의 건강을 위해 어떤 동물들의 섭취를
금지하신 것이라면, 왜 신약에서는 그것들이 감사함으로 받는 음식으로
허용되는가? 따라서 레위기 11장에 근거하여 인간이 지켜야 할 이상적
인 건강식의 기준을 제시하는 제칠일안식일예수재림교회나 그것을 따
르는 일부 기독교인들의 먹거리 운동은 거부되어야 한다. 건강을 위한
최상의 식단과 영양식은 레위기 11장과 상관없이 의학적, 영양학적 연
구를 통해 별개로 제시되어야 할 것이다.

분명 정과 부정 동물 규정에서 보건-위생학적인 이유가 전적으로 배
제되지는 않는 듯하다. 특히 육상이든 수중이든 바닥을 기는 동물들은
각종 세균과 유해 물질로 오염되어 있을 수 있기에 주의해야 한다. 또
한 음식법 외에 다른 정결법들, 즉 산후 정결례, 악성 피부병 규례, 그리
고 유출병 규례의 배후에도 보건-위생학적 동기가 깃들어 있음은 분명
하다.

예를 들어, 산모는 상당 기간 몸의 회복을 위한 기간이 필요하고, 또
한 병균에 면역력이 떨어져 일정 기간 격리되어야 하는데, 레위기 12장
은 1주 내지 2주간 산모와의 접촉 금지를 명령한다. 흔히 나병이라 불리
는 악성 피부병은 전염성이 강한 피부병으로 추정되며, 유출증 또한 어
떤 측면에서 감염의 위험이 있기에 격리가 필요하다. 따라서 보건학적
측면에서 볼 때, 의학적 지식이 미비했던 고대에 전염성을 지닌 대상을

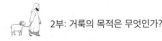

격리와 매장, 그리고 철거 조치를 한 구약 정결법은 대단히 놀랍다.

그러나 레위기 정결법의 보건-위생학적 목적은 일부분이며 그것보다 훨씬 포괄적이고 깊이 있는 신학적 취지를 내포하고 있다.

둘째, 풍유-상징적 해석이 있다. 이 해석에 의하면, 정결하고 부정한 짐승의 구분은 그것들이 지닌 상징성 때문에 주어졌다. 예를 들어, 정결한 짐승들은 주로 초식동물로서 온유한 의인을 상징하고 부정한 짐승들은 주로 육식동물로서 난폭한 죄인을 상징한다. 돼지는 탐욕이 강해 부정적이며 쥐는 몰래 파괴를 일삼는 사악한 짐승이다. 족제비는 간사한 입 모양을 지닌 동물로 유언비어를 퍼트리는 사람을 상징한다. 수중 생물 중에 지느러미와 비늘을 가지고 강한 물살에 저항하는 물고기는 인내심과 불굴의 도전 정신을 보여주기에 먹을 수 있는 물고기로 추천된다.

풍유적 해석은 매우 그럴듯한 독특한 해석으로 사람들의 관심을 끈다. 그러나 풍유적 해석법은 본문의 의도와는 전혀 무관한 주관적이고 자의적인 해석법이다. 해석이 주관적이므로 동일한 본문에서 전혀 엉뚱한 다양한 해석들이 제시되곤 한다.

예를 들어, 어떤 사람은 갈라진 굽은 신약과 구약의 두 개의 성경을 상징하고 새김질은 성경 묵상을 의미한다고 설명한다. 그러나 다른 사람은 갈라진 굽이 선과 악을 상징하고 새김질은 선악의 분별을 상징한다고 해석한다.

때로 적절한 수준의 풍유적 해석은 허용될 수 있고 필요한 경우도 있다. 하지만 이러한 해석은 매우 주의를 기울여야 한다. 풍유적 의미를 찾기보다 본문의 원래 의미와 일차적 의미를 찾아 현재에 적용하는 성경 읽기가 필수적이다.

무엇보다 이단들은 모두 제멋대로의 비유 풀이나 해괴한 해석으로 사람들을 현혹한다. 풍유적 해석의 최상위 버전이다. 특히 목회자는 풍유적 해석이든 어떤 해석이든 은혜만 끼치면 된다는 생각을 버려야 한다. 그런 신통한 해석에 길들여진 성도들이 이단의 파격적인 해석에 쉽게 현혹되곤 하기 때문이다.

이러한 풍유적(알레고리) 해석 방법 외에 금지된 동물이 이방의 제의에서 제물로 바쳐졌다는 '이방 제의 기원설'이 있으나 이스라엘의 이웃 나라들에서도 소, 양, 염소가 주요 제물이었다는 점에서 이는 잘못된 주장이다. 만일 이방에서 그런 짐승들이 제물로 바쳐졌다면, 그것들 역시 금지해야 하지 않겠는가?

또한 '생태학적 설명'이 있는데, 예를 들어, 숲이 부족한 이스라엘의 생태적 환경 속에서 돼지를 비롯한 어떤 짐승들은 인간과 먹이 경쟁자이기 때문에 배척되어 결국 금지된 짐승으로 법제화되었다. 그러나 동일한 생태적 환경에 사는 이웃 나라들이 그런 짐승들을 허용했다는 것은 이런 설명을 수용하기 어렵게 한다. 학자들에게 가장 인기 있고 매우 중요한 이론은 다음의 구조주의적 설명이다.

구조주의적 설명: 질서와 무질서

이해를 돕기 위해 구조주의를 간단히 설명하면 다음과 같다. 인간은 세계를 인식할 때 어떤 대상을 상대적으로 이해한다. 예를 들어, 우리는 높은 것과 낮은 것, 가벼운 것과 무거운 것을 인식한다. 이때 높은 것은 낮은 것이 있어야 비로소 이해되고 가벼운 것은 무거운 것이 있어야 이해된다. 이처럼 어떤 대상에 대한 인식은 상호적, 대립적 관계를 통해서 형성된다. 인간은 세계와 만물을 이런 구조적 체계를 통해 인식하고 이해한다.

활이 있다고 하자. 활은 상대적으로 과녁이라는 대상이 있어야 활의 개념이 이해된다. 과녁이나 목표물이 없다면, 활이란 존재는 전혀 정의 내릴 수도 이해될 수도 없다. 이때 활은 활로서 정체가 분명해야 하고, 과녁은 과녁으로서 그러해야 한다. 만물이 이러한 대립적 관계 속에서 이해될 수 있다.

메리 더글러스(Mary Douglas)는 바로 이 구조주의적 개념을 레위기 11장 음식법의 체계에 적용하여 구약학계에 엄청난 충격을 던졌다. 그녀는 원래 구조주의 인류학자로 명성이 높았는데, 레위기 11장에 대한 해석이 자신의 저서에 수록된 뒤 예상치 못하게 구약학계를 들끓게 했다. 더글러스는 레위기 11장을 둘러싼 치열한 논쟁을 벌이다 결국 구약학자로 전향하여 레위기와 관련된 여러 권의 저서와 논문을 남겼다.

다음은 더글러스의 예시는 아니지만, 그녀의 해석 방식을 적용한 알기 쉬운 설명이다. "어떤 물건이 있는데, 그것이 활인지 단순히 휘어진 막대기에 줄을 매달아 놓은 것인지 도무지 모르겠다." 레위기 11장의 방식을 따르자면, 이것은 활도 아니고, 그렇다고 줄이 달려 있기에 단순한 막대기도 아닌 정체가 모호한 물건으로 부정하다. 이처럼 어떤 짐승의 정체가 모호하다면, 레위기에서 그것은 비정상적이며 부정한 짐승이 된다.

더글러스는 구조주의에서 '질서'라는 개념을 가져와 레위기 11장에 적용한다. 이를테면, 세계와 자연은 상, 중, 하의 구조주의적 개념을 따라 대립적 영역으로 나뉘어 있다. 바로 공중(하늘), 지상(땅), 수중(물)이다. 이때 영역별로 거기에 맞는 생물들이 배치된다. 신학적으로 말하자

드라마 레위기

면, 그것이 창조주가 세계 창조와 더불어 마련한 자연의 질서다. 그런데 더글러스는 레위기의 '부정결'과 '오염'은 그러한 질서를 벗어난 상태, 자신의 자리를 이탈한 변칙적 상태, 그리고 흠이 있는 불완전한 상태라고 주장한다. 말하자면 부정하다는 것은 무질서한 상태를 말한다.

그와 반대로 정결한 것은 원래의 자리에 있는 상태, 정상적인 것, 그리고 흠이 없는 완전한 상태를 말한다. 따라서 정결과 더불어 거룩 또한 완전한 상태에 놓여 있는 것으로서 적합한 질서를 일컫는 개념이다.

모든 동물은 공중, 지상, 수중의 각 영역에 맞는 신체 기관을 지녀야 한다. 그것과 더불어 영역에 부합하는 이동 방식으로 활동해야 한다. 즉 신체 기관과 이동 방식이 각 영역에 적합한 짐승을 구별하는 기준이 된다.

첫째, 육상에 사는 동물은 신체 기관으로 일단 네발을 가져야 육상의 영역에 부합한 짐승으로 분류된다. 네발이 아닌 여러 발로 기어 다니는 육상의 생물들은 모두 자동적으로 변칙적인 짐승으로 간주되며 그것들은 부정하다. 더 세부적으로 네 발을 가졌다 해도 굽이 갈라져야 하고 새김질을 해야 한다. 즉 갈라진 굽과 새김질이라는 신체적 특징이 영역의 질서에 맞는 육상동물의 절대 기준이다.

굽이 아닌 평퍼짐한 발(paw)을 지닌 짐승들은 모두 배제되는데, 그 이유는 그런 평퍼짐한 발은 손이나 다름없기 때문이다. 사자, 개, 고양이와 같은 종류의 짐승들이다. 손에 가까운 그런 모호한 발을 지닌 짐승은 변칙적이기에 질서를 이탈해 부정하다. 네발을 가졌더라도 걷지 않고 복부를 땅에 붙인 채 기는 짐승은 전혀 육상동물답지 않기에 모두 부정하며 나아가 기어 다니는 모든 다족류 생물과 발이 전혀 없는 생물들이 그러하다. 그것들은 물론 발 모양에서도 불합격이다. 네발을 가진 도마뱀, 족제비, 쥐와 같은 것들과 더불어, 다족류인 지네와 같은 종류, 또한 발이 없이 기는 뱀 종류들이다. 이러한 기는 것들은 물고기도 아니고 새도 아니고, 그렇다고 육상 동물답지도 않다. 따라서 모두 부정하다.

둘째, 공중 동물에는 신체 기관으로 날개를 가진 조류가 해당하며, 역시 날개로 나는 메뚜기가 그 대상에 포함된다. 날개가 없는 것은 공중의 영역에 부합하지 않다. 그런데 날개를 지녔더라도 만일 이동 방식이 적절치 않으면 새답지 않으므로 부정하게 취급된다. 만일 어떤 새가 공중을 날다가 먹이를 잡기 위해 수중으로 다이빙한다면, 도대체 이 새는 왜 물고기처럼 행동하는가? 이런 새는 이동 방식에 있어서 물고기와 비슷하며 공중과 수중 두 영역을 넘나드는 변칙적인 종류로서 부정하다.

셋째, 수중에 적합한 생태적 특징을 지닌 생물은 물고기이며 그것은 지느러미와 비늘이라는 신체 기관을 지녀야 한다. 따라서 이것들이 없는 수중 생물은 모두 변칙적인 것들로서 부정하다. 지느러미나 비늘 없이 바닥에 기는 생물, 그리고 수중에서 부유하는 생물이 모두 여기에 해당한다. 더구나 수중의 밑바닥에서 기어 다니는 이동 방식은 전혀 수중 생물답지 않다. 물고기는 지느러미와 비늘 둘 다 있어야만 정상이므로 둘 중 하나만 없어도 비정상적이다.

넷째, 육상이든 수중이든 바닥에서 기어 다니는 이동 방식은 어떤 영역에도 어울리지 않는 생태적 특징이다. 기는 것들은 공중을 나는 새는 물론 아니며, 수중의 헤엄치는 물고기도, 육상의 걷는 짐승도 아니다. 기는 것들은 이 세 영역의 어느 부류에도 속하지 않기에 부정하다.

요약하자면, 레위기 11장의 정과 부정 동물의 구분 기준은 자연의 삼중 영역인 하늘, 지상, 수중에 어울리는 신체 기관과 이동 방식을 갖추고 있는지의 여부다. 각 영역에서 그 두 기준을 갖춘 짐승들은 정결하나 그렇지 않은 것들은 부정하다.

더글러스는 이러한 신체적-생태적인 완전한 표준이 지닌 신학적 의미를 매우 설득력 있게 설명한다. 각 영역의 정결한 짐승이 지닌 완전성은 제물을 위한 흠이 없는 짐승과 더불어 하나님의 거룩하심을 상징적으로 가리킨다.

구조주의 해석에 대한 평가

인류학자인 더글러스가 1966년에 자신의 인류학 연구서인 《정결과 위험》(Purity and Danger)에 불과 한 꼭지의 짧은 글로 풀어낸 레위기 11장의 해석은 그동안 누구도 생각하지 못한 놀라운 내용이었다. 더글러스 이전에는 앞서 설명한 보건-위생학적 해석, 또는 영양학적 해석이 주를 이루거나 풍유적 해석이 난무했는데 전혀 새로운 해석이 혜성같이 등장한 것이다. 이 혁명적 이론에 학계는 열광했다. 게다가 그녀의 새로운 이론은 이후 레위기 연구의 도화선이 되었다.

실제로 레위기 11장을 둘러싸고 더글러스와 밀그롬 사이의 뜨거운 논쟁이 시작되었고, 더불어 레위기 11-15장에 대한 깊은 연구가 진행되었으며, 나아가 레위기 전체에 대한 연구와 논쟁이 본격화되었다. 밀그롬의 기념비적인 방대한 레위기 주석 3권은 그 결과물이라 해도 과언이 아니다. 밀그롬은 이 삼부작의 대작을 남기고 2010년에 소천했는데, 아마 향후 100년간 이 압도적인 작품을 능가할 레위기 연구물은 나오기 힘들 것이다. 그 외에도 여러 학자에 의해 레위기와 관련된 다양한 연구

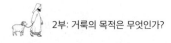

물과 저작들이 쏟아져 나왔다. 사실은 더글러스가 최근 반세기 동안의 이러한 레위기 연구의 열기에 큰 일조를 했다.

더글러스의 레위기 11장 해석은 지금도 많은 학자가 지지한다. 하지만 더 많은 학자가 그 이론을 따르지 않고 새로운 대안적 해석들을 모색해 왔다. 학자들이 그녀의 파격적인 이론에 매료되었음에도 불구하고 냉정하게 반대한 이유가 있었다. "도대체 왜 육상동물의 적합성의 기준이 네발이어야 하는가? 또한 더 좁혀서 왜 굽이 갈라진 발이어야 하고 새김질이 요구되는가? 무슨 이유로 갈라진 굽과 새김질이 육상동물다운 기준이라는 것인가? 수중생물의 자연의 질서에 부합하는 몸의 특징은 왜 지느러미와 비늘이어야 하는가?" 더글러스는 이에 대해 재반론을 통한 그 어떤 근거도 제시하지 못했다. 그 외에도 새김질은 신체 기관 및 이동방식과 전혀 무관하며 단순히 음식 섭취 방식과 관련된다.

수중생물의 경우에도 물고기의 비늘은 이동방식과 무관하며, 또한 그것이 지느러미처럼 특징적인 신체 기관이라 보기는 어렵다. 새의 경우는 어떠한가? 물론 금지된 20종류의 새들 가운데 어떤 새들은 다이빙하며 공중과 수중을 오가는 것이 분명하다. 그러나 독수리나 까마귀가 그렇듯이 그것이 모든 새의 습성은 아니며 오히려 일부 새에 국한되는 것으로 보인다. 더구나 모든 새는 공중을 날 뿐만 아니라 땅을 걸어 다닌다. 그렇다면 모든 새가 두 영역을 넘나들어 영역을 혼란케 하므로 새 전체가 금지되어야 하지 않는가? 그 외에도 더글러스의 해석에 맹폭을 가한 다양한 반론들이 제시되었다.

결국, 더글러스는 이에 굴복하여 자신의 그 혁명적 이론을 스스로 포기하고 만다. 이후 그녀는 밀그롬의 견해에 동의하면서 생명 경외의 견

드라마 레위기

지에서 레위기 11장에 대한 새로운 견해를 내놓았다. 그러나 그것은 학자들의 관심을 끌지 못했으며 오히려 그녀의 첫 번째 견해가 여전히 일부 학자들의 지지를 받으며 위력을 발휘하고 있다.

더글러스의 견해를 거부한 일련의 구약학자들은 새로운 대안적 해석을 찾으려 애를 썼다. 그들은 레위기 11장뿐 아니라, 11-15장의 정결법 전체를 관통하는 공통의 원리를 찾는 데도 집중했다. 어떤 공통된 원리가 음식법뿐 아니라 산모, 피부병, 유출병을 부정한 것으로 분류하는 기준이 되었으리라는 생각이었다. 그들이 발견한 것은 바로 생명과 죽음의 두 축이다. 이제 우리는 더글러스의 이론을 극복한 새로운 이 이론에 대해 주목할 필요가 있다. 현재 이 견해는 밀그롬을 비롯한 많은 레위기 연구자들의 지지를 받고 있다.

17. 정과 부정을 규정하는 기준은? / 레 11장 /

정과 부정 동물의 새로운 규정

우리는 더글러스가 주장한 질서 개념을 동물의 신체와 생태적 특징이 아닌 '생명과 죽음'이라는 새로운 기준에 적용할 수 있다. 생명과 죽음은 각각 질서와 무질서를 의미한다. 죽음이란 무엇인가? 그것은 곧 하나님의 생명이 없는 상태이며 거룩이 부재한 상태다. 하나님과 그분의 생명이 없는 영역은 무질서하다. 생명이 있는 곳에는 질서가 있고, 생명이 없는 곳에는 질서가 없다. 생명이 제거된 자리에는 죽음이 들어오며 생명이 자리를 잡은 곳에서는 죽음이 밀려난다. 하나님과 연합한 인간은 생명 안에 있기에 정결하고 거룩하며, 하나님 없는 인간은 죽음의 영역에 거하니 부정하고 속되다. 그리하여 정결은 생명에 속해 있거나 생명에 가까운 상태이며, 부정결은 죽음에 속해 있거나 죽음에 가까운 상태다.

뒤에서 상세히 설명하겠지만, 이 생명과 죽음의 두 축은 11-15장 전체를 관통하면서 정결과 부정결을 나누는 기준점이 된다. 레위기 11장의 금지된 짐승들이 다름 아닌 죽음과 관련되어 있다는 사실은 쉽게 드러

드라마 레위기

난다. 그것들은 주로 다른 짐승을 잡아먹는 육식동물이거나 사체를 뜯어먹는 청소동물들이며 금지된 새들도 동일하게 그러하다. 기는 짐승은 뼈가 널브러진 지표면과 무덤을 배로 쓸고 다니고 땅속을 헤집고 다니면서 죽음의 부스러기와 과도하게 접촉하여 부정하다. 수중의 기는 생물들도 사체 부스러기가 쌓인 바닥을 쓸고 다니므로 마찬가지로 부정하다.

이건 먹고 저건 먹지 말라!

레위기 11장의 자연계의 영역 배치는 창세기 1장과 약간 다르다. 분명 오경, 나아가 성경의 우주관에 따르면 세상은 하늘, 땅, 물로 나뉜다. 그러나 레위기 11장은 땅의 영역에서 지표면을 별도의 영역으로 나누어 4중으로 구분하고 있다. 그 외에도 레위기 11장이 숫자 4를 의도적으로 사용하고 있다는 것이 다중적으로 증거된다.

새김질과 갈라진 굽 중에 하나만 가지고 있는 경계선상의 동물 4종이 나열된다(4-7절). 부정한 새들은 20종으로 4의 5배수다(13-19절). 날개를

가진 곤충 중에 4종이 허용된다(20-22절). 마지막으로 기는 것은 모두 금지되는데. 특히 주의해야 할 생물로 8종이 나열된다(29-30절). 이로 미루어 보건대, 지표면은 레위기 11장에서 땅에 속해 있으면서도 그것과 구별되는 영역이며 특히 기는 것들이 서식하는 공간이다. 지표면의 기는 것은 전체가 일괄적으로 부정하게 여겨진다. 각 영역 속에서 짐승들은 앞서 말한 대로 죽음과 관련되어 있는 경우 부정하게 여겨진다.

한편, 레위기 11장은 짐승의 사체와의 접촉을 또한 금지하고 있다. 여기에는 정결한 짐승의 사체와 부정한 짐승의 사체, 그리고 야생 짐승의 사체 모두 해당한다. 말하자면, 모든 짐승의 사체는 부정을 유발하므로 만지면 안 된다. 그러나 때로 필연적으로, 또는 우연히 무의식적으로 짐승의 사체와 접촉될 수 있다.

만일 기르던 개나 양이 병으로 죽는다면, 주인은 그 사체를 치워야 한다. 또는 누군가 길을 가다가 우연히 자신의 발에 짐승 사체와 접촉이 발생할 수 있다. 만일 이러한 접촉이 발생하면 당사자는 하루 동안 부정하다. 그는 목욕하고 옷을 빤 뒤 저녁까지 기다려야 한다. 해가 지면 하루가 바뀌므로 그는 이날부터 정결케 된다.

생명과 죽음, 두 축을 기준으로 영역별로 어떤 짐승이 금지된 이유를 설명하면 다음과 같다.

첫째, 육상동물이다. 부정한 짐승들은 일차로 대부분 짐승을 잡아먹는 육식동물이거나 사체를 뜯어 먹는 하이에나와 같은 청소동물들이다. 사자는 사슴을 찍어 죽여 피를 낸 다음 잡아먹는다. 죽음을 유발하고 생명의 피를 쏟아지게 하는 짐승이며 모든 육식동물이 그러하다. 돼지나 개 같은 잡식성 동물도 모두 여기에 포함될 수 있다. 육상동물 중에 먹도록

드라마 레위기

허용된 짐승들은 모두 초식동물이다.

그리하여 일차로 새김질이 먹을 수 있는 짐승의 기준으로 설정되었으며, 육식동물은 발이 평퍼짐하고 굽이 안 갈라져 있기에 갈라진 굽이 또 다른 표준으로 채택되었을 것이다. 그리하여 이 두 표준이 자연계 전체에 일괄적으로 확대 적용되었을 것이다. 그 결과 두 표준에 맞지 않는 나귀나 말 같은 종류가 배제되었다. 특히 주의해야 할 짐승은 경계선상의 짐승들인 돼지, 낙타, 토끼, 그리고 사반이다. 이것들은 두 표준 중에 하나만 없기에 혼동을 일으킬 수 있으며 따라서 더욱 조심해야 한다. 결국, 육상동물의 두 가지 표준은 죽음과 연루되어 부정하게 간주된 짐승들을 토대로 만들어진 셈이다.

둘째, 수중생물이다. 우선 바닥에 기는 것들이 일괄적으로 금지된다. 예컨대, 바닥에 사는 조개류나 낙지, 장어, 때로 수중을 유영하는 홍어나 가오리 같은 종류들이 여기에 해당한다. 그것들은 수중 밑바닥에서 서식한다. 그곳에는 수중에서 죽은 생물의 모든 사체가 가라앉아 뒤섞여 있다. 기는 것들은 그것을 먹을 뿐 아니라 바닥을 기어 다니며 살기에 사체 부스러기와 과도하게 접촉한다. 따라서 그것들은 부정하므로 먹을 수 없다.

아마도 수중의 기는 것들의 신체적인 특징에서 정결한 수중생물의 기준이 마련되었을 법하다. 먹을 수 없는 모든 기는 것들은 비늘이 없고 장어류와 같은 일부를 제외하고는 지느러미도 없다. 아마 이 두 가지 기준이 마련되어 수중생물 전체에 확대 적용되었을 것이다. 따라서 지느러미와 비늘 둘 다를 가진 물고기만이 정결하다. 만일 지느러미를 가졌으나 비늘이 없는 물고기는 바닥을 기는 장어와 비슷하게 취급되어 금지된다. 이를테면, 상어, 복어, 홍어, 참치, 고등어, 갈치와 같은 어류들이

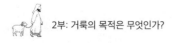

다. 수중생물의 표준 또한 죽음과 연루된 기는 것들을 토대로 마련된 것으로 보인다.

묘하게도 먹지 말라는 수중생물들, 곧 해삼, 멍게, 낙지, 조개류와 금지된 물고기들은 모두 한국인들이 매우 좋아하는 것들이다. 그런데 불행히도 구약 백성은 그것을 먹지 못했고, 현재도 유대인과 무슬림들은 그것을 먹지 않는다.

셋째, 공중 동물을 살펴보자. 앞서 말한 대로, 새의 경우 신체적 표준이 마련되지 않고, 20종류의 금지된 새가 나열된다. 아마 모든 새가 부리와 날개, 두 개의 발과 발톱 모양이 거의 동일한 이유로 어떤 신체적 특징을 기준으로 삼기는 어려웠을 것이다. 그럼에도 불구하고 금지된 새들은 어떤 공통적인 생태적 특징이 엿보인다. 물론 그 새들을 가리키는 히브리어 중 다수가 오늘날 어떤 종류의 새를 가리키는지 분명하지 않지만, 많은 학자가 그것들이 대부분 육식 조류였다고 본다.

이를테면, 짐승을 사냥하여 피를 내서 찢어 먹거나 짐승의 사체를 뜯어 먹는 독수리, 사체 청소부인 콘도르와 같은 새들이 여기에 해당한다. 그 외 부엉이나 올빼미, 생명을 통째로 삼키는 펠리컨 종류도 마찬가지다. 이러한 금지된 새들은 피를 흘리게 해 죽음을 유발하고 사체를 뜯어 먹어 죽음과 접촉하는가 하면 생명을 집어삼키는 것들이다. 따라서 이것들은 부정하다.

날개를 가진 곤충류는 새처럼 나는 생물이지만, 동시에 땅에서 기는 특징을 지녀 분류가 다소 모호하다. 그러나 이것들은 대체로 기는 것으로 범주화되어 부정하게 여겨지나, 큰 뒷다리를 가진 메뚜기 종류들은 아마 기지 않고 뛰어다니는 생태적 특징을 가져 예외로 분류된다. 그중

드라마 레위기

네 종류의 메뚜기가 허용되는데(20-22절), 그것들은 마치 돼지와 낙타처럼 경계선에 놓인 생물들이다. 다만 육상동물 중 네 종류의 경계선 동물은 먹을 수 없지만, 이 네 종류의 날개를 지닌 경계선 동물은 먹을 수 있다는 점이 다르다.

넷째, 기는 동물을 살펴보자. 지표면은 땅의 영역에 포함되나 레위기 11장에서는 그것과 구분되는 영역으로 설정된다. 땅에서 기는 짐승이 부정한 이유는 분명 지표면에 널브러진 숱한 동물들의 사체 잔해와 뼈들 때문일 것이다. 또한 지표면은 인간의 사체가 묻힌 무덤들이 즐비하다. 기는 짐승은 배로 그런 부정한 지표면을 쓸고 다녀 과도하게 죽음의 기운과 접촉된다. 뱀처럼 배로 기는 것, 네발이 달렸다 해도 배가 지표면에 붙어서 이동을 하는 도마뱀 종류, 쥐와 두더지 종류, 그리고 지네와 같은 많은 발을 가진 다족류가 여기에 해당한다(29-30절, 42절).

또한 지표면은 고대인들이 스올이라 칭한 지하 세계와 접해 있다. 당시의 세계관 속에서 그곳은 망자의 세계이며 따라서 극도로 부정한 영역이다. 뱀이나 두더지, 그리고 쥐처럼 무덤을 헤집고 다니는 것들은 그 지하 세계의 죽음의 기운에 노출되어 있다.

앞서 살핀 대로, 더글러스는 금지된 짐승은 무질서한 것으로 그것들이 영역에 어울리지 않은 모호한 신체 기관과 이동방식, 그리고 고유의 영역을 이탈하여 다른 영역을 침범하는 생태적 특징으로 인해 부정하게 여겨졌다고 주장했다. 특히 그녀에게 정결한 짐승의 자격은 고유의 서식 영역에 부합하는 신체 기관을 지닌 것들이다. 그런 표준들을 모두 지닌 짐승은 완전성을 갖춘 짐승으로 정결하다. 그녀의 주장보다 우리는 생명과 죽음의 두 축이 정과 부정을 가르는 기준이 명백하다는 사실을 확인하였다. 그런데도 더글러스의 신체적 '완전성'의 개념 자체는 유효하다. 비록 그것이 영역에 부합하는 신체적 표준이 아니라 생명과 죽음이라는 두 축에서 만들어진 신체적 표준이라는 점에서 그녀의 견해와는 차이가 있지만 말이다.

새는 예외로 하고 육상과 수중의 정결한 짐승은 신체적 표준을 갖추어야 하는데, 이것은 흠이 있는 짐승은 불완전하여 제물의 자격이 될 수 없는 것과 비슷하다(레 22:17-25). 분명히 음식법의 배후에는 신체적 표준을 갖춘 정결한 짐승을 먹게 함으로써 '완전성'이라는 교훈을 가르칠 목적이 있었을 것이다.

결국, '생명과 죽음'을 기준으로 정과 부정 동물이 구분되었으며, 거기에 신체적 완전성의 원리가 덧붙여진 것이 분명하다. 그래야 동물의 갈라진 굽과 새김질, 비늘 지느러미와 같이 정결한 짐승에게 요구된 신체적, 생태적 특징이 설명된다. 다만 새의 경우 앞서 말한 대로 모든 조류가 신체적 특징이 동일한 이유로 신체적 표준을 설정하기보다 20종의 육식 조류를 포함한 금지된 새 목록이 제시된다.

음식법은 이스라엘 민족에게 자신들의 언약 백성으로서의 정체성을 확인시키는 역할을 한 중요한 율법이었다. 예수님과 바울 시대의 유대교에서 음식법, 안식일, 할례는 유대인의 3대 표지였던 것으로 알려진다. 이스라엘 백성이 정결한 짐승을 먹어야 하는 이유는 "내가 거룩하니 너희도 거룩하라"는 목적을 달성하기 위함이다(레 11:44-45). 이스라엘 백성은 매일 세끼 밥을 먹을 때마다 자연스럽게 하나님의 자녀로서의 거룩한 신분을 기억했다.

18. 왜 나는 더럽고 넌 깨끗해? / 레 12장 /

사무엘을 낳고 격리되는 한나

한나는 남편 엘가나와 결혼 후 오래도록 아이를 갖지 못했다. 남편의 많은 사랑을 받았으나 그녀는 오랜 눈물의 세월을 보냈다. 한나는 남편과 함께 매년 성전에 올라가 하나님께 간절한 서원 기도를 올렸다. 마침내 하나님이 기도에 응답해 주시어 한나는 드디어 임신했다. 때가 차서 아이를 낳아 이름을 사무엘이라 지었다.

한나는 율법에 명시된 격리 규정을 따라 7일 동안 산모의 방에 격리되었다. 율법은 아이를 낳은 산모를 부정한 상태로 규정하여 격리를 명령했는데, 격리 기간은 딸 출산의 경우 14일, 아들 출산의 경우 7일이었다. 이 기간에는 산모인 한나의 방에 아무도 출입하지 못했는데, 만일 이 7일 동안에 누군가 부정한 산모와 접촉한다면, 그 사람도 부정을 입게 되기 때문이다. 그러나 한나의 식사와 수발을 위해 엘가나의 여동생인 엘리사벳이 그녀의 방에 출입했는데, 그녀도 어쩔 수 없이 부정케 되는 것을 감수했을 것이다.

7일의 격리 기간이 끝나고 8일째 되던 날, 한나는 자신의 방에서 나올 수 있었다. 그날은 사무엘에게 할례를 행하는 날이기도 했다. 율법에 따르면, 남아가 태어난 후

8일째에 할례를 시행해야 하기 때문이다. 한나는 아들을 주신 하나님께 너무나 감사했기에 하루빨리 성전에 올라가 감사의 제사를 올리고 싶었다. 그러나 율법은 아들을 낳은 산모는 7일간 격리된 후에도 추가로 33일 동안 성전에 올라오지 못하도록 명시했다.

한나는 율법을 따라 남편 엘가나와 함께 제물을 준비하여 성전으로 올라갔다. 당시의 성전은 아직 천막 성전, 즉 성막이었으며 실로에 설치되어 있었다. 준비한 제물은 율법이 명시한 대로 번제를 위한 일 년생 양 1마리와 속죄제를 위한 비둘기 1마리였다.

엘가나와 한나가 성전에 도착하자 대제사장 엘리가 반갑게 맞아 주었다. 엘리는 그간의 한나의 사정을 너무 잘 알고 있었고 나아가 가장 부지런히 성전에 제사를 바치러 온 가족이었기에 그들에 대한 남다른 애틋함이 있었다. 그래서 대제사장 엘리 또한 한나의 잉태와 출산 소식을 듣고 하나님께 얼마나 감사했는지 모른다.

성전에 입장한 한나는 감격에 겨워 눈물이 쏟아졌다. 엘가나와 한나는 엘리 제사장의 인도를 받으며 준비한 제물들을 정성껏 하나님께 바쳤다. 이제 한나는 완전히 정결케 되었고 이후부터 성전의 출입에 아무런 제한이 없었다. 정결례의 종료를 위한 제사들을 마치고 집으로 돌아온 한나는 사무엘에게 젖을 먹이며 정성스럽게 키웠다. 이제 두어 해 더 젖을 먹인 뒤 젖을 떼면, 서원 기도를 했던 대로 아이를 성전에 봉헌해야 한다. 그러나 한나의 감사는 멈추지 않았다. 아이는 거룩한 성전 봉사직을 위해 쓰임받을 것이며, 또한 하나님이 사무엘을 대신하여 자신에게 더 많은 자녀를 주실 것으로 믿었기 때문이다.

격리 기간이 끝나면 집이나 마을에서 일상생활을 하면서 사람들과의 접촉도 가능하지만, 성전의 길은 거의 한 달 동안 막혀 있는 것이다.

 드라마 레위기

그 이유는 아직 부정한 기운이 산모에게 남아 있었기 때문이다. 따라서 33일간의 추가적인 자연정화 기간이 필요했다. 그것은 산후 정결례의 완성을 위한 마지막 절차였다.

왜 출산한 한나는 부정한가?

우리는 한나의 사례에서 보듯이, 레위기 12장은 왜 출산한 여인에게 부정하다고 하는지 이해하기 쉽지 않다. 자녀 출산은 가장 큰 복에 속하며, 더구나 산모는 아이를 낳느라 엄청난 산고를 겪은 상태다. 죽음의 고비를 넘길 만큼 고생한 여자에게 "부정 탄 여자"라는 딱지를 붙인다면 얼마나 억울한 일인가? 또한 레위기 13-14장에서는 나병(악성 피부병)이, 또한 15장에서는 신체의 유출증이 부정하게 여겨진다. 도대체 왜 출산녀가 부정하며, 왜 이런 신체적 증상들은 부정한가? 도대체 무슨 이유로 '나는 부정하고 너는 깨끗한가?'

앞서 우리는 잠정적 결론으로 정결과 부정결을 가르는 기준이 생명과 죽음이라는 결론을 먼저 제시한 바 있다. 놀랍게도 이 견해는 11장의 음식법뿐 아니라 12-15장에도 아주 잘 들어맞는다.

12장의 산모의 경우 과다한 출혈이 그녀를 부정하게 만든다. 피는 곧 생명이기에 피의 유출은 생명의 소실을 의미하며 따라서 산모는 죽음에 더 가까워진다. 이로써 그녀는 부정한 상태가 된다. 동물 사체는 매우 부정하기에 만지면 즉시 부정을 타고 특히 인간 송장은 가장 강력한 부정한 기운을 뿜어내 집단 감염을 발생시키며 2차, 3차 감염으로 이어진다.

같은 이유로 13-14장의 나병(악성 피부병)은 이러한 강력한 오염원인 사체의 피부를 연상시키고, 악성 곰팡이가 핀 건물은 습한 지하나 무덤

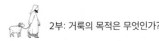

과 상태가 비슷하기 때문에 부정하게 여겨졌을 것이다. 15장의 신체로부터의 유출은 역시 피를 비롯한 생명의 액체가 몸에서 빠져나가기 때문에 부정했을 것이다. 부정을 일으키는 액체의 유출은 남녀 모두 생식기로부터 발생한다. 여성의 자궁 출혈과 남성의 정액 유출 및 비뇨기 질환으로 인한 유출이 여기에 해당한다.

생명과 죽음의 기준이 이와 같이 레위기 11-15장 전체를 관통한다. 죽음의 기운이 깃든 이러한 부정결의 문제를 해결하기 위해서는 몇 가지 방법과 절차가 요구된다. 첫째, 자연정화다. 이것은 시간의 흐름을 통해 부정결의 기운이 점점 사라지게 만든다. 둘째는 목욕과 옷 세탁을 하는 정결 의례다. 통상적으로 정해진 자연정화 기간이 끝나는 날 이러한 정결 의례를 실행한다. 마지막으로, 필요한 경우 특히 부정결의 정도가 심할 때 성전에 올라가 요구되는 제사를 바쳐야 한다. 이때 속죄제가 필수적으로 요구된다.

그런데 부정결의 문제를 해결하는 데 있어서 왜 죄를 위한 제사인 속죄제를 바쳐야 하는가? 이것은 부정결이 분명히 죄 문제와 관련되어 있다는 것을 암시한다. 하나님이 창조하신 최초의 세계, 특히 에덴에서는 이러한 다양한 부정결의 증상들이 존재하지 않았을 것이다. 창세기 3장을 보면, 타락 이후 말하자면 첫 인간의 범죄와 더불어 죄가 세상에 들어온 이후 약간의 생태적 변화와 더불어 자연계의 질서가 어긋났다. 땅은 엉겅퀴와 가시가 났으며 에덴과 달리 고된 노동을 통한 개간이 요구된다. 여자는 임신과 해산의 고통을 겪어야 한다. 아마 이때 죄의 결과로 부정결한 증상이 자연계뿐만 아니라 인간의 몸에도 나타나기 시작했을 것이다. 따라서 부정결의 증상들은 원인을 거슬러 올라가면 죄 때문으

드라마 레위기

로 유추해 볼 수 있다. 바로 그러한 이유로 부정결의 문제 해결을 위해
죄 문제를 위한 속죄제가 요구된 것으로 보인다.

이제 생명과 죽음의 두 축으로 12장 산모의 부정결을 구체적으로 설
명해 보자.

아이를 낳은 내가 더럽다고?

산모가 부정케 되는 이유는 자녀 출산으로 인한 과다 출혈 때문이라
고 했다. 피는 곧 생명이기 때문에 산모는 생명의 액체를 대량으로 손실
하여 죽음에 가까워진다. 이로써 산모는 생명을 탄생시키기 위해 기꺼
이 자신의 생명을 지불할 만큼의 고통을 감수하고 또한 자신의 생명의
액체를 쏟아낸다. 산모의 부정결과 정결에 관한 규례는 다음 도표와 같
이 정리해 볼 수 있다.

성	격리	정결례	제사 금지	합계	희생 제물(번제와 속죄제)
남아	7일	(목욕) (세탁)	33일	40일	일반인 어린 양(번제) 비둘기(속죄제)
여아	14일		66일	80일	빈민 비둘기 두 마리 (번제와 속죄제)

앞서 한나 이야기에서 그녀는 정확히 이 규정을 따라 모든 정결례 절
차를 준수했다. 아들을 낳았으므로 7일간 산모의 방에서 격리된 뒤 8일
째에 방에서 나왔다. 그날 아이에게 할례를 행하는데(2-3절) 이때 본문에
는 생략되어 있으나 다른 사례들에 비추어볼 때 산모는 분명히 7일째 저
녁에 목욕과 옷 세탁을 했을 것이다. 이후 성전에 올라가기 위해 33일을
더 기다렸으며 그 후 성전에서 어린 양과 비둘기를 제물로 바침으로써

모든 정결례를 완수했다.

한나의 경우는 아들이었으나, 딸을 낳은 여인의 경우에 그 기간이 두 배로 늘었다. 딸을 낳은 경우 격리 기간은 14일이고, 이후 제사 금지 기간도 66일로 두 배의 차이를 보인다. 이 기간은 분명히 몸에 아직 남은 일부의 산혈, 즉 부정한 기운을 제거하기 위한 자연정화 기간이다. 33일과 66일 기간에는 산모가 성전의 접근과 성물과의 접촉이 금지되었을 뿐(예를 들어, 화목제를 먹지 못했다), 일상생활이 가능했다. 그러나 아무래도 이러한 제약들이 여전했으므로 그녀는 제한적인 활동만 허용되었을 것으로 보인다.

Q. 왜 남아와 여아의 정결례 기간이 다른가?

남아의 경우 전체 정결례 기간은 40일, 여아의 경우 두 배인 80일이다. 왜 이러한 차이가 발생했을까? 이것은 레위기 12장 해석의 큰 난제로, 이해하기 쉽지 않다. 어떤 의사는 여아를 출산할 때 산모의 출혈이 더 오래 지속된다고 말하지만, 일반적

드라마 레위기

인 의학적 견해 같지는 않다. 다른 사람은 여아는 미래의 산모이므로 출산한 어머니가 그 기간을 겸하여 지켰다고 해석하나, 그 경우 여아가 성장하여 장차 출산할 때 그 기간이 면제되어야 하지 않겠는가?

무난한 해석은 구약의 율법은 가부장적 사회라는 한계 속에 주어졌기에 남녀의 차이를 두었다는 것이다. 실제로 당시 남녀의 몸값, 노동의 가치에서도 대략 두 배의 차이가 났다(레 27:2-7). 그럼에도 불구하고 분명 딸을 낳은 산모는 두 배 길게 쉬는 것이 분명한데, 그것을 차별을 위한 조치라고 해석하는 것이 정당한지에 대해서는 의문이다. 조금 엉뚱한 발상으로 오히려 대를 이을 아들을 낳지 못하고 딸을 낳은 산모의 마음을 위로하기 위해 두 배의 쉼을 허락했던 것은 아닐까?

여기서 다시 한 번 율법은 가난한 자를 크게 배려한다는 사실이 확인된다. 요구된 자연정화 기간이 다 지난 뒤, 산모는 성전에 제물을 들고 올라가 제사를 바침으로써 모든 정결 기간을 채워 완전히 정상의 상태로 복귀한다. 이때 번제의 어린 양과 속죄제의 비둘기를 바친다. 번제는 분명히 자녀를 주신 하나님께 대한 감사의 제물이었다. 그러나 가난한 여인을 위해 율법은 제물의 가치를 대폭 낮춰 비둘기 2마리만을 요구한다(12:8). 하나님은 가난한 자들을 이토록 불쌍히 여기셨다.

신약에서 예수님을 출산한 마리아와 요셉은 율법이 정한 정결례를 지키기 위해 40일간의 정화 기간을 지킨 뒤 베들레헴에서 예루살렘으로 올라갔다. 이때 그들의 손에는 비둘기 2마리가 들려 있었다. 가난한 산모에게 요구된 제물이다. 이것은 예수님의 가정이 매우 가난했다는 것을 말해 준다. 그분은 흙수저 가정에서 태어나신 것이다.

19. 으라차차! 짜라아트? / 레 13-14장 /

내 피부에 뭐가 돋았다!

봄날이 화창하다. 지난주 늦은 비가 쏟아진 유대 광야에 들꽃이 만발하게 피었다는 소식이다. 요하난은 오랜만에 가족들을 데리고 유대 광야로 나들이를 나갔다. 광야는 천국의 꽃밭이었다. 백합화와 패랭이꽃, 수선화, 제비꽃, 라일락, 그리고 이름 모를 들꽃들이 가득했다. 이 얼마나 아름다운 세상인가! 참으로 하나님은 위대하시고 마땅히 영광을 받으실 분이시다! 요하난은 광야의 꽃밭에서 가족들과 마음껏 하나님께 찬양을 드리며 오후 늦게 집으로 돌아왔다. 가족과 들꽃의 여운을 느끼며 평화롭게 저녁을 먹은 뒤 그는 나른한 몸으로 일찍 잠을 청했다. 그런데 갑자기 몸이 조금씩 가렵기 시작했다. 피부가 군데군데 붉어지며 오돌토돌한 두드러기 같은 것들이 올라왔다. 요하난의 마음에 불안감과 공포심이 엄습했다. 만일 이것이 짜라아트(악성 피부병을 뜻하는 히브리어)라면 어떡하나…

요하난은 밤새 잠을 이룰 수 없었다. 아침이 되자마자 그는 급히 아내를 불렀다.

"여보, 내 피부에 뭐가 돋았소. 내게 가까이 오지 말고 나를 만지지 마시오. 얼른 성전으로 달려가 제사장님을 모셔 오시오."

드라마 레위기

아직 선선한 아침 녘에 제사장이 발걸음을 재촉해 그의 집으로 왔다. 제사장은 요하난의 몸과 피부 여기저기를 면밀하게 살폈다. 마침내 진단 결과가 나왔다.

"요하난 씨, 걱정 안 하셔도 됩니다. 감사하게도 이건 짜라아트가 아닙니다."

"아, 감사합니다, 제사장님. 그러면 제 피부에 생긴 건 뭡니까?"

"어제 가족과 함께 유대 들판에 나들이를 갔다고 하셨죠? 그때 꽃가루가 날리는 바람에 생긴 알레르기 같습니다. 얼른 목욕하고 옷을 잘 세탁하십시오. 그러면 아무런 문제가 없습니다."

요하난은 큰 소리로 웃으면서 장난스럽게 가족들과 아이들에게 소리쳤다.

"야호~! 애들아~ 아빠는 으라차차~~! 짜라아트가 아니래!"

내 피부병은 악성인가요?

요하난처럼 만일 사람의 피부에 뭔가 돋으면, 그는 즉시 제사장을 불러 진단을 받아야 한다. 고대 이스라엘에서 이것은 대단히 심각한 문제였다. 레위기 13-14장은 바로 이 문제를 다룬다. 13장은 악성 번식의 증상과 진단법을 설명하고 14장은 그 상태로부터 다시 회복되어 정결케 되기 위한 복잡한 절차들에 대한 것이다. 사람 피부만이 아닌 건물과 사물의 표면에 뭔가 번지는 증상이 발생하는 경우에도 제사장을 불렀다.

만일 진단 결과 증상이 악성으로 판명되면 그것을 히브리어로 '짜라아트'라 불렀다. 이것은 사람과 사물 표면에 나타나는 악성 번식 증상이다. 사람의 경우 악성 피부병, 건물과 사물의 경우 악성 곰팡이일 것이다. 이때 제사장은 현대의 피부과 전문의나 보건 위생사의 자격으로 증상을 진단하는 것이 아니라, 정과 부정을 가늠하는 제의적 감별사로서 엄중한 판정을 내린다. 이를 위해 제사장들은 일찍부터 교육을 받았을 것이다. 분명 이 증상은 제의적인 관점에서 정결과 부정결의 판정이 내려지나 앞서 말한 대로 보건-위생학적으로 공동체 내의 감염을 예방하기 위한 목적이 배제되지 않을 것이다.

이러한 증상을 문둥병 혹은 나병(한센병)으로 부르는 것은 두 가지 근거로 오류다. 첫째, '문둥병/나병'이라 번역된 히브리어 단어 짜라아트는 '벽이나 물건의 표면에 번지는 악성 곰팡이'를 가리킬 때도 쓰인다. 둘째, 사람의 피부에 나타나는 짜라아트의 증상들은 매우 다양하며, 나병을 포함할 수도 있지만 대부분 나병과는 거리가 멀다. 짜라아트는 대략 여섯 가지 증상으로 구분되는 매우 다양한 양상의 피부병들을 가리킨다. 그러나 그것들은 대체로 전염성을 지닌 피부 질환들인 것으로 추정된다.

현대의 피부 전문의들도 그 증상이 정확히 어떤 피부병 증상인지 파악하는 데 애를 먹는다. 이는 일차로 성경 히브리어가 매우 오래된 언어인 이유로 피부 질환을 가리키는 단어나 표현들이 정확히 무엇을 의미하는지 파악하기 쉽지 않기 때문이다. 그로 인해 레위기 13장의 증상에 대한 번역은 영어 성경들만 비교해보더라도 천차만별이다. 설사 어느 정도 뜻이 추적되었다 해도 여전히 증상에 대한 표현이 모호하여 정확한 판별이 어렵다. 그럼에도 불구하고 의학적 관찰에 의하면 대체로 짜라아트의 증상들이 나병과는 다소 거리가 멀다는 것이다. 다만 그것이 나병을 포함했을 수는 있다.

하지만 우리는 편의상 개역개정을 따라 짜라아트를 "나병"이라 부르기로 한다. 나병의 증상 중에 대표적인 것이 피부가 군데군데 하얗게 변하는 피부 발진이다. 구약의 몇 군데서 그 증상을 "나병이 발하여 눈같이 되었다"고 표현한다. 미리암이 모세에게 항명한 죄로 벌을 받아 나병

드라마 레위기

에 걸렸는데, 그와 같이 증상이 나타났으며(민 12:10), 이방인이었던 아람의 장군 나아만(왕하 5:27)도 동일한 나병 증상을 겪었다. 이처럼 피부가 하얗게 눈이 내리는 것처럼 변색되는 것이 나병의 가장 두드러진 증상이다. 이 증상이 현대 의학적으로 어떤 피부병인지 많은 토론이 있으나 가장 무난하게 피부 사상균에 의해 발생하는 피부병인 백선(白癬)인 것으로 추정된다.

악성 피부병과 곰팡이 증상들

요하난은 피부에 문제가 생겨 제사장을 불러 진단을 받았는데, 만일 자신의 집의 벽이나 집안의 어떤 물건의 표면에 곰팡이류가 발생할 때도 마찬가지로 즉시 제사장에게 그것이 짜라아트인지 여부를 판정해 달라고 부탁해야 했다. 제사장은 즉시 신고자의 집으로 달려가 증상을 진단해서, 의학적 용어를 잠시 빌자면, 그것이 양성인지 음성인지를 판단해야 한다. 즉 그것은 짜라아트일 수도 있고 아닐 수도 있다.

레위기 13장에 나타난 짜라아트의 증상은 대체로 여섯 가지로 구분된다.

01. 털이 하얗고 피부가 우묵해짐(2-17절)
02. 종기가 생긴 부위의 감염에 의한 변색(18-23절)
03. 화상 이후의 피부 감염(24-28절)
04. 가는 털이 생기는 옴(29-37절)
05. 어루러기(38-39절)
06. 비정상적 대머리(40-44절)

앞서 말한 대로, 이 증상들이 의학적으로 어떤 피부 질환인지 명확하지 않다. 예를 들어 옴 증상에 대해서도 많은 제안이 있으나 그것의 히브리어가 당대에 어떤 의미가 있었는지는 알기가 어렵다.

인간의 피부처럼 사물의 표면에도 짜라아트 증상이 나타날 수 있다. 곰팡이가 쉽게 피는 물건들인 옷과 가죽류의 물건, 덮개 같은 것에서 나타난다. 증상의 판정은 좀 더 쉬웠는데, 그것은 청색 얼룩점과 홍색 얼룩점의 발생 여부였다. 분명히 사물의 표면에 나타난 이러한 번짐 현상은 악성 곰팡이류로 추정된다. 피부병도 악성은 전염성이 있는 종류였음이 분명하다. 이런 경우에는 즉각 격리와 소각 등의 조치로 전염을 막아야 했다.

물론, 짜라아트 진단의 궁극적 목적은 의학적 판단을 넘은 신학적 의도를 지닌 정결과 부정결이라는 제의적인 판단을 위함이었다. 앞서 설명한 대로, 성경에서 '부정하다', '더럽다' 할 때는 보건-위생학적 의도를 넘은 관념적인 개념을 의미한다. 예를 들어, 할례를 하지 않는 이방인을 부정하다 할 때, 그들이 목욕을 안 하거나 양치를 안 해서가 아니었다. 또한 당장에 레위기 11-15장의 정결법에서도 15장의 정액의 유출이나 생리적 현상에 의한 자궁 출혈이 전염성 때문에 부정하게 간주되어 격리 조치되었다고 보기는 어렵다.

짜라아트 진단법과 그에 따른 조치
다음 도표는 짜라아트 진단 절차와 판정에 따른 조치다.

대상	악성 번식의 진단과 조치						
	당일	1주 후	판정	조치	2주 후	판정	조치
사람	확진 - 추방						
	판정 유보 /격리	1차 진단	악성	추방			
			음성	정결례			
			유보	격리	2차 진단	악성	추방
						음성	정결례
사물 /집	격리 /폐쇄	1차 진단	악성	소각/파괴(집)			
			음성	정결례			
			유보	격리/폐쇄(집)	2차 진단	악성	소각/파괴(집)
						음성	정결례

사람의 피부에 무언가 생기면 제사장은 증상이 너무 분명한 경우 당일에 즉시 확진 판정을 내릴 수 있었다. 이때 짜라아트 판정을 받은 사람은 그날 진 밖으로 나가야 한다. 그러나 증상이 모호하면 일주일을 기다려 본 뒤 재진단을 해서 판정했으며, 만일 그때도 여전히 확진 판정이 어려울 경우에는 추가로 일주일을 더 기다려 최종적으로 판정을 내렸다. 따라서 피부병의 경우 최종 확진 판결을 위해서는 도합 최장 2주가 걸릴 수 있다.

물건의 경우, 구체적으로 털옷이나 베옷, 그리고 천으로 만든 제품, 그리고 가죽 제품에 색점이 발견되면, 제사장이 진단하여 판정을 내린다. 이 경우 매우 신중해야 하므로 당일에 판정을 내리지 않았다. 제사장은 그것을 격리 보관 조치한 뒤 일주일 동안 기다려 본다. 만일 증상이 악화되어 퍼졌으면 즉시 물건을 소각 조치한다. 그러나 별다른 증상의 변화가 없는 경우 제사장은 그 증상이 나타난 부위(색점)를 물로 빨게 한 뒤 다시 일주일을 지켜본다.

만일 색점이 퍼지지 않았어도 색이 희미해지지 않고 여전하면 그것은 짜라아트다. 즉시 소각해야 한다. 그러나 물로 빤 뒤 일주일 후 색점이 희미해져 있고 증상의 변화도 없으면, 그것은 짜라아트가 아니다. 이 경우 그 부위를 잘라 내고 수선한 뒤 그 물건을 세탁하여 재활용한다.

건물의 경우, 증상이 의심되면 역시 당일에 판정을 내리지 않고 일단 모든 사람을 밖으로 보내 폐쇄한 뒤 일주일을 기다린다. 그것이 점차 번지는지 관찰하기 위함이다. 레위기 14장에 언급되어 있진 않으나, 물건의 사례에 비추어 볼 때, 일주일이 지나 건물에 증상이 악화되어 짜라아트가 분명하면 제사장은 확진 판정을 내려 아마 즉시 건물을 철거했던 것으로 보인다. 반대로 이때 만일 전혀 퍼지지 않았다면, 일주일을 더 기다릴 필요 없이 정결례를 통해 즉시 집을 정결케 했을 것이다.

그러나 증상이 나타나 그것이 퍼지긴 했지만, 아직 모호하면 그 부위의 벽돌을 제거하고 주변의 흙을 긁어낸 뒤 다시 일주일을 기다렸을 것이다. 최종적으로 짜라아트로 판정되면, 역시 건물은 완전히 철거된다. 그러나 감사하게도 그것이 음성으로 판정되면, 집은 정결례를 통해 깨끗게 하여 계속 사용했다. 말하자면, 짜라아트 판정을 피한 건물의 경우 그 부위의 흙을 모두 긁어내고 벽돌도 교체하여 새롭게 단장한 뒤 정상적으로 계속 사용할 수 있었다. 그러나 이 경우 추가적인 정결례 절차가 필요했다(참조, 197쪽).

나병으로 확진 판정을 받은 사람은 즉각 추방되었다. 현대인의 관점에서는 매우 가혹한 처사이지만, 고대 세계에서 나병 환자는 송장과 더불어 공동체 전체를 위협하는 가장 심각한 부정결의 전염원이었기에 불

드라마 레위기

가피한 조치였다. 확진 판정을 받은 본인도 그것을 잘 알고 있었다.

그리하여 그는 확진 판정이 떨어지면, 슬픈 마음으로 자신이 먼저 옷을 찢고 머리를 풀며 윗입술을 가리고 "부정하다! 부정하다!"고 소리쳐야 했다(13:45). 이것은 자신이 심각한 부정한 상태가 되었으므로 아무도 가까이 오지 말라는 외침이었을 것이다. 옷을 찢는 행위는 슬프고 고통스러운 찢어진 마음을 반영한다. 머리를 푸는 것은 전형적 슬픔의 표시였고, 윗입술을 가리는 행동은 역시 초상집에서 망자를 슬퍼하는 애도의 표시(겔 24:17, 22), 혹은 수치와 모욕을 당할 때 취한 동작이다(미 3:7). 어쩌면 이것은 우리가 슬픔을 억제하기 위해 흔히 훌쩍대며 손을 코 아래에 대는 것과 같은 행동인지 모른다.

고대 이스라엘 사람들은 이러한 짜라아트의 증상을 히브리어로 '네가'(nega)라 불렀다. 이것은 하나님이 징벌로 사람에게 가한 타격을 뜻한다. 집단적 전염병과 농작물의 역병이 '네가'가 될 수 있었고, 개인에게 별도로 그런 타격이 가해질 수 있었다. 피부에 생긴 '색점'의 히브리어가 바로 '네가'다. 따라서 색점의 발현은 하나님의 징계일 수 있었다. 그로 인해 짜라아트로 최종 확진된 당사자는 자신이 알지 못한 가운데 하나님께 무언가 심각한 죄를 지어 '네가'의 타격을 입었다고 생각했을 가능성이 크다. 이는 뒤에 나오는 회복된 나병 환자의 정결례 절차에서 속건제를 드리는 이유를 발견할 수 있다.

짜라아트 환자의 즉각적인 추방과 격리는 오늘날 전염을 막고자 한센병 환자를 특정한 구역에 제한시켜 거주하게끔 하는 것과 비슷할 수 있다. 그러나 앞서 말한 대로 이것은 의학적 조치 이상의 의미를 지녔다. 참고로 이스라엘에서는 송장이나 짐승의 사체도 당일에 매장하는 것이

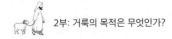

관행인데, 이 역시 사체가, 특히 인간의 송장은 가장 강력한 부정의 기운을 발산시키며 주변을 즉시 오염시켰기에 내린 조치다.

이로 미루어 볼 때, 즉각 추방된 나병 환자는 사실 죽은 사람처럼 취급되었다. 실제로 나병에 걸린 사람의 피부는 마치 송장과 같다고 표현된다(민 12:12). 즉, 나병은 죽음을 암시하는 증상이므로 부정하다. 또한 나병과 송장의 연관성은 시신과의 접촉으로 부정결해진 사람을 위한 정결 규례(민 19:1-13)와 나병 환자의 정결 규례(레 14:4-7)의 유사성을 통해 암시된다. 마찬가지로 악성 곰팡이가 핀 건물이나 사물 역시 무덤과 그 안에 있는 물건을 연상케 한다. 건물과 사물의 짜라아트 증상도 이처럼 죽음과 밀접히 관련되어 있기에 심각히 부정한 상태다.

철거된 건물이나 소각된 물건은 재생 불가하나, 추방된 나병 환자의 경우 하나님의 은혜로 병이 완치되는 경우도 있었다. 이때 그는 진영으로 복귀가 가능했다. 하지만 그 절차가 대단히 복잡하고 신중했으며 비용도 많이 들었다. 짜라아트 판정을 피한 건물의 경우도 계속적인 사용을 위해서는 오염된 옷이나 가죽 제품과 달리 철저한 정결례가 요구되었다.

회복된 나병 환자를 위한 정결례

완치된 나병 환자는 총 네 단계의 정결례 절차를 통과해야만 완전히 정상적인 언약 공동체의 일원으로 복귀될 수 있었다. 나병 환자와 음성 판정을 받은 증상이 생겼던 건물의 재활용을 위한 정결례 절차는 다음과 같다.

  드라마 레위기

순서		장소	준비물	정결례 절차
정결례	1차	진 밖	산비둘기 2마리, 백향목, 홍색 실, 우슬초	2마리 새의 의식, 1차 옷 세탁, 털 깎기와 목욕
	2차	집	없음	7일 후 2차 옷 세탁, 털 깎기와 목욕
제사	3차	성소	양 3마리, 기름 한 록, 소제물 3/10에바	8일째 속건제(숫양) 의식, 피와 기름을 제단과 환자에 적용
	4차			속죄제(숫양), 번제(암양), 소제(3/10에바) 바치기
빈민			속건제 숫양, 2마리 비둘기(속건제 + 번제), 소제물 1/10에바	

나병 환자가 제사장에 의해 완치 판정을 받았다고 해서 즉시 집으로 돌아갈 수 있는 것은 아니었다. 그에게는 무서운 부정결의 기운과 찌꺼기가 많아 정결하게 할 준비물이 많고 절차도 복잡했다. 레위기 14장은 이것을 매우 상세히 설명한다.

- ⑴ 완치된 환자는 진 밖에서 제사장을 부른다.
- ⑵ 제사장은 진 밖으로 나가 그를 진단한다.
- ⑶ 만일 완치가 확인되면, 환자는 진 밖에서 1차 정결례를 실행한다.
- ⑷ 집으로 일단 복귀해 일주일을 기다린 후 2차 정결례를 실행한다.
- ⑸ 이어서 많은 제물을 준비해 성소로 올라간다.
- ⑹ 먼저 숫양의 속건제를 바치는데, 피와 기름을 섞어 제단과 환자에게 바른다.
- ⑺ 마지막에 속죄제, 번제, 그리고 소제를 바친다.
- ⑻ 가난한 사람을 위해서는 제물의 크기와 양을 크게 낮춘다.
- ⑼ 그러나 속건제 숫양은 빈민이라도 의무적으로 바쳐야 한다.

⑩ 그는 완전히 정상 생활로 복귀한다.

1차 정결례에서 요구되는 준비물은 새 2마리와 더불어 한 세트를 이루는 백향목, 홍색 실, 우슬초의 정결례 수단이다(14:4). 이때 새는 집으로 회귀할 수 없는 산비둘기가 분명하다. 제사장은 먼저 새 1마리를 질그릇에 담아 흐르는 물 위에서 죽여 그 피를 그릇의 물에 탄다.

이어서 그릇에 백향목과 홍색 실을 담는다. 홍색 실은 선홍빛을 띠어 그 둘을 물에 담그면 강한 핏빛이 만들어진다. 새는 너무 작아 소량의 피만이 흘러 물에 탄 피는 희석되어 핏빛이 매우 옅었기 때문이다.

백향목은 그 자체로 정화력을 지닌다는 의미를 부여할 수도 있으나 붉은색에 가까운 짙은 갈색을 띤다.

이어서 우슬초를 담근다. 이 식물 역시 강한 향을 풍기는 허브(herb) 식물로 그 자체로 정화력을 지닐 수 있으나 이 식물은 그릇에 담은 뒤 꺼내 그 핏빛 물을 뿌리는 데 사용된다.

제사장은 그 핏물을 우슬초로 찍어 완치된 환자에게 일곱 차례 뿌린다. 이어서 그는 살아있는 남은 새를 들판으로 날려 보낸다. 이때 환자의 부정결의 찌꺼기가 죽인 새의 핏물로 깨끗이 닦인 다음 날려 보낸 새에게 옮겨졌음이 분명하다. 그 비둘기는 부정한 찌꺼기를 싣고서 멀리 날아감으로써 그 환자의 남은 부정결이 사라진다. 이어서 그는 옷을 빤 다음 수염과 눈썹을 포함한 몸의 모든 털을 밀고 목욕을 한다. 그러고 나서야 진영 안으로 들어올 수 있고, 자기 집으로 돌아온 뒤에 다시 7일을 보낸다.

2차 정결례. 7일째에 그는 다시 옷을 빤 다음 몸의 털을 전부 밀고 두 번째 목욕을 한다(9절). 나병의 부정결의 찌꺼기를 이러한 반복적인 세탁

드라마 레위기

과 목욕을 통해 얼마나 철저하게 벗겨 내는지 알 수 있다. 또한 나병의 부정결의 기운이 얼마나 강하고 독한지를 엿보게 한다.

8일째에는 비로소 성전(레위기에서는 성막)에 올라갈 자격을 갖추게 된다. 그는 많은 양의 제물을 준비해야 하는데, 이때 가장 중요한 것은 속건제 숫양이다. 앞서 속건제 규정에서 속건제의 짐승은 오직 숫양만 바친다는 것을 배웠다. 가난한 사람도 예외가 될 수 없었다.

비둘기가 허용된 양보안이 아닌 표준안을 기준으로, 회복된 환자는 3마리의 양을 준비한다. 어린 숫양 2마리, 일 년생 암양 1마리다. 더불어 기름 섞인 소제물(3/10에바), 그리고 기름 한 록(히브리어 그대로 log이며 약 0.3리터)을 준비한 뒤 그는 성소로 올라간다(10절). 암양은 번제용이고 두 숫양 중 하나는 속건제, 다른 하나는 속죄제로 바쳤다. 소제의 밀가루의 양이 3/10에바인데, 아마 3마리 어린 양을 바칠 때 각각 1/10에바(2.2리터)씩 밀가루 소제를 함께 바치기 위함일 수 있다(참조, 민 15:3-5). 그러나 이것은 밀그롬도 난제로 남겨놓았을 만큼 정확한 취지를 알 수 없다(참조, 280쪽).

3차 정결례. 먼저 속건제를 바친다. 이 의례는 통상적인 속건제와 다른 특징을 가졌고 특별히 중요하기에 우리는 이것을 3차 정결례 절차로 따로 구별한다. 우선 속건제 짐승은 숫양이 아닌 "어린 숫양"이라는 점이 다르다. 제사장은 그것을 제단에 바친 뒤 특이한 의례를 진행한다. 그는 숫양의 피의 일부를 손가락에 찍어 치료된 사람의 오른쪽 귓불과 엄지손가락, 그리고 엄지발가락에 바른다. 뒤이어 그는 준비된 한 록의 기름을 왼편 손바닥에 붓고 오른쪽 손가락으로 찍어 지성소 방향으로 성소의 마당에 일곱 번 뿌린 뒤, 남은 기름을 똑같은 방식으로 그의 신체 말

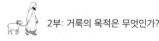

단에 바른 다음 마지막에 머리에 바른다.

놀랍게도 이 피와 기름을 오른쪽 신체 말단에 바르는 의례는 제사장을 위임할 때 실행된 의례와 거의 비슷하다. 신체 말단에 피와 기름을 바르는 이유는 그것이 신체를 대표하는 말단 부위이기 때문이다. 거기에 피와 기름을 바름으로써 그 사람은 피로 깨끗하게 씻기고 또한 기름으로 거룩하게 되었을 것이다. 제사장은 그 환자가 준비한 기름을 손가락으로 찍어 성소 마당에서 지성소를 향해 힘차게 일곱 번을 뿌렸다. 제사장 위임식에서 이 의례는 제단과 성막 전체를 거룩케 하기 위한 것이었다. 따라서 이 의례는 나병이 성막에 심대한 오염을 발생시켰음을 시사한다. 나병의 부정결은 다른 부정결의 사례들과는 차원이 달랐던 것이다.

한편, 나병 환자의 복귀 의례를 위해 특별히 속건제가 요구된 이유는 그의 나병이 어쩌면 하나님의 징계로 발생되었을지 모른다는 관념이 있었기 때문일 것이다. 우리가 이미 살펴보았듯이, 원래 속건제는 하나님의 재산인 성물이나 이웃의 재산에 손해를 끼쳤을 때, 그것을 배상하기 위해 바친다. 따라서 치료된 나병 환자의 완전한 회복을 위해 속건제가 요구되었다는 것은 그가 아마 무의식중에 하나님의 성물인 십일조나 첫 태생, 혹은 화목제의 거룩한 고기를 자격 없는데 부지 중에 그것을 먹었거나, 아니면 성막의 제단과 같은 주요 비품에 무심코 접촉했기 때문일 수 있다. 속건제의 범죄 사례에는 부지중에 성물을 침해한 후 깨닫게 된 경우가 제시되어 있다(5:15 이하). 참고로 평민은 성막의 비품을 결코 만질 수 없었다.

4차 정결례. 3차 정결례인 특수한 속건제 의례를 마친 뒤, 마지막 네 번째 절차로 치유된 환자는 나머지 제물들을 하나님께 바친다. 속죄제 숫

드라마 레위기

양을 먼저 바치는데, 이는 나병으로 인해 더럽혀진 성막, 특히 제단의 오염을 씻어내기 위함일 것이다. 이어서 남은 암양을 번제로 바친다(14:19). 이때 소제를 함께 드린다는 언급이 있는데(14:20), 앞서 설명한 대로 아마 번제 앞의 속건제 어린 숫양과 속죄제 어린 숫양에도 1/10에바 밀가루가 함께 바쳐졌을 것이다(민 15:3-5). 이 번제는 앞의 속죄제, 속건제와 더불어 속죄의 효과를 내면서 무서운 나병을 치료해 주신 하나님께 감사의 제물로 바쳤을 것이다.

가난한 사람들을 위해서는 비둘기 2마리로 번제와 속죄제와 훨씬 적은 양의 기름 섞은 소제물(1/10에바)로 대체되었다. 하지만 가정 형편이 어렵다고 할지라도 속건제 숫양은 필수적이었다(14:21 이하).

건물의 재사용을 위한 정결례

건물의 벽에 곰팡이류가 발생했더라도, 그것이 결국 곰팡이가 아니거나, 혹은 제거한 후 사라지는 약한 종류의 곰팡이라면 집을 부수지 않았다. 이 경우 일단 오염된 부위의 돌과 흙을 제거하는 1차 조치를 취한 뒤, 일주일을 지켜보고 아무런 이상이 없으면 2차로 그 집을 위한 정결례 절차를 밟는다(레 14:49-53).

순서		장소	준비물	정결례 절차
조치	1차	집	없음	오염 부위 벽돌과 흙 제거 새롭게 단장 (일주일 기다림)
정결례	2차		산비둘기 2마리 백향목, 홍색 실, 우슬초	(일주일 후 증상이 없는 경우) 2마리 새 의식

건물의 재사용을 위한 절차에서도 치료된 나병 환자의 정결 절차와 동일하게 산비둘기(새) 2마리와 백향목, 홍색 실, 우슬초를 준비한다. 흐르는 물 위에서 그릇에 새 1마리를 잡아 피를 짜내고 백향목과 홍색 실을 담근 뒤 우슬초로 그 집에 뿌린다. 이어서 남은 살아있는 새 1마리를 멀리 날려 보낸다. 이때에도 이 새의 방생은 일단 오염 부위를 깨끗이 제거한 건물의 남은 부정결의 찌꺼기와 기운을 그 새에게 옮긴 뒤 멀리 제거하기 위함이다.

그러나 치유된 나병 환자와 달리 이 경우 성소에 올라가 희생을 바치는 절차는 없다. 우리는 여기서 한 가지 중요한 사실을 확인할 수 있다. 성소를 더럽히는 오염원은 오직 인간이라는 것이다. 건물이 아무리 부정케 된다 해도 성소는 전혀 영향을 받지 않는다. 따라서 오직 백성과 성소가 피의 언약을 통해 상호 영향을 주면서 뗄 수 없이 연결되어 있다는 사실이 더욱 분명해진다. 또한 인간의 죄뿐 아니라 심각한 부정결이 성소를 오염시킨다는 사실이 확증된다.

드라마 레위기

20. 내 몸에서 뭐가 흘러나오지? / 레 15장 /

12년째 유출증을 겪는 여인

그녀의 이름은 라헬, 현재 마을 어귀 한적한 움막에서 홀로 지낸다. 가족을 멀리하고 고립되어 이곳에 산 지 벌써 12년째다. 풋풋했던 20대 초반, 사랑하는 남자와 결혼을 꿈꾸던 그녀의 몸에 이상한 증상이 나타나기 시작했다. 자궁에서 원인을 모르는 미세한 출혈이 시작되더니 멈추지 않았던 것이다. 만성 자궁 출혈로 치료가 힘든 혈루증이라는 병이다. 레위기 15장의 법에 의하면, 자궁 출혈이 시작되면 부정하게 여겨져 따로 방을 쓰며 격리되었다.

그녀도 격리 조치되어 가족과의 접촉이 차단되었다. 가족들은 다시 조만간 한 밥상에서 같이 밥을 먹게 되리라는 희망을 품고 그녀의 치료를 위해 백방의 노력을 다했다. 그러나 희망은 점점 절망으로 바뀌었다. 라헬의 부모는 모든 재산을 다 쓰며 딸을 구하려 애를 썼다. 용한 의사는 다 찾았고 효험 있다는 약은 모두 구해 먹였다. 그러나 백약이 무효했고 이제 간절히 하나님의 은총만을 구했다.

유출이 멈추지 않은 라헬이 접촉이 금지된 이 상태로 계속 가족과 한집에서 지내는 것은 불가능했다. 부정이 전염될까 염려하는 이웃들의 불평과 원망도 커져 갔다.

6개월째 되던 어느 날 밤, 그녀는 가족들 몰래 짐을 싼 뒤 홀로 집을 떠났다. 가족들도 더 이상 그녀를 붙잡을 수는 없었다. 라헬은 동구 밖의 산등성이 쪽에 자그마한 움막을 지어 둥지를 텄다. 라헬은 오랜 세월 가족이 가져다주는 음식을 먹고 마을로 나가 구걸을 하며 하루하루를 연명했다. 사람들은 부정을 탈까 봐 그녀를 멀리한 채 가끔 동전 한 닢을 던져 줄 뿐이었다. 먼발치에 사랑했던 남자가 이따금 보여 그리움에 사무치곤 했다. 그러나 이제 자신의 인생은 끝난 상태였다. 깊은 고독과 서러움 속에 하나님을 원망하며 라헬은 그렇게 12년의 세월을 눈물로 보냈다.

하지만 라헬과 가족의 기도는 끝나지 않았다. 이제는 하늘의 은총만이 그녀를 구원해 줄 수 있을 뿐이다.

내 몸에서 뭐가 흘러나온다!

레위기 15장은 유출증에 의해 몸이 부정케 되는 문제를 다룬다. 몸에서 피와 정액, 그리고 어떤 분비물이 나올 때 사람이 부정해진다. 이것을 통틀어 유출병, 혹은 유출증이라 부른다. 이것은 남녀의 생식기에서 어떤 액체가 나오는 경우에 해당한다. 그러므로 침이나 콧물, 땀과 같은 피부의 분비물은 해당하지 않으며, 상처를 입어 나오는 피도 여기에 해당하지 않는다.

앞서 살핀 대로, 피는 곧 생명으로 간주되고 정액 또한 생명의 씨앗으로서 생명의 액체로 볼 수 있다. 남성 성기의 유출은 비뇨기 질환에 의한 분비물인데 고대인들은 정액이 썩어서 유출된다고 생각했을 수 있다. 따라서 이 액체들이 빠져나간다는 것은 생명의 소실을 의미하며 그것은 곧 죽음에 가까워지는 것을 말한다. 따라서 이것은 부정한 상태를 만든다.

남자의 만성 유출

남자의 유출은 크게 두 종류로 나뉘는데, 만성 유출과 정액의 설정이다. 만성 유출의 증상은 남자의 성기에서 이상한 분비물이 계속해서 흘러나오는 증상이다. 현대의 의사들은 이구동성으로 이것을 임질과 같은 성병의 증상이라고 이해한다. 이 만성 질환은 자주 성기를 막아 배뇨를 원활치 못하게 하는 증상을 수반한다. 그러나 어느 날 치료가 되거나 유출이 멈추면, 그날부터 7일의 자연정화 기간을 지킨 뒤 그날 옷을 빨고 목욕을 하면 깨끗하게 된다. 8일째 되는 날 그는 성소에 비둘기 2마리를 들고 올라간다. 한 마리는 속죄제로, 다른 한 마리는 번제로 바친다. 아마 이것은 나병과 달리 아주 심각한 부정결은 아니었기에 비둘기 제사로 충분했을 것이다. 비둘기지만 역시 속죄제의 짐승이 제단 곁에 피를 흘리며 바쳐지는데, 이것은 마찬가지로 그의 부정한 상태가 성소를 더럽혔기 때문이다.

남자의 설정

남자의 성기에서 정액이 유출되는 경우도 부정결을 유발한다. 이것은 앞의 만성 유출과 달리 하루만 부정케 되는 가장 경미한 수준의 부정결의 문제다. 정액 유출의 예로 두 가지를 들 수 있다. 첫째는 부부간의 자연스러운 성관계로 인한 것이고, 두 번째는 몽정에 의한 불가항력적인 것이다. 여기서 남성의 자위로 인한 배출은 전혀 언급되지 않는데 (이에 대한 윤리적 판단은 별도로) 이것 역시 이 범주에 포함되었을 것으로 보인다. 어떤 방식으로 설정(泄精)이 되었든지 그날 옷을 빨고 목욕을 한 뒤 저녁까지 기다린다. 이후 곧바로 정상적인 상태로 회복된다. 부부 관계의 경

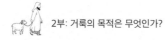

우 아내도 설정으로 인해 부정이 옮아 그녀도 함께 동일한 정화 과정을 거친다. 자연정화 기간은 단지 하루에 불과한 경미한 부정결의 문제이므로 성소를 더럽히지 않았던 것으로 보인다. 따라서 더 이상의 조치는 불필요했다.

여자의 월경

여자의 자궁 출혈은 마찬가지로 그녀를 부정케 만든다. 이것 또한 두 가지로 나뉜다. 하나는 매달 생리적 현상으로 찾아오는 월경과 다른 하나는 비정상적으로 계속되는 자궁 출혈이다. 월경이 찾아오면 여자는 7일간 격리되어 부정한 상태로 지낸다. 이 기간은 대략 여성의 평균적인 월경 기간과 일치한다.

레위기 15장의 본문에 명시되어 있지 않으나 7일째 되는 날 여자는 옷을 빨고 목욕을 했을 것이다. 이후 해가 지면 날이 바뀌며 그녀는 정결을 회복한다. 다른 사례들에 비추어 볼 때, 옷 세탁과 목욕은 모든 부정결의 문제에서 필수적인 절차였던 것으로 추정된다. 만일 남자가 월경 중인 여자와 잠자리를 할 경우 그 역시 부정에 감염되어 동일한 자연정화 기간인 7일간의 격리가 요구된다.

이때 성소에 올라가 희생을 드릴 필요는 없었다. 7일의 자연정화 기간이 요구되는 부정결의 문제 중에 성소의 제사가 면제되는 경우는 이것이 유일하다. 추정컨대, 원칙적으로 부정한 기간이 7일 이상 지속되면 심각한 부정결로서 성소를 오염시켰기에 마지막 정화 절차로 거기에 속죄제와 번제를 들고 올라가야 한다.

그러나 여성의 월경은 한 달에 한 차례, 말하자면 자주, 그리고 주기

드라마 레위기

적으로 찾아오는 자연스러운 생리적 현상에 의한 문제이므로 덜 심각하게 간주되어 제사 절차가 면제된 것으로 보인다.

여자의 만성 자궁 출혈

만성 자궁 출혈은 남성의 만성 유출처럼 매우 심각하다(25-30절). 만일 여성의 생리가 7일 이후에도 계속된다면 이것은 비정상적인 출혈이다. 또한 다른 원인에 의해 자궁에서 출혈이 시작되어 오래도록 지속되는 만성 자궁 출혈 질환이다. 앞서 라헬이 앓고 있었던 이 질병을 의학적으로 "혈루증"이라 부른다. 이것은 유전병인 혈우병과 전혀 다른 자궁에 생긴 병이다. 출혈이 계속되는 한 그녀는 부정한 상태를 벗어날 수 없으며 격리된 생활을 지속해야 한다.

감사하게도 병이 치료되어 어느 날 출혈이 멈추면, 그날부터 7일간의 자연정화 기간을 준수한다. 다른 절차와 마찬가지로 7일째 되는 날 목욕을 하고 옷 세탁을 한 뒤 해가 지면 정결케 된다. 이 경우에도 목욕과 옷 세탁이 본문에는 명시되어 있지 않다. 정화 절차는 여기서 그치지 않는다. 생리와 달리 이것은 매우 부정한 상태로 성소에 감염을 일으켰기에 그녀는 8일째에 반드시 비둘기 2마리를 들고 성소에 올라가 속죄제와 번제를 바쳐야 한다. 이 점에서 이 사례는 남자의 만성 유출과 동급의 부정결의 문제다.

15장은 이 두 문제를 의도적으로 가장 첫 번째와 맨 마지막에 배치하고 아래 등급들을 가운데 배치하는 교차 구조(chiasm)의 문학적 기법을 사용한다. 아래 등급인 남자의 설정과 여자의 월경은, 후자의 자연정화 기간이 7일로서 훨씬 길긴 했어도 둘 다 성소의 제사가 요구되지 않았다.

A 남자의 만성 유출(1-15절)

B 남자의 설정(16-18절)

B¹ 여자의 월경(19-24절)

A¹ 여자의 만성 유출(25-33절)

만일 만성 자궁 출혈이 멈추지 않고 계속된다면 어떻게 조치했을까? 이러한 극단적 사례는 레위기에서 언급되어 있지 않다. 이것은 남자의 만성 유출의 경우도 마찬가지다. 만일 그의 비뇨기 질환의 유출이 멈추지 않는다면 가족과 언약 공동체는 그를 어떻게 했을까? 레위기 15장의 유출증 규례는 이에 대해 침묵한다. 그러나 가족들은 그들을 계속 격리해야만 했을 것이다. 앞서 라헬의 이야기에서 살핀 대로, 추정컨대 만성 자궁 출혈과 만성 유출증을 겪는 그 남녀는 오랜 격리 기간을 지낸 뒤 결국 진 밖으로 나가야 했을 것으로 보인다. 이 기간이 장기적으로 지속되면 본인은 물론 가족들에게 큰 어려움과 고통이 따랐을 것이다. 가족들과 식사도 같이하지 못하고 어떠한 접촉도 금지되기에 더 이상 함께 살기는 어려웠을 것이기 때문이다.

결국, 환자 본인들이 스스로 가족과의 격리와 결별을 선택했을 것으로 보인다. 이것은 민수기 5장에서 암시된다.

모든 나병 환자와 유출증이 있는 자와 주검으로 부정하게 된 자를 다 진영 밖으로 내보내되 민 5:2b

어떤 주석가는 이것을 레위기 15장의 유출증 규례와 모순되는 다른

 드라마 레위기

자료로 분류한다. 왜냐하면, 레위기 15장에는 유출증을 추방하라는 지시가 없기 때문이다. 그러나 분명히 민수기의 사례는 남녀의 유출이 멈추지 않는 사례로 보아야 한다. 결국 멈추지 않는 만성 유출은 나병 환자와 송장과 동급의 무서운 부정결로 간주되어 진 밖으로 격리되어야 했다.

라헬이 처한 상황이 바로 그런 사례가 된다. 복음서에 나오는 12년간 혈루증을 앓던 여인의 이야기는 이러한 배경에서 이해할 때 피부에 더 절실히 와 닿는다.

12년의 고통에서 해방된 여인

오랜 격리 끝에 라헬은 어쩔 수 없이 가족과 결별해야 했다. 절망과 고독 속에 홀로 지내던 그녀는 어느 날 예수님이라는 분에 대한 소문을 들었다. 그분이 갈릴리 인근 지역 곳곳을 돌아다니며 놀라운 기적을 행하고, 귀신을 쫓아내며 병자를 고치고 심지어 지금껏 들어보지 못한 신령한 말씀을 가르친다는 소문이었다. 사람들은 그를 메시아라 부르며 따르고 있다 한다. 그런데 그분이 이 동네를 찾으셨다는 소식이다. 라헬의 마음속에 확신이 왔다.

'이분이라면…. 이분이라면 내 병을 고쳐 주실 거야.'

하지만 사람들과의 접촉이 금지된 그녀가 그분을 만나러 군중 속으로 들어간다면, 돌팔매질을 당해 죽을 수 있었다. 더구나 자신은 몸이 심각히 부정하기에 거룩하신 분에게 접근한다는 것은 감히 상상도 못할 일이다.

그러나 라헬은 그 예수라는 분을 너무나 뵙고 싶었다. '만일 그분의 옷자락이라도 만질 수 있다면…, 단 한 번만이라도 그분의 그림자에 닿을 수 있다면…'

그녀는 그분을 통해 자신의 병이 치유될 것이라는 믿음이 솟구쳤다. 이곳을 찾아오신 이분을 이대로 보낼 수 없다. 그녀는 얼굴을 가리고 사람들 틈에 숨어들었다. 저

만치 예수님이 보였다. 그녀는 조금씩 조심스럽게 앞으로 나갔다. 드디어 그분에게 가까이 이르렀다. 감히 그분 앞에 있을 수 없어 그녀는 그분의 뒤로 숨었다. 그리고 그분의 옷자락 끝을 만졌다.

"하나님, 당신이 보내신 이분을 믿습니다. 저를 고치시고 살려 주십시오."

옷자락을 붙든 그녀의 기도는 간절했다. 그 순간 놀라운 일이 일어났다. 라헬의 몸에 이상한 기운이 돌더니 갑자기 뭔가 강한 힘이 밀고 들어왔다. 동시에 자신을 무겁게 짓누르던 어두운 질병의 기운이 일순간에 밀려나 사라진 것을 느꼈다.

그때 예수님이 말씀하셨다.

"내게 손을 댄 자가 누구냐?"

베드로는 사람들이 너무 많아 누군가 떠밀려서 예수님과 접촉했을 것이라고 말씀 드렸다. 그러나 예수님이 다시 말씀하셨다.

"아니다. 내게 손을 댄 자가 있다. 방금 내게서 능력이 나갔다."

라헬은 두려워 떨며 고개를 숙이고 있었다. 그녀는 예수님께 자신을 숨길 수 없다는 것을 깨달았다. 그는 즉시 예수님 앞으로 나아와 무릎을 꿇고 모든 사실을 말씀 드렸다.

"선생님, 용서해 주십시오. 제가 손을 댔습니다. 저는 12년간 혈루증으로 고통을 당해 왔습니다. 그러나 하나님이 보내신 선생님께서 저를 고쳐주실 것이라는 믿음으로 옷자락을 만졌습니다. 허락도 없이 감히 선생님의 옷자락을 만진 저를 용서해 주세요. 그런데 선생님, 지금 제 몸이 나았습니다. 깨끗해졌습니다."

사람들은 웅성거렸다. 이 여자는 여기 오면 안 되는 그 부정한 여자가 아닌가? 그런 그녀가 거룩한 저 선생님을 가까이에서 만지다니 이게 될 일인가? 게다가 그녀가 치유를 받았다고 하니, 이게 어떻게 된 일인가?

예수님이 웅성거리는 사람들 앞에서 그녀에게 말씀하셨다.

  드라마 레위기

"사랑하는 딸아, 아무 걱정하지 마라. 네 믿음이 너를 구원하였다. 이제 평안히 집으로 돌아가라."

라헬은 이렇게 해서 치료를 받았다. 12년간의 무서운 질병과 부정결의 속박에서 드디어 해방되었다. 그녀는 그리운 가족의 품으로 돌아갔다. 회복되어 집으로 돌아온 라헬을 보고 가족들은 너무나 놀랐다. 그들은 서로 부둥켜안은 채 한없이 울며 하나님께 찬양을 드렸다.

"라헬을 치료하신 예수, 그분은 누구이신가? 그분은 정녕 우리를 구원하실 메시아로구나!"

정결법은 우리에게 무엇을 교훈하는가?

앞서 말한 대로, 예수님은 구약 시대에는 격리와 추방의 대상으로 접촉이 불가능했을 사람들에게 먼저 다가가셨다. 당시 사람들은 어쩔 수 없이 구약의 패러다임 속에 갇혀 있었다. 율법은 사람과 사물이 부정한 것과 접촉하는 것을 금지할 뿐만 아니라 부정한 것이 거룩한 것에 접근하거나 접촉만 해도 무서운 결과를 초래한다고 엄히 경고하고 있기 때문이다. 그런데 예수님은 혈루증 환자인 여인의 접촉을 허용하셨으며 나병환자들을 찾아가 거리낌 없이 그들을 만지고 치료하셨다. 죽음의 기운을 밀어내신 것이다. 송장과 무덤은 무서운 부정결의 근원이었음에도 그분은 죽은 나사로의 무덤을 찾아가 그를 소생시키신다. 죽음의 세력이 패배하고 생명이 회복되었다. 이렇듯 예수님은 온갖 부정한 질병을 치유하시고 더러운 귀신들을 내쫓으셨으며 불의한 세상 체제에 맞서 하나님 나라를 선포하셨다. 예수님은 생명 회복, 거룩 회복의 사역을 하셨다.

앞서 제기했던 의문점을 여기서 다시 생각해 볼 필요가 있다. 부부간의 성관계는 하나님이 향유하도록 허락하신 축복인데, 왜 그로 인한 설정이 몸을 부정케 하는가? 몽정은 불가항력적인데 왜 부정결을 유발하는가? 지극히 자연스러운 출산이나 생리에 대해서도 마찬가지 질문을 던질 수 있다. 앞서 말한 대로 이것은 생명력의 소실이므로 부정하게 여겨진다. 이것은 여성의 생리를 포함한 자궁 출혈에서도 마찬가지다. 그럼에도 불구하고 불가피한 신체의 자연적인 증상들에 부정하다는 딱지를 붙이고 격리조치를 취하는가 하면, 심지어 공동체로부터 추방을 하는 것은 현대인의 관점으로 이해하기 어려운 조치다. 연약한 처녀 라헬을 만성 유출증에 걸렸다 해서 추방하는 것은 가혹해 보인다. 그러나 우리가 다 이해하기 어렵지만, 이미 살핀 대로 구약의 세계에서는 정-부정의 문제가 생명처럼 중요했다.

그럼에도 고대 이스라엘에서 감염자의 격리와 추방이 무조건 차별과 배제로 간주되었다고 볼 수 없다. 우선 정결법 배후에는 격리를 통한 산모의 보호와 전염병 방지의 취지가 엿보인다. 더욱 심각한 악성 피부병 환자와 만성 유출증 환자는 어쩔 수 없이 마을 밖으로 격리되었다. 하지만 복음서에서 관찰되는 가혹한 유대 사회가 보여주는 것처럼 그 당시 가족과 마을 사람들이 그들의 삶을 방치했다고 볼 필요는 없다. 이스라엘 공동체는 그들을 격리 중에도 끝까지 보살피고 공동체로 복귀하도록 치료를 위해 노력했을 것이다. 우리는 나중에 부정하게 된 제사장의 사례에서 그 단서를 발견할 수 있다(레 21:22-23; 267쪽).

또한 무엇보다 구약은 고아와 과부와 나그네를 비롯한 사회적 약자와 소외된 계층을 끝까지 보듬고 보살필 것을 곳곳에서 명령한다(출 22:22; 신 14:29; 16:14; 24:21; 렘 7:6; 22:3; 슥 7:10). 따라서 구약의 정신을 따라 마을 밖으로 격리되어 소외된 사람들이 무책임하게 방치되었을 것 같지는 않다.

이미 논의한 바와 같이 정결법의 목적은 '거룩'에 있다. 신약에서 정결법의 형식은 모두 폐지되었지만, 그 본질적 취지는 율법을 통해 계승된다.

> 너희를 부르신 거룩한 이처럼 너희도 모든 행실에 거룩한 자가 되라 기록되었으되 내가 거룩하니 너희도 거룩할지어다 하셨느니라 벧전 1:15-16; (참조, 벧전 2:9)

바울은 신자들의 모임인 교회를 '성전'이라 칭하면서 그 영적인 성전을 더럽히면 하나님이 그를 멸하실 것이라 경고한다(고전 3:16-17). 그러므로 신자는 거룩한 신분을 유지하기 위해 세상과는 구별된 정결한 삶을 살아야 한다.

21. 선짓국도 순댓국도 먹지 마라! / 레 17장 /

사냥을 나간 요아킴

최근 요아킴은 전염병으로 키우던 양을 많이 잃었다. 그로 인해 일부 하나님께 제물로 쓸 여유는 있으나 식용으로 양을 잡아먹을 처지는 아니었다. 그래서 요아킴은 요즘 마을 밖 야산으로 사슴 사냥을 나간다.

오후 늦은 시간 그는 하나님의 은혜로 커다란 사슴을 잡는 데 성공했다. 요아킴은 아직 숨이 붙어 있는 사슴의 목을 찔러 피를 모두 빼냈다. 그리고 흙으로 피를 덮었다. 하나님은 율법으로 생명을 상징하는 피는 먹어선 안 되고 피를 빼내 땅에 흘려 흙으로 덮으라고 명하셨기 때문이다.

흥에 겨워 돌아오는 길에 요아킴은 바위 위에 죽은 산양 한 마리가 놓여 있는 것을 발견했다. 가만 보니 몸이 뜯겨 피로 흥건한데, 아직 김이 모락모락 나고 있었다. 이미 독수리 몇 마리가 사체를 물어뜯으며 흥겨운 식사를 즐기고 있었다. 틀림없이 어떤 들짐승이 산양을 잡아먹고 남긴 것이다. 아직 싱싱한 산양의 큼직한 살덩이를 덤으로 얻으면 큰 행운일 수 있으나 요아킴은 그대로 산에서 내려왔다. 율법이 자연사한 짐승이나 들짐승에 찢겨 죽은 짐승은 먹지 못하도록 금했기 때문이다.

  드라마 레위기

피를 절대로 먹지 말라!

요아킴이 말한 율법은 레위기 17장에 집약되어 있다. 17장 전체를 훑어보면, 핵심 주제가 "피"라는 것을 쉽게 알 수 있다. 즉 '생명을 대속하는 피를 절대 먹지 말라'는 반복적 경고로 채워져 있다. 그런데 17장 바로 앞에 있는 16장의 속죄일 규례에서도 핵심 요소는 마찬가지로 성전을 철저히 청소하는 "피"라 할 수 있다. 레위기 4장에서 상세히 살펴본 대로, 속죄제 짐승의 피는 성소의 "청소"와 죄의 "배상"이라는 이중적 기능을 담당했다. 특히 16장에서 이 "피"의 속죄의 기능이 절정에 이른다.

그런데 레위기로 국한해서 살펴면, 16장에 이르도록 정작 피가 무엇인지, 그 피가 왜 속죄의 효과를 만드는지 아무런 설명이 주어지지 않는다. 이것은 오경 전체를 살펴보아도 마찬가지다. 이미 창세기 4장에서부터 짐승을 제사로 바치는 장면이 등장하고 이후 숱한 동물 제사들이 창세기와 이후의 출애굽기에서 반복된다. 이어서 레위기는 이러한 각종 제사를 표준화·규격화한다.

물론, 창세기 9장에서 홍수 이후에 노아에게 육식을 허용하면서 "피를 먹지 말라. 피는 곧 생명이다"는 명제가 주어지고(창 9:4-5) 피를 먹지 말라는 명령은 레위기에서 반복된다(레 3:17; 7:26, 27). 하지만 그 피가 곧 생명이기에 생명을 대속한다는 진술은 레위기 17장에서 처음으로 나타난다. 이렇듯 피의 속죄 기능이 절정에 이른 16장에 이어 피가 왜 속죄를 만드는지 설명하는 17장이 나란히 붙어 있다. 이러한 배치는 레위기에서 대단히 중요한 의미를 지닌다. 이에 관해서는 마지막 나가는 글에서 살펴볼 것이다.

결론부터 말하자면, 레위기 17장은 궁극적으로 중심에 자리한 11절의 의미와 기능을 설명하기 위해 쓰였다. 언뜻 이 장에는 서로 무관해 보이는 법들이 일관성 없이 산발적으로 등장하는 것처럼 보이지만 전체 구조를 살피면, 10-12절을 중심으로 법들이 나열되고 있음을 알 수 있다.

합법적인 화목제 도살(1-7절)

합법적인 제의적 도살(8-9절)

피의 의미와 기능(10-12절)

사냥한 짐승의 섭취 방법(13-14절)

스스로 죽은 짐승의 섭취 금지(15-16절)

중심에 놓인 10-12절 중에서도 11절에 특히 주목해야 한다. 이는 피의 명제를 진술하는 가장 중요한 구절이다.

생명이 피에 있으므로 피가 죄를 속하느니라 레 17:11b

드라마 레위기

10절과 12절이 "피는 곧 생명이며, 피가 생명을 대속한다"는 뜻이 담긴 11절을 "피를 먹지 말라"는 명령으로 둘러싸고 있다.

10절 이스라엘 집 사람이나 그들 중에 거류하는 거류민 중에 무슨 피든지 먹는 자가 있으면 내가 그 피를 먹는 그 사람에게는 내 얼굴을 대하여 그를 백성 중에서 끊으리니

11절 육체의 생명은 피에 있음이라 내가 이 피를 너희에게 주어 제단에 뿌려 너희의 생명을 위하여 속죄하게 하였나니 생명이 피에 있으므로 피가 죄를 속하느니라

12절 그러므로 내가 이스라엘 자손에게 말하기를 너희 중에 아무도 피를 먹지 말며 너희 중에 거류하는 거류민이라도 피를 먹지 말라 하였나니

10절은 앞의 1-9절에 대한 피 섭취 금지와 연결되고, 12절은 이어지는 13-16절의 피 섭취 금지와 연결된다. 따라서 17장 전체의 핵심과 중심은 11절이라는 결론이 나온다.

화목제와 피의 규정은 무슨 상관인가?

여기서 몇 가지 의문점이 생긴다. 도대체 왜 여러 짐승 제사 중에서 유독 화목제에 대한 규정이 피와 관련되어 강조되는가? 사냥한 짐승이나 스스로 죽은 짐승의 섭취는 피 문제와 어떤 관계가 있는가? 이 법들은 서로 무관한 듯 보이지만 실은 모두 피의 문제와 밀접히 연관되어 있다.

첫 번째 법(1-7절)은 이스라엘 백성은 진영 안이든 밖이든(들판에서) "염소 신들"(히브리어 원문은 복수)에게 화목제로 바치기 위해 가축을 도살

해선 안 된다는 규정이다. 두 번째 법(8-9절)은 이스라엘인과 이방인 모두 하나님의 성소가 아닌 곳에서 번제와 다른 제사들을 드리지 말아야 한다는 규정이다. 여기서 3-4절은 언뜻 모든 짐승의 도축은 반드시 성소에서 이루어져야 한다는 뜻으로 보인다. 그로 인해 성경, 특히 오경에는 상충되는 내용이 많다고 보는 학자들은 이 규정이 신명기 12장의 도살법과 정반대의 명령을 내린다고 주장한다. 소위 '세속 도살 논쟁'이다.

쉽게 설명하면, 신명기 12장은 만일 소고기나 양고기를 먹고 싶으면 어디서든지 마음껏 도살해서 먹을 수 있는데, 다만 반드시 모든 피를 땅에 쏟아내 피는 먹지 말 것을 명령한다(신 12:15-16). 그것은 소위 '일반 도살'(혹은 '세속 도살')을 허용하는 법령이다.

그런데 학자들은 이 신명기 12장의 '일반 도살'을 더 후대에 기록된 레위기 17장이 전면 금지하고 있다고 주장한다. 레위기를 작성한 제사장들은 사냥한 짐승을 제외하고는 가축의 일반 도살을 전면 규제했다. 이제 이스라엘 백성은 이제 고기를 먹고 싶으면, 무조건 일단 소든 양이든 성소에서 화목제로 잡아야 한다. 그 뒤에 고기를 집으로 가져가 그것을 즐길 수 있다. 따라서 신명기와 레위기는 서로 부딪치는 도살법을 명령한다는 것이다.

그러나 이것은 레위기 17장에 대한 심각한 오해에서 비롯된 생각이다. 현재의 법안은 전혀 일반 도살을 금지하지 않는다. 만일 이 법안이 일반 도살 금지법이라면, 또한 오직 화목제를 바친 뒤에 고기를 먹도록 한 조치라면, 매우 기괴한 상황이 벌어진다. 당장 비둘기를 먹을 수 없게 된다. 왜냐하면, 화목제는 불과 몇 점의 고기 밖에 나오지 않는 비둘기를 허용하지 않기 때문이다. 이스라엘 백성이 비둘기를 먹을 수 없다는 건

드라마 레위기

있을 수 없는 일이다. 또한 화목제를 드리기 위해 흠이 없는 짐승을 제단에 바쳐야 하므로 (유일하게 다리가 길거나 짧은 흠을 지닌 짐승을 자원의 화목제로 허용하는 것을 제외하고는 화목제 짐승은 그 어떤 흠도 허용되지 않는다) 다리가 부러진 소나 가죽이 손상된 양은 전혀 먹지 못한 채 모두 버렸단 말인가? 이것은 전혀 상식적이지 않다.

3-7절은 유독 화목제를 거명하면서 주의하라고 말한 특별한 이유가 있는 것으로 보인다. 추정컨대, 그것은 유일하게 화목제가 평민이 먹는 제사이기 때문인 것으로 보인다. 잔치를 위한 제사이다 보니 제의적 실수에 가장 취약한 제사다. 대부분의 살코기를 집으로 가져가 먹기 때문에 제사장의 통제에서 꽤 자유로웠을 것이다. 나아가 어떤 사람은 들판의 어떤 불법적 제단에서 화목제를 잡은 뒤 고기를 나눠 먹을 생각을 했을 수 있다(5절). 또한 이 경우 짐승의 피를 제대로 제거하지 않아 사실상 피 채 고기를 먹을 위험이 있었으며, 덧붙여 피를 아무 데나 멋대로 처분할 수도 있었다. 이렇듯 피와 관련된 중대한 불법 행위가 쉽게 저질러질 수 있는 제사가 바로 화목제였다. 특히 그들은 이집트에서의 영향으로 들판의 숫염소 신 숭배의 유혹에 쉽게 빠졌던 것으로 보인다(7절). 만일 그런 제사를 바치면 그것은 여호와에 대한 제사가 아니며 그 피는 무단으로 흘린 피로 간주된다(4절).

이러한 불법적 제단에서의 제사 금지는 화목제에서 번제와 다른 제사들로 확대된다(8-9절). 그런 위험은 다른 제사에서도 물론 발생할 수 있었기 때문이다. 따라서 8-9절에서는 "번제와 제물을 드리되"라는 말로 다른 제사들을 포괄하고 있다. 그럼에도 이 경고의 강조점은 3-7절의 화목제에 있다. 1-9절의 취지는 불법적 제단에서 제사 행위를 금지하되

특히 고기를 나누어 먹는 사적인 목적이 강했던 화목제가 아무 데서나 드려지지 않도록 강력히 경고하는 데 있다.

결국, 레위기 17장은 일반 도살을 금지하는 규정이 아니라 사적인 제단이나 우상의 성소에서 '불법적인 제의 도살'을 금지하고 특히 이때 피와 관련된 실수를 범하지 않도록 엄히 경고한다. 이때 필연적으로 실수에 취약했을 화목제가 강조될 수밖에 없었다. 이것은 10절의 강력한 피 섭취 금지로 이어진다.

피의 의미와 기능, 그리고 피 섭취의 금지

화목제에 대한 경고의 초점은 결국 피에 있다(17:10-12). 화목제 피를 아무 데서나 뿌린다면, 그는 피 흘린 자로 간주되어 제명의 형벌을 받을 것이다(4절).

동물의 피 섭취 금지는 어떠한 형식이든 모두 금지되는 것을 의미한다. 그것은 생피를 먹는 것은 물론이며 피를 넣어 만든 일체의 음식이 금지된다. 오늘날 한국인이 좋아하는 순댓국과 선짓국이 여기에 포함된다. 또한 도살할 때 피를 제대로 빼지 않은 짐승의 고기를 먹는 것을 포함한다. 그것은 고기를 피째 먹는 일, 즉 피가 섞인 고기를 먹는 행위다. 따라서 유대 문헌의 가축 도살법에 의하면, 도살자는 짐승의 목의 동맥을 정확히 찔러 도살한 뒤 거꾸로 매달아 놓거나 머리가 아래로 향하도록 비스듬히 눕혀 놓아 몸통의 피를 철저히 제거해야 한다. 만일 피를 제대로 안 뺀 짐승을 섭취하면 고기를 피째 먹는 사태가 발생한다. 따라서 제사장 감시가 없는 사적인 화목제에서는 이런 일이 충분히 일어날 수 있다. 또한 느슨한 제의 도살에서만이 아니라, 여타의 육류를 입수하

드라마 레위기

는 다양한 과정에서 피를 먹는 일이 발생할 수 있다. 그런 위험한 사례들이 다음 법안들에서 명시된다.

사냥한 짐승의 경우

레위기 17장 13-14절은 사냥한 짐승을 먹는 규례다. 이스라엘 백성은 기르는 소, 양, 염소와 같은 가축만이 아니라 사냥한 짐승도 먹을 수 있었다. 레위기 11장의 표준에 맞는 정결한 들짐승, 조류, 그리고 물고기를 포함했다. 특히 들짐승과 새의 경우 사냥 후에 피를 철저히 제거해야 했다. 서둘러야 하는 사냥의 특성상 피 제거를 소홀히 할 가능성이 매우 컸을 것이다. 그러나 반드시 사냥한 짐승을 먹기 전에 피를 모두 땅에 쏟은 뒤 흙으로 덮어야 했다(13절). 신명기에서는 "피를 먹지 말고 물 같이 땅에 쏟으라"고만 되어 있으나(신 12:16) 레위기 법을 따라 흙으로 덮는 것이 원칙이었다. 쏟은 피를 흙으로 덮은 행위에는 분명히 동물 생명의 존중이 깃들어 있다. 그것은 이어지는 14절에서 암시되어 있다.

> 모든 생물은 그 피가 생명과 일체라 그러므로 … 너희는 어떤 육체의 피든지 먹지 말라 하였나니 모든 육체의 생명은 그것의 피인즉 그 피를 먹는 모든 자는 끊어지리라 레 17:14

이것은 11절의 반복이자 강조다. 피는 곧 생명이다. 따라서 피를 먹지 않고 대신 땅에 쏟은 뒤 흙으로 덮는 행위에는 분명히 그 생명에 대한 존중이 들어 있다. 이것은 또한 모든 생명의 주인이신 하나님에 대한 경외심의 표현이기도 하다. 짐승의 생명 또한 하나님이 주셨기 때문이다.

자연사한 짐승의 경우

15-16절은 자연사한 짐승을 금지하는 규례다. 도살이 아닌 자연사한 짐승의 고기는 전면 금지된다. 물론 그 대상은 식용 가능한 정결한 들짐승과 새다. 동물이 자연사한 원인은 노환이나 병일 수 있다. 또한 사고로 죽는 경우도 있을 것이다. 이것은 "스스로 죽은 것"이다. 그 외에도 육식 동물에 의해 "찢겨 죽기도" 한다. 사자나 곰, 독수리 등이 짐승을 사냥한 뒤 몸을 찢어 먹는다. 이때 보통 다 먹지 않고 남겨 두고 떠난다. 앞서 사냥을 마치고 집으로 돌아오는 길에 요아킴이 발견한 산양 사체가 바로 여기에 해당한다.

어떤 사람은 이런 자연사한 짐승은 파리떼가 날리고, 구더기가 생긴 부패가 진행된 고기이기 때문에 위생상 절대 금지되었다고 말한다. 그러나 요아킴이 발견한 사체처럼 아직 홍건한 피와 살덩이에서 김이 모락모락 나는 갓 죽은 짐승의 싱싱한 고기도 금지된다. 이것 역시 다른 이유가 아닌 바로 피 때문이다.

병이나 사고로 죽은 짐승은 물론 찢겨 죽은 짐승도 몸통에 피가 빠지지 않은 것들이다. 짐승의 목의 동맥은 몸의 모든 피가 지나가는 급소인데 육식 동물은 사냥감의 목을 물어 질식사시킨다. 따라서 이런 자연사한 짐승의 고기를 먹는 경우 피를 함께 섭취하는 결과를 낳는다.

만일 자연사한 짐승의 고기를 먹었다면, 그 사람은 하루 동안 부정하게 된다. 즉시 옷을 빨고 목욕을 한 뒤 저녁까지 기다리면 그 후 정결케 된다(15절). 이것은 피를 빼지 않은 사냥한 짐승을 먹는 경우 무서운 제명의 형벌을 당한 것에 비해 매우 약소한 격리 조치에 불과하다. 다만 만일 목욕과 옷 세탁을 하지 않으면, 자신이 "그 죄를 담당"해야 했는데

드라마 레위기

(16절), 이것은 매우 엄중한 형벌임이 암시된다. 이는 자신이 부정하게 되었음을 알고 있음에도 그런 정결례를 지키지 않은 고의적인 죄와 태만한 행동에 대한 징벌이었다.

여기서 유추해 볼 수 있는 것은 아직은 고기가 싱싱한 자연사한 짐승은 식량이 부족한 아주 비상한 상황에서는 불가피하게 하루 동안의 부정한 상태를 감수하며 먹었으리라는 것이다. 하지만 요아킴은 이미 큼직한 사슴 한 마리를 확보했기에 방금 찢겨 죽은 산양 사체를 내버려두고 하산했다. 이스라엘 백성에게 부정을 입는 일은 최대한 피해야 할 일이기 때문이다.

피는 곧 생명, 생명을 속하는 피

앞서 미뤄놓은 가장 중요한 17장 11절을 생각해 보자. 11절은 피의 명제를 또렷하고 간결하게 진술하고 있다. 피가 무엇인가? 피는 어떻게 처리되어야 하는가? 무슨 기능을 하는가? 특히 11절은 구약성경에서 유일하게 짐승의 피의 본질적 기능을 알려 주는 구절이기에 매우 중요하다.

위의 세 가지 질문에 대한 답으로 피의 세 가지 피의 명제가 진술된다. 첫째, 짐승의 피는 생명이다. 둘째, 피는 제단에 귀속된다. 셋째, 피는 생명을 대속한다.

첫 번째 명제 '피는 생명이다'는 모든 짐승의 피에 적용된다. 아마 이것은 식용을 위한 가축과 사냥감뿐 아니라 모든 부정한 짐승까지도 포함할 것이다. 호흡이 있는 모든 생명체에 하나님이 생명을 주셨다. 그것은 그들의 몸에 흐르는 피로 상징된다. 피는 곧 생명이다. 피가 없으면 생명도 없다.

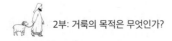

두 번째 명제 '피는 제단에 귀속된다'는 희생 짐승으로 좁혀진다. 어떤 짐승을 제물로 바친다면, 그 피는 반드시 하나님의 제단에 뿌려져야 한다. 짐승을 다른 신의 제단에 피를 뿌리며 바치는 행위는 금지된다. 여호와의 제단에 짐승을 바칠 때도 그 피를 만일 쓰레기통에 버리거나 마당에 뿌려 없애거나, 밖으로 반출시켜 처리하는 일은 있을 수 없다. 제사로 바친 피는 반드시 제단에 돌려져야 한다. 피가 곧 짐승의 생명이고 피가 곧 그 짐승을 대표하기 때문이며, 그런 이유로 피는 하나님의 것이기 때문이다.

세 번째 명제 '피는 생명을 속한다'는 더욱 좁혀져 희생 짐승 중에 대속의 희생에 해당한다. 사람들은 모든 희생 짐승은 모두 대속의 기능을 한다고 생각한다. 그러나 대속의 기능은 대속의 희생 짐승들에 제한된다. 우리가 살펴본 대로, 화목제는 순전히 감사와 잔치의 제사다. 이것은 인간의 죄와 아무런 상관이 없다. 죄를 지었기 때문이 아니라 감사의 마음이 너무나 흘러넘쳐서 바치는 제사가 화목제다. 따라서 감사의 번제를 넘어 이웃과 고기를 마음껏 나누기 위해 추가로 바치는 짐승이 화목제다.

이렇듯 화목제는 결코 죄 때문에 드리는 제사가 아닌 축제와 잔치의 제사였기에 대속의 기능이 있었는지 매우 의심스러우며 구약 전반에 그런 증거가 나타나지 않는다. 앞서 상세히 설명했듯이 개역개정에서 예수님이 우리 죄를 위해 "화목제"로 드려졌다고 말하는 요한일서 2장 2절과 로마서 3장 25절은 속히 수정되어야 할 대표적 오역이다. 하나님과 화목케 하는 제사는 화목제가 아니라 대속의 제사인 속죄제다. 따라서 그 구절들은 예수님이 우리를 하나님과 화목케 하기 위해 '대속물'로 드려졌다고 바꾸어야 한다.

드라마 레위기

지금 우리는 순댓국을 먹을 수 있는가?

레위기가 금지하는 피의 섭취는 지금도 유효한가? 구약의 율법들은 신약에 더 이상 적용되지 않는데, 피 금지는 어떠한가? 이 문제에 관해 그리스도인 사이에 약간의 의견의 차이가 있는 듯하다. 대부분은 이제 피를 먹어도 된다고 말하지만, 일부는 여전히 선짓국이나 순대를 먹지 않거나 꺼림칙하게 생각한다. 그들은 구약이 아닌 신약의 사도행전 15장 20절과 29절을 근거로 제시한다. 당시 예루살렘 공의회는 유대파 그리스도인과 헬라파 그리스도인 사이에 발생한 율법 논쟁으로 혼란에 빠졌을 때, 비유대인들도 지켜야 할 최소한의 덕목으로 우상의 더러운 것(제물), 피, 목매어 죽인 것, 음행 등 네 가지를 금지하기로 결정했다.

우선 음행은 성적 부도덕으로 당연히 금지되었다. 그런데 남은 세 가지는 사실 모두 먹는 것들이다. 피를 먹는 것은 유대인들에게는 상상도 못 할 일이었기 때문에 그들을 배려한 조치다. 목매어 죽인 것은 왜 금지되는가? 우리가 앞서 말한 대로, 그것은 피가 빠지지 않은 짐승이기 때문이다. 당시 이방인들은 목의 동맥을 찔러 피를 빼는 도살 방식이 아닌 목을 매달아 죽인 뒤 고기를 먹었다. 따라서 이것 역시 피 섭취의 금지에 해당한다.

우상의 더러운 것은 무엇인가? 사람들은 그것을 더러운 우상 자체라고 생각한다. 즉, 우상 숭배가 금지되었다는 것이다. 그러나 당시 그리스도인과 유대인에게 우상의 금지는 너무나 당연했기에 예루살렘 공의회가 별도로 이런 조치를 할 필요가 없었다. 이것은 우상에게 바쳐진 더러운 제물을 뜻한다. 즉 당시 교회 내에서 이 우상의 제물을 먹을 수 있느냐 하는 문제로 큰 논쟁이 일어났다. 예루살렘 공의회는 이런 상황에서

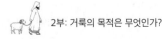

우상의 제물을 먹지 말도록 결정했다.

그런데 이 조치는 당시뿐 아니라 지금도 유효한 것인가? 결론부터 말하자면, 당시 예루살렘 공의회의 결정은 임시적인 선교적 전략을 위한 조치였다. 특히 예루살렘에서 유대인 선교를 위해서는 그런 최소한의 조치는 불가피했다. 물론 음행은 구약을 이어 신약에서도 항구적으로 지켜야 하는 도덕률이다.

도덕적 계명인 음행의 금지를 제외하고 음식 규정은 더 이상 항구적이지 않다. 먹는 것은 외적인 형식에 지나지 않으며, 그리스도인은 각자의 국가와 민족의 식문화를 따르면 그만이다. 예수님은 더 이상 입으로 들어가는 것이 사람을 더럽히지 않는다고 교훈하셨다(막 7:14-23). 바울 또한 이 정신을 이어받아 신자들은 원칙적으로 이제 모든 음식으로부터 자유하다고 선포한다(롬 14:15; 고전 10:25-26). 바울은 심지어 우상의 제물에 대해서도 그리스도인의 자유를 선포한다. 그는 어떤 음식이 우상의 제물인 것을 알고 먹는 것은 주의해야 하나 시장에서 모르고 사서 먹을 경우에는 아무 문제가 없다고 말한다. 음식은 이제 "무엇이든지 스스로 속된 것이 없으되 다만 속되게 여기는 그 사람에게는"(롬 14:14) 속된 것일 뿐이며 "만물이 다 깨끗하되 거리낌으로 먹는 사람"(롬 14:20)에게 악할 뿐이다.

디모데전서는 이 논쟁에 종지부를 찍는다.

> 하나님께서 지으신 모든 것이 선하매 감사함으로 받으면 버릴 것이 없나니 딤전 4:4

 드라마 레위기

그리스도인에게 먹거리의 제한은 더 이상 없다. 심지어 우상의 제물마저도 아무것도 아니다. 그리스도인은 헛된 우상에게 바쳐진 제물을 보지도, 먹지도, 말하지도 못할 뿐인 우상을 무시하고 조롱하며 즐겁게 먹을 수 있다. 다만 우상의 제사에 동참하여 현장에서 그 음식을 먹는 행위는 절대 금지된다(고전 10:18-20). 그것은 우상 숭배에 동참하는 행동이기 때문이다. 또한 믿음이 약한 형제가 시험에 빠질 수 있다면, 자신의 자유를 제한할 수 있어야 한다(고전 10:28-31).

이것은 피 문제에서도 마찬가지다. 피 역시 예수 그리스도께서 십자가를 통해 피의 대속을 완성한 이상 짐승의 피에 더 이상 특별한 의미를 부여할 필요는 없다. 마음껏 선지 해장국과 순대를 즐겨도 된다. 때로 생피가 건강에 필요하다면 마실 수도 있다.

또한 어떤 이단 종파에서는 수혈을 피 섭취로 간주하며 금하지만, 생명을 살리기 위해서는 피를 수혈해야 한다. 오늘날 문화권마다 음식으로서 피에 대한 견해가 다르다. 서양은 일종의 순대인 블랙푸딩(black pudding)을 포함, 일부를 제외하고 피로 만든 음식은 거의 없으며 짐승의 도축 과정에서 모든 피는 철저히 관리되어 시중에서 유통이 제한된다. 아시아권에서는 전통적으로 피로 다양한 음식을 만들어 먹었다. 그리스도인은 각 문화권의 식문화를 존중하되, 먹는 것으로부터 자유하다는 사실을 기억해야 한다.

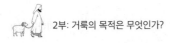

22. 짐승들아, 선은 넘지 마라! / 레 18-20장 /

로마를 방문한 시므온

시므온은 듀공 가죽으로 샌들을 제작하여 파는 사업을 한다. 물개의 일종인 듀공은 홍해 연안에 대량 서식하는데 그 가죽은 대단히 질겨 최고 품질의 샌들을 만드는 데 사용되었다. 듀공 가죽은 성막을 덮는 덮개로도 사용되었으며 문양도 예뻤다. 가문의 기업을 이어 특별한 기술로 제작된 시므온의 샌들은 특히 인기가 좋아 사업은 크게 번창했다. 어느 날 로마에 큰 물량을 댈 기회가 생겼다. 시므온은 구체적인 물량 공급과 계약을 위해 로마 현지를 방문해야 했다. 어마어마한 도시라는 말은 소문으로 익히 들어 왔다.

로마의 거래처 담당자는 비시니우스다. 그는 로마의 귀족이었으며 상당한 재력가였다. 도착하자마자 그는 비시니우스 집으로 안내되었다. 통 큰 비시니우스의 파격적 제안과 더불어 계약은 빠른 시간에 매우 흡족한 조건으로 잘 성사되었다. 비시니우스는 시므온을 데리고 나가 로마를 구경시켜 주었다. 시므온은 로마 시민들이 왜 최고급 샌들을 찾는지 잘 이해할 수 있었다. 제국의 시민들은 최고의 집, 최고의 옷, 그리고 최고의 음식을 즐기며 살고 있었다. 수많은 노예들이 그들을 위해 온

드라마 레위기

갖 허드렛일과 노역을 하고 있었으며 시민들은 사치와 향락을 마음껏 누리고 있었다. 무엇보다 그들은 성적으로 자유분방했다. 비시니우스가 데려간 어떤 장소의 커다란 담벼락에는 민망한 조각과 그림들이 즐비했고, 사람들이 나누는 이야기에는 듣기 민망한 음담패설이 난무했다.

비시니우스는 항상 어린 소년 하나를 데리고 다녔다. 시므온은 처음에는 알아차리지 못했는데 알고 보니 힘깨나 쓰는 사람들이 미동(美童)을 데리고 사는 것은 그리스와 로마의 오랜 관행이자 문화였다. 비시니우스는 소크라테스 사상과 플라톤의 《향연》을 들먹거리며 사랑의 최고의 경지는 미소년과의 동성애라는 말을 서슴지 않았다. 시므온은 로마의 성문화에 대해 소문으로만 들었을 뿐인데 현지에 와서 실상을 목격하고선 큰 충격에 빠졌다. 남자들은 예쁜 여자 노예를 성적으로 탐닉했음은 물론이고, 귀부인들 또한 잘생긴 젊은 노예를 은밀히 성적인 노리개로 삼는 일이 많았다. 듣기로는 이집트에서는 파라오들이 왕가의 혈통 보존을 이유로 근친결혼을 했다는데, 이곳 로마의 어떤 황제들 역시 근친상간도 서슴지 않았다고 한다.

늘 율법을 마음속에 간직하며 살아온 시므온은 로마의 음탕한 분위기가 견디기 어려웠다. 특히 레위기 18-20장은 로마의 이 모든 성 문화와 관행을 가증한 죄라고 정죄한다. 시므온은 유다로 돌아오는 뱃길에서 깊은 상념에 빠졌다. 로마가 세상을 지배하고 있다. 그러나 하나님 나라와 세상 나라는 다르다. 하나님 나라는 로마보다 더 크다. 하나님의 백성은 하나님 나라의 질서를 따라야 한다. 시므온은 로마의 부와 권력, 사치와 향락이 덧없고 부질없게 느껴졌다. 비록 자신의 샌들을 수입해 주는 나라지만, 시므온이 본 로마는 짐승의 나라였다. 사람이 마땅히 지켜야 할 도리와 선을 넘었다. 그는 로마의 거리에서 외치고 싶었다.

"짐승들아, 선은 넘지 마라!"

2부: 거룩의 목적은 무엇인가?

225

"너희는 거룩하라" 레위기 11-15장과 18-20장의 관계

시므온이 로마에서 돌아오는 길에 묵상한 토라는 레위기 18-20장이다. 이것은 대부분 금지된 성 관계(결혼)를 나열하는 법들과(18, 20장) 건강한 사회를 구축하기 위한 공동체의 강령으로(19장) 채워진 윤리법이다. 이스라엘은 이러한 하나님 나라의 질서가 구현된 거룩한 가정과 사회를 만들어 가야 한다. 이스라엘은 로마를 따를 수 없다.

18-20장은 앞서 살펴본 11-15장과 매우 밀접한 관계가 있다. 앞서 우리는 레위기 11-15장의 목적이 첫 장인 11장에 분명하게 선포되어 있음을 확인했다. 그것은 "내가 거룩하니 너희도 거룩하라"는 것이다(11:44-45). 11-15장은 주로 신체와 환경의 정과 부정 문제와 관련된 정결법으로서 제의적 영역에서 백성이 지켜야 할 '의식적(ritual) 정결법'이다. 흥미롭게도 18-20장의 마지막 부분에서 11-15장과 동일하게 "내가 거룩하니 너희도 거룩하라"는 명령이 선포된다(20:25-26). 그런데 18-20장을 들여다보면, 이것은 윤리법들이다. 하나님은 이 법들을 지킴으로써 이방인과 구별된 정결한 삶을 살 것을 요구하신다. 따라서 18-20장은 '윤리적 정결법'이라 부를 수 있다.

정리하자면, 11-15장은 '의식적 정결법'이고 18-20장은 '윤리적 정결법'인데, 두 법전 모두 "너희는 거룩하라"는 목표를 지향한다. 이스라엘 백성은 의식적 정결을 유지함으로써 거룩한 백성으로 살아야 한다. 또한 이스라엘 백성은 윤리적 정결의 삶을 삶으로써 거룩한 백성의 자격을 간직해야 한다. 우리는 편의상 11-15장을 '정결법으로,' 18-20장을 '성결법'으로 부르기로 한다.

흥미롭게도 정결법과 성결법 사이에 레위기 16-17장이 끼어 있다. 앞

 드라마 레위기

서 '12. 속죄일, 이스라엘이 리셋되는 날!'(114쪽)에서 살핀 대로, 16장의 속죄일은 이스라엘의 국가적 "속죄"를 위한 가장 중대한 제의 시스템이다. 17장은 그 속죄를 만드는 가장 중요한 수단인 "피"의 의미와 기능을 설명한다. 만일 백성들이 11-15장의 정결법 준수에 실패하여 의식적으로 부정하게 되면 그들은 즉시 회복되어야 한다. 가벼운 부정결은 성소에 올라올 필요가 없으나 중대한 부정결은 회복을 위해 반드시 속죄제의 "피"가 요구된다. 무심코 사체와 접촉했음에도 깨닫지 못했거나, 그 외 여러 이유로 해결되지 못한 누적된 부정결은 "속죄일"에 한꺼번에 해결된다. 또한 정결법에 지정된 정결 의식을 치르지 않은 자는 제명의 형벌을 받는데(레 15:31) 이 문제는 속죄일까지 이어질 수 있다. 따라서 속죄일과 피가 부정결 문제의 궁극적 해결 방안이다.

또한 이스라엘 백성이 '성결법,' 즉 윤리적 삶을 사는 데 실패한다면, 그리하여 그들이 로마인이나 가나안 족속과 아무런 차이가 없게 된다면 이것은 심각한 결과를 초래하였다. 우선 정결법과 달리 범법자는 사형과 제명이라는 무서운 형벌을 받게 된다(레 18-20장). 그리고 이스라엘의 가정은 와해되고 공동체가 무너진다. 그러나 만일 그들이 즉시 진실한 회개를 하며 하나님께 용서를 구하면, 하나님이 심판을 거두시고 그들에게 속죄의 기회를 주실 것이다. 특별히 그들에게 속죄일은 마지막 회개의 자리가 될 수 있다. 또한 연중에 해결되지 못한 부정결이 그랬던 것처럼, 그들이 부지중에 지은 죄들도 만일 전혀 깨닫지 못하면 계속 미해결된 상태로 누적된다.

누적된 모든 죄는 마찬가지로 속죄일에 최종적으로 해결된다. 다음의 속죄 시스템에 대한 그림은 이스라엘이 정결법과 성결법에서 실패했

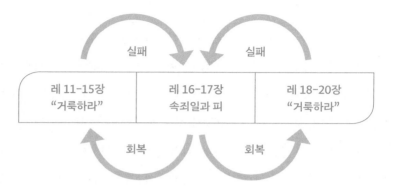

을 때, 어떻게 회복될 수 있는지 시청각적으로 잘 보여 준다. 이렇듯 18-20장의 성결법은 11-15장의 정결법과 짝을 이루며, 중간에 16-17장이 놓여 있다. 결국 11-20장 전체를 "너희는 거룩하라"는 주제로 묶을 수 있으며 이 부분이 레위기의 핵심을 구성하고 있다.

윤리적 성결을 위한 법

성결법인 레위기 18-20장은 거대한 윤리법전이라 할 수 있다. 그런데 이 세 장은 묘한 배치를 보여준다. 18장과 20장은 명백히 불법적인 성관계를 금지하는 규정으로 채워져 있다. 18장은 그 가증한 성관계의 사례들을 나열하고 20장은 그것들 각각에 대한 사형과 제명의 형벌을 명시한다. 18장과 20장은 주로 대가족 내에서의 근친상간 금지에 대한 조항이며 그 외 간통, 동성애와 수간과 같은 역겨운 성관계들을 금지한다. 그런데 그 사이에 이상하게 전혀 다른 법안인 19장이 끼어 있다. 아무리 들여다보아도 19장은 주로 가정 윤리법인 18, 20장과 달리 사회 윤리법이다. 학자들은 이러한 기이한 배치의 이유를 찾아보려 했지만 성공하지 못했다. 그러나 여기에는 나름의 이유가 있어 보이며 이것은 뒤에서

 드라마 레위기

(23. 거룩한 삶은 하나님 사랑, 이웃 사랑이다, 246쪽) 설명하기로 한다.

18장은 근친상간, 동성애, 간통, 수간을 포함한 불법적 성관계들의 금지와 더불어 몰렉 신 숭배와 점술 행위를 금지한다. 이러한 범죄에 대한 반감은 "문란," "악," "토해 냄," "가증함(역겨움)," 그리고 "더러움"으로 표현된다. 최악의 범죄를 뜻하는 표현들이다. 20장은 이에 걸맞은 형벌이 선고된다. 그것은 "제명(끊어짐)", "투석형(돌로 침)", "사형(반드시 죽이라)", "그 피가 자기에게 돌아가리라", "죄를 담당하리라", "자녀 없이 죽으리라" 등이다. 이것은 법정 최고형을 뜻하는 표현들이다.

18장은 서두(1-4절)와 마지막 절(30절)에서 이러한 역겨운 범죄들을 이집트의 풍속과 가나안의 규례로 간주한다. 시므온과 같은 하나님의 신실한 백성이 절대 따르지 말아야 할 문화적 관례들이다. "이집트와 가나안의 풍속"은 로마와 같은 다른 나라를 포함하는 이방의 풍속과 규례로 이해할 수 있다. 이스라엘 백성은 400년이 넘도록 이집트에서 살았다. 따라서 그들에게는 뿌리 깊은 이집트의 영향이 남아 있을 수밖에 없다. 그것은 이집트의 문란한 성 문화와 우상 숭배, 점술과 같은 풍속일 것이다. 이스라엘은 과감히 그 이방의 잔재를 뿌리 뽑아야 한다. 또한 그들은 장차 들어갈 가나안 땅에서는 필연적으로 그들의 문화적·종교적 영향 앞에 마주 서야 한다. 그리하여 하나님이 그들에게 미리 경고하신다.

> … 내가 너희를 인도할 가나안 땅의 풍속과 규례도 행하지 말고 너희는 내 법도를 따르며 내 규례를 지켜 그대로 행하라 … 레 18:3-4

이것은 그들이 바벨론이나 아람이나 로마에서 살 때도 마찬가지다.

근친상간의 금지

18장과 20장에서 금지된 것은 주로 불법적인 성관계, 그중에서 근친 상간이다. 금지된 성관계는 "그의 하체를 범하지 말라"는 말로 표현된다. 여기서 이 표현은 단순히 우발적이거나 충동적인, 혹은 지속적인 근친 의 불미스러운 성관계를 가리키는 것이 아니다. 이것은 넘지 말아야 할 성적인 경계선을 그어 주는데, 대가족 내에서 허용될 수 없는 결혼 관계 의 범위에 대한 표현이다.

흔히 구약에서 주연급 언약 백성들이 보여 주는 성적인 방종과 느슨 함 때문에 구약은 남자의 혼전 순결을 엄격히 명령하지 않는다고 오해 할 수 있다. 그러나 율법은 남녀 모두의 혼전 순결을 명령한다. 따라서 성관계와 결혼 관계를 구분할 필요가 없다. 혼전에는 물론 약혼식을 했 다고 하더라도 둘은 잠자리를 가질 수 없으며 정식 결혼을 한 후에야 첫 날밤을 지낼 수 있다. 이삭은 40세에 리브가를 만날 때까지 숫총각이었 으며, 예수님의 육신의 아버지 요셉은 약혼한 마리아와 잠자리를 갖지 않은 순결한 청년이었다. 구약에서 망가진 사람들의 성적 문란은 결코 용인되지 않는 윤리 규범이었다.

금지된 근친상간의 대상은 다음과 같다.

관계	대상
직계	어머니; (딸); 계모; 누이/의붓누이; 손녀
3촌 관계	고모; 이모; 숙모; (조카)
결혼에 의한 가족	며느리; 형수나 제수
아내의 직계	한 여자와 그녀의 딸; 한 여자와 그녀의 손녀; 아내의 누이(처형이나 처제); 장모

드라마 레위기

이 목록에 이상하게 유독 친딸만 빠져 있다. 장모의 경우는 18장에서 누락되어 있지만 20장에는 나타나고 있으므로 18장에서도 당연히 포함된다고 간주할 수 있다. 그러나 딸은 그렇지 않다. 17절에서 딸이 명시되지만, 이 경우는 자신의 친딸이 아닌 새로 맞은 아내가 데려온 딸이다.

도대체 왜 친딸이 누락되었을까? 어떤 사람은 처녀성을 간직한 딸은 시집을 보낼 때 유일하게 재산으로 취급되었기 때문에 아버지가 당연히 범할 필요가 없는 대상으로 분류되어 언급하지 않았다고 말한다. 하지만 이는 전혀 설득력이 없다. 아마 딸은 가장 역겨운 사례인 어머니가 명시될 때 자동으로 거기에 포함되는 것으로 보인다.

친누이든 의붓누이(이복/이부 누이)든, 입양된 누이든, 모든 누이와의 결혼은 금지된다. 그러나 이러한 남매간의 근친결혼 관행은 이방 민족에서 종종 발견되었다. 특히 이집트 왕가에서는 왕족의 혈통을 유지하기 위한 목적으로 남매혼이 장려되었고 그것이 관행이 되었다. 그로 인한 유전적 결함으로 선천적 장애인이 계속 출산되어 이것이 파라오 왕가가 몰락한 원인 중 하나로 꼽히기도 한다. 그러나 레위기의 성결법은 이것을 엄중히 금지한다. 이것은 이집트의 풍속이지 결코 언약 백성이 따를 규범이 아니다.

자세히 관찰하면, 대가족 내에서 3촌 관계까지 혼인이 금지된다. 3촌 관계에는 남자인 '나'를 중심으로 이모, 고모, 그리고 숙모가 해당하는데, 그들에게 '나'는 '조카'이므로 분명히 여조카와의 결혼도 금지되었다고 보아야 한다. 그러나 일부 학자들은 여조카와는 결혼이 허용되었다고 주장하나 레위기 이후에 분명한 증거나 사례가 나타나지 않는다.

옷니엘이 형 갈렙의 딸 악사, 즉 여조카와 결혼했다는 주장이 있으나 그것은 히브리어 "갈렙의 아우 그나스의 아들 옷니엘"이라는 표현을 잘못 이해한 결과다(수 15:17; 삿 1:13; 3:9). 이것은 갈렙의 아우인 그나스가 낳은 아들 옷니엘을 뜻하며 따라서 옷니엘은 갈렙의 조카다. 결국 옷니엘은 사촌 누이 악사와 결혼한 것이다.

그러나 한국인에게는 무척 놀랍게도 4촌부터는 결혼이 가능했다. 실제로 구약에서는 족내혼의 전통에 따라 4촌간의 결혼이 성행하여 그런 부부가 많이 존재한다(이삭과 리브가; 야곱과 라헬/레아 등). 현대에도 유대인은 비율이 높진 않으나(약 5%) 4촌 결혼을 허용한다. 무슬림은 4촌 간의 결혼이 20%에 이르고 미국의 많은 주에서 그것이 합법이며, 이웃 나라 일본과 유럽을 포함 전 세계 대부분의 국가에서 합법이다.

그러나 한국과 중국, 그리고 일부 유교 영향을 받은 동남아 국가에서 4촌 간의 결혼이 금지되고, 나아가 한국의 경우 8촌까지의 결혼이 법적으로 금지된다. 유교적 가족관이 강한 한국과 중국에서는 4촌을 사실상 가족으로, 친남매에 이은 두 번째 남매로 인식하기 때문이다. 그 통념을 따라 모든 사회 구성원이 그것을 근친관계로 인식하므로 그리스도인 또한 마땅히 지켜야 한다.

드라마 레위기

Q. 아브라함은 왜 이복누이와 결혼했는가?

성경을 꼼꼼히 읽는 분들은 여기서 이상한 점을 발견한다. 분명히 레위기 이전에, 아브라함과 이삭과 야곱의 족장 시대에는 그런 금지된 결혼이 허용되고 있기 때문이다. 친남매의 결혼은 여전히 금지되었으나, 이복/이부 남매간의 결혼이 허용되었다. 아브라함이 그랄 땅의 왕 아비멜렉에게 아내를 누이라고 속인 적이 있다. 그런데 그 말은 거짓이 아니었다.

> 그는 정말로 나의 이복누이로서 내 아내가 되었음이니라   창 20:12

또한 아브라함의 형제 나홀은 조카인 밀가를 아내로 맞았다(창 11:27-29). 충격적이게도 아브라함의 조카 롯은 의도적으로 먹인 술에 취해 저지르긴 했지만, 두 딸과의 성관계로 자녀를 낳는다(창 19:33-35). 야곱의 장자였던 르우벤은 아버지의 첩 빌하와 관계를 맺었으며 다말은 속임수를 쓰긴 했지만, 시아버지 유다를 속여 집안의 혈통을 잇는 행위를 저질렀다. 레위기 18장의 기준을 적용하면, 이들은 모두 사형이다(레 20:11-12).

그러나 성경을 읽을 때는 계시의 발전사의 관점에서 읽어야 한다. 구약의 인물들은 숱한 약점과 흠을 지닌 상태로 하나님의 일방적인 선택을 받았다. 그들의 이방 관습은 그들의 뿌리 깊은 죄성이 아직 효과적으로 통제되지 않는 상황 속에서 하나님에 의해 잠정적으로 묵인된 것일 뿐 그것이 합법적으로 허용된 것이 아니다. 구약에서 주어진 은혜는 신약의 영광의 은혜에 비할 수가 없다. 세례 요한은 신약 시대를 열 예수님을 예비하며 구약의 마지막 버스에 오른 인물이다. 복음서 기자들은 세례 요한을 향해 "천국에서는 극히 작은 자라도 그보다 더 크다"고 평가한다(마 11:11; 눅 7:28). 이것은 세례 요한이라 할지라도, 예수님과 더불어 시작된 새로운 시

 2부: 거룩의 목적은 무엇인가?

233

대의 계시와 은혜의 영광을 누릴 수 없었다는 의미다.

이렇듯 구약은 자체 내에서 하나님의 계시가 점차적으로 더욱 분명하게 주어지고 그것이 율법으로 구체화된다. 따라서 족장시대에 잠정적으로 묵인되었던 관행들은 이제 레위기의 법안이 마련되면서 전면 금지된다.

카마이클(C. M. Carmichael)은 이 문제를 명쾌하게 잘 설명한다. 그에 따르면, 레위기 18, 20장의 법들은 의도적으로 족장들의 결혼 풍속을 배경으로 만들어졌다. 원조인 아브라함의 고향은 메소포타미아였기에 후손들은 오래도록 그 지역의 종교적, 문화적 영향을 크게 받았으며, 또한 아브라함이 가나안으로 이주한 뒤에는 가나안 영향도 컸다. 나중에 야곱이 이집트의 고센 땅으로 이주한 뒤 거기서 430년을 지내면서 자연스럽게 이집트의 풍속에 젖어들었다. 그들의 결혼 관행과 성적인 느슨함은 그 지역들의 영향이라 할 수 있다. 그러나 이제 레위기 법전이 선포되면서 더 이상 그런 관행들이 용인되지 않는다.

이스라엘은 출애굽기 25장의 시내산 언약과 더불어 국가 이스라엘로 승격되었다. 머지않아 그들에게 국토가 주어질 것이다. 시내산 언약의 법전인 레위기와 더불어 조상들이 드려 온 제사들이 표준화되고 정결 규례가 법제화되며, 성 윤리가 규범화된다. 따라서 이제 이 표준에서 벗어나면 범죄로 간주된다.

다른 유형의 성관계들의 금지

근친상간은 가정의 구성원이 지켜야 할 경계선을 해체하여 결국 가족을 붕괴시킨다. 그러나 가족 관계의 붕괴는 근친상간만으로 발생하는 것은 아니다. 레위기 18, 20장은 근친상간 외에 가정을 파괴하는 그 외 여러 유형의 금지된 성관계들의 대상과 종교 행위들을 추가한다. 바로

 드라마 레위기

월경 중인 아내, 이웃의 아내, 간통, 동성애와 수간, 몰렉에 자녀 바치기 등이다. 18장에 나열된 순서대로 살펴보자.

첫째, 월경 중인 아내와의 성관계는 금기다. 일차로 아내의 부정한 몸 상태로 인해 부정결이 전염되기 때문으로 볼 수 있다(레 15:24). 그러나 18-20장이 윤리에 경도된 점을 볼 때, 아마도 몸 상태가 정상이 아닌 아내에 대한 배려가 암시되어 있다는 생각이 든다.

둘째 금기는 간통이다. 이것은 이스라엘만이 아닌 인류 보편적인 금기 사항이다. 따라서 이것을 이집트나 가나안만의 관행으로 볼 필요가 없다. 이것은 어머니나 딸과의 관계도 마찬가지다. 모든 문화권에서 이런 관계는 반인륜적인 사악한 범죄로 간주되어 엄벌에 처한다.

셋째, 몰렉에 대한 자녀 희생제다. 이것 역시 자녀를 사악한 우상에게 희생시킨다는 점에서 가증한 가정 파괴적 풍습이다. 이에 대해서는 별도(238쪽)로 설명하겠다.

이어서 동성애와 수간이 금지된다. 어떤 사람은 고대 근동 지역에서 동성애와 수간에 대한 증거가 매우 희박하다고 주장하지만, 학계의 정설은 그와 정반대다. 동성애는 메소포타미아와 이집트에서 광범위하게 증거되고 특히 구약은 가나안에 만연했던 동성애 풍습을 고발하고 있다(창 19:4-8; 삿 19:22).

수간도 모든 지역의 보편적인 풍습은 아니었지만, 여러 문화권에서 허용되었다. 예를 들어, 히타이트(Hittite) 법전은 양, 소, 돼지, 개와의 수간은 금했으나, 말과 나귀와의 수간은 금하지 않았다. 무엇보다 가나안의 신화에서는 신들과 동물의 교접이 일상적으로 벌어졌으며, 이것은 사실상 당시 그 지역 주민들의 의식 구조의 반영임이 분명하다. 그러나

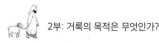

구약은 어떤 형태의 수간이든 여러 곳에서 죽음의 형벌과 더불어 금지하고 있다(출 22:19; 민 35:16-21; 신 27:1).

수간 행위를 히브리어로 테벨(tebel)이라 하는데 이것은 "문란한 일"(레 18:23)로 번역되었으나 의미상 그보다는 "뒤틀림," 혹은 "혼합"에 가깝다. 경계선이 무너지면서 자연과 사회적 질서가 붕괴되어 모든 것이 뒤죽박죽된 상태다. 여기서는 앞서 더글러스가 말한 "질서"의 개념이 아주 잘 들어맞는다. 사실 금지된 모든 성관계 역시 개념상으로는 테벨이라 볼 수 있다. 말하자면, 수간뿐 아니라 동성애와 여타의 금지된 성관계들은 모두 하나님의 창조 질서를 엉망(테벨)으로 만드는 행위다.

레위기 18, 20장의 금지된 성관계들은 신약으로 모두 승계되어 보편적, 항구적으로 지켜야 할 윤리 강령이 되었다. 물론 한 가지는 예외인데, 월경 중인 아내와의 성관계 금지다. 이 금지에는 윤리적 취지가 함축되었을 수 있으나 의식적 정결 문제로 인한 금지이므로 다른 부정결의 문제와 마찬가지로 신약은 더 이상 이것을 문제 삼지 않는다고 볼 수 있다. 오늘날 대부분의 사회에서 그 행위 자체를 범죄 행위로 간주하지 않고 각자의 재량에 맡기고 있으며 다만 암묵적으로 대부분이 절제한다. 그 외 남은 모든 금지된 성관계와 몰렉 숭배는 신약 시대에도 당연하게 금지되는 행위들이다.

그럼에도 불구하고, 많은 그리스도인 사이에서 유독 동성애는 별도로 취급되어야 한다는 목소리가 거세다. 그러나 근친상간과 간통, 수간과 몰렉 숭배, 이 모든 것이 신약에서도 단호히 정죄되는 항구적인 금기사항이라면, 동성애 또한 마찬가지다.

밀그롬은 그것이 일반적인 동성애 금지 규정이 아니라고 주장한다.

 드라마 레위기

레위기 18, 20장은 대가족 내의 금지된 성관계를 목록화하고 있으므로 동성애는 가족 내에서의 같은 성의 결혼 금지, 즉 다른 근친 대상과 마찬가지로 결혼 불가인 대상의 하나로 간주해야 한다는 것이다. 즉 동성애는 그저 금지된 근친관계의 하나일 뿐이며, 가족 밖의 동성 관계는 전혀 금지되어 있지 않다는 주장이다. 그러나 이것은 너무나 교묘한 성경 해석일 뿐이다.

18장에 나열된 동성애 금지는 근친상간의 목록이 모두 마무리된 다음에(6-19절) 다른 여타의 금지 목록과 함께 나열된다는 사실에 주목해야 한다. 동성애 금지는 이웃의 아내와 간음 금지(20절), 몰렉에 대한 자녀 희생 금지(21절), 동성애 금지(22절), 수간 금지(23절)의 목록 속에 나란히 끼어 있다. 따라서 동성애 금지는 전혀 가족 내의 동성 관계를 의미하지 않는다. 또한 어떤 사람은 왜 여성 동성애는 언급하지 않느냐고 문제 삼지만, 구약의 많은 율법은 대표성의 원리가 적용되어 그것을 확대 적용하도록 되어 있다. 현재의 법안에서도 금지대상인 어머니에 딸이 자동으로 포함되고 3촌 관계에 여조카가 확대되어 포함되고 있다. 따라서 남성 동성애 금지에는 이미 여성 동성애 금지가 포함되어 있는 것이다. 무엇보다 신약은 구약보다 더욱 엄중히 동성애를 금하면서 그런 행위에 대한 무서운 하나님의 심판이 경고되고 있다. 특히 여기에는 남녀 동성애 행위 모두가 포함된다(롬 1:26-27; 고전 6:9; 딤전 1:10; 유 1:7).

동성애는 문화와 시대적 상황에 따라 달리 해석할 여지가 있는 문제가 아니다. 구약뿐 아니라 신약에서도 너무나 명백하게 금지된 행위다. 가증한 성행위 중에서 동성애만 별개의 문제로 제외하려는 시도는 대단히 잘못된 의도적인 본문의 곡해다.

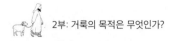

몰렉 숭배

18, 20장은 대부분 금지된 성관계(결혼 관계)에 대한 조항이다. 그런데 왜 몰렉에 대한 자녀 희생과 점술과 박수무당의 초혼술이 여기에 끼어 있는가? 결론부터 말하자면, 이 행위들 역시 결국 가정을 파괴한다는 측면에서 다른 여타의 성범죄들과 동일한 결과를 빚기 때문일 것이다. 몰렉에게 자녀를 불태워 바치는 행위는 결국 가정을 비극으로 몰고 간다.

몰렉(molek)은 무엇이며 누구인가? 이 신은 다른 곳에서는 "밀곰"으로도 불리고 몇 군데에서는 "말감," 혹은 "몰록"으로도 번역되어 있다. 모두 같은 신에 대한 이름이다. 이런 혼재된 명칭은 사실 일관되지 않은 번역에서 비롯되기도 했지만, 원래 이름은 암몬 족속의 부족 신인 "밀곰"이 분명하다. 그런데 이스라엘은 밀곰(milkom)의 자음 m, l, k에다 "부끄러움, 수치"라는 단어 보쉐트(boshet)의 모음 '오'와 '에'를 달아 몰렉(molek)이라 불렀을 것으로 추론된다. 말하자면, 이것은 암몬의 부족 신 밀곰을 모독하고 비아냥대기 위해 만들어진 단어다.

어떤 학자들은 신에게 자녀를 불에 태워 바치는 행위가 인간의 정서상 가능할 수 없다는 생각으로 이 관행의 표현을 순화해서 해석하려 노력한다. 말하자면, 이것은 실제로 자녀를 불 제사로 바쳤다는 의미일 수 없으며 가나안 일대에서 그 증거도 분명하지 않다는 것이다. 그러나 가나안의 페니키아 지역과 아프리카 북부의 카르타고 일대에서 바알에게 바친 자녀 희생제가 실행되었다는 여러 가지 증거들이 발견되었다.

또한 다른 대륙이지만 남미 아즈텍 문명에서는 자녀들이 수없이 제물로 바쳐졌다는 사실이 확인되었다. 우리나라도 삼국시대에 신라에서 인신공양 풍속이 있었음이 밝혀졌다. 이렇듯 자녀 희생제는 정서상 있

드라마 레위기

을 수 없는 일 같지만, 실제로는 인간의 죄성으로 인해 얼마든지 일어날 수 있는 일이었다. 무엇보다 일단 성경의 수많은 증거는 그런 사악한 관행이 실제로 존재했음을 말해 준다(신 12:31; 18:10; 왕하 16:3-4; 렘 7:31; 19:5; 32:35; 겔 16:21; 사 57:5-9; 30:33).

가장 극악한 사건들은 남 유다의 폭군 므낫세 치하에서 발생했다(대하 33:1-9). 그의 아버지는 가장 선한 왕으로 꼽히는 히스기야다. 불행히도 히스기야의 개혁은 다음 세대로 이어지지 못했다. 아들 므낫세는 무려 55년이나 통치하여 남북 이스라엘의 역대 왕 중 최장기간의 통치로 유명했다. 그러나 그는 아버지가 이룩한 모든 종교개혁을 순식간에 망쳐 놓았다. 그는 통치 기간 내내 유다를 우상의 나라로 만들어 놓았다. 통치기간이 대단히 길었던 만큼, 나라의 영적 상태도 돌이킬 수 없는 상황에 이르렀다.

그는 히스기야가 헐었던 산당을 모두 재건했으며 바알 제단들을 쌓았고 아세라 목상을 세웠다(3절). 나아가 그는 앗수르의 종교를 수입했는데, 하늘의 일월성신을 숭배하는 종교였다. 특히 금성의 여신 이쉬타르가 숭배되었는데, 이것이 가나안에 수입되어 가나안식 이름인 아스다롯이 되었다. 심지어 그는 일월성신을 위한 제단들을 여호와의 성전 마당에 세웠다(5절). 예레미야는 그 아스다롯 여신을 "하늘의 여왕"이라 불렀다(렘 44:17-19, 25)

그의 악행은 여기서 그치지 않았다. 므낫세는 실로 우상 숭배의 끝판 왕이었다. 그는 예루살렘 성전 남단의 힌놈의 아들 골짜기에서 자신들의 아들들을 불 가운데 지나가게 하며 제물로 바쳤다(6절).

일부 학자들은 이 "불 가운데 지나가게 한다"는 표현을 자녀를 태운 것이 아닌 단순히 불을 지나가는 제사 행위의 하나였던 것으로 해석한다. 그러나 대다수 영어 성경들은 이것을 "아들들을 불에 태워 제물로 바쳤다"고 번역한다. 히브리어 "지나가게 하다"는 전형적인 제물을 바치는 동작을 표현하는 단어이기도 하다.

점술과 접신

이때 므낫세는 점술과 사술, 그리고 요술을 행하고 신접한 자와 박수 무당이 굿을 하게 만들었다. 추적해 보면, 유다가 결국 멸망한 이유는 바로 이런 므낫세의 악행과 백성들의 전적인 참여 때문이었다. 그 후 므낫세의 손자 요시야가 성전에서 발견된 신명기 말씀을 듣고 충격을 받은 뒤 반짝 나라를 전면 개혁하며 새롭게 하려 노력했다(대하 34장). 그러나 므낫세의 잔재는 나라 곳곳에 워낙 깊숙이 스며들어 백성들은 사실상 왕의 개혁에 동참하지 않았다.

이것은 예레미야의 신랄한 고발장에서 확인된다(렘 44장). 유다의 멸망 원인은 바로 므낫세 때 수입한 하늘의 여왕과 일월성신의 숭배 때문이었다. 그들은 심지어 자녀 희생제까지 실행한 가증한 이방의 종교적 풍습에 젖어 있었으니 망하지 않는 것이 이상했을 것이다. 결국, 므낫세가 유다를 망친 것이다. 역대기의 기록에 의하면, 비록 므낫세가 말년에 크게 겸비한 마음으로 반짝 회개하며 갑자기 강력한 영적 개혁을 추진하는 모습이 나타나지만(대하 33:12-16), 나라와 백성의 영적 상태는 이미 돌이킬 수 없는 상황에 이르렀다.

므낫세의 우상 숭배 행위에서 주목할 점이 있다. 학자들은 그가 몰렉 신에게 자녀를 바치는 의식을 행하였고, 그 희생제의 현장에서 동시에 점술과 요술, 그리고 초혼술이 실행된 것으로 본다(대하 33:6-9). 초혼술, 혹은 접신술은 신접한 자가 죽은 조상의 혼령을 부르는 행위다. 이것은 고대 메소포타미아와 이집트 지역에서 광범위하게 실행된 사악한 마법이었다. 동양에서 접신술은 보통 귀신이 무당의 몸에 직접 들어오는 방식으로 이루어진다. 이건 실제적 사건으로 발생한다.

필자가 고등학교 2학년이던 시절에 부모님은 사업이 기울자 마지막 수단으로 집에 무당을 초대해 굿을 하셨다. 아버지는 철저한 무신론자였기에 귀신을 전혀 믿지 않으셨다. 그럼에도 연약한 인간인지라 미신에 의존하여 살길을 찾아보려 하신 것이다. 여자 무당이 발을 구르고 딸랑이를 흔들어대며 기괴한 소리를 한참 내질렀는데, 어느 순간 "헉" 하더니 동작을 멈추었다. 그리고 갑자기 그녀의 표정이 일그러지더니 전혀 딴 사람의 모습으로 바뀌었다. 목소리도 굵직한 남자의 톤으로 변모했는데 아버지를 쳐다보며 야단을 쳤다.

"너! 왜 내 무덤을 아직까정 그대로 방치하고 있는 거여? 시방 내 무덤이 엉망인 거 몰러? 그랑께 나가 시방 느그들 집을 요로코롬 해코지 해분 거여."

"야 이놈아! 내 무덤이 어딨는고 하면, 고향 뒷산 깔꾸막 너머 솔밭 길 있제? 거기로 한 50미터쯤 가다 왼쪽 풀밭으로 쫌만 내려가 봐. 그럼 거기에 있어. 거기 풀 무더기 속에 보면 야트막하게 내 무덤이 방치되어 있거든."

아버지는 기절하실 뻔하셨다. 왜냐하면, 그 표정과 그 목소리는 자신이 청년 시절에 돌아가신 작은아버지와 똑같았기 때문이다. 그리고 고향의 뒷산과 솔밭 길에 대한 묘사도 너무나 정확했다. 그때 아버지가 잠시 마루로 나오셔서 처마를 쳐다보시더니 지금도 생생하게 기억하는 혼 잣말을 한마디 하셨다.

"허~ 귀신이 진짜 있네."

다음날 아버지가 급히 고향으로 내려가셨다. 무당이 지적한 곳을 갔는데, 정말 거기에 그 무덤이 있었다. 무덤은 다 무너져 내려 거의 흔적 없이 방치되어 있었다. 무덤을 예쁘게 단장했음은 물론이다. 그 뒤로 사업이 잘되었을까? 그건 아니었다. 그 뒤로도 부모님은 많은 고생을 하셔야 했고 갖은 노력 끝에서야 서서히 상황이 좋아졌다. 그때 나는 교회를 열심히 다니고 있었는데, 집안의 무당굿에서 무당 몸에 귀신이 들어온 것을 보고, 또 아버지 안색이 하얗게 되어 놀라신 것을 보고 교회로 달려갔다. 그 시간에 나는 치열한 영적 전쟁을 벌였다.

"사탄아 물러가라, 귀신아 예수님의 이름으로 명령하니 당장 꺼져라!"

왜 그때 무당 앞에서 한판 벌이지 못했는지 아쉽기만 하다. 그러나 무당 굿거리 소동이 나쁘지만은 않았다. 가장 큰 소득은 철저한 무신론자였던 아버지가 적어도 귀신의 존재를 믿는 유신론자가 되셨다는 것이다. 그러고 난 이후로도 계속 가정을 위해 기도했는데, 감사하게도 훗날 부모님을 포함 우리 집이 모두 예수님을 믿게 되었다.

그러면 그 귀신의 정체는 무엇일까? 진짜 돌아가신 조상님 귀신이 찾아온 것일까? 그건 전혀 성경적이지 않다. 예수님은 오른편 강도더러 "오늘 네가 나와 함께 낙원에 있으리라"고 하셨다(눅 23:23). 사람은 죽으면 천국과 지옥으로 바로 직행한다. 그러니 그 귀신은 조상의 혼령일 수 없다. 그러면 도대체 어떻게 그 조상님의 표정과 몸짓, 목소리까지 똑같을 수 있을까? 바로 그 조상님 생전에 그에게 붙어 다닌 귀신이 분명하다. 귀신의 장난인 것이다.

다시 레위기로 돌아가자. 성경의 접신술/초혼술은 이것과 달랐다. 귀신은 몸에 들어오는 것이 아니라, 영매 눈앞에 나타났다. 그리고 그는 영매에게 주로 신탁을 전했다. 구약에서도 사무엘의 영이 엔돌의 무녀의 눈앞에 나타난 사례가 나타난다(삼상 28:6 이하). 그 영이 진짜 사무엘인지 사무엘 모습으로 등장한 악령인지는 논란이 있지만 말이다. 가나안의 주변 민족들에게는 이렇게 조상의 혼령을 불러내 대화를 나누고 신탁을 받는 일이 보편화되어 있었다.

앞서 말한 대로, 구약의 여러 증거를 통해 볼 때, 몰렉에 대한 희생제에서는 가나안의 점술 및 초혼술과 깊이 결부되어 있었던 것으로 보인다(신 18:10; 왕하 17:17; 21:6; 대하 33:6). 이 경우 몰렉은 지하 세계의 신으로 추측된다. 몰렉에게 자녀를 바침으로써 지하로 내려간 죽은 조상의 혼령을 불러내는 의식이 진행되었다는 추론이다. 다양한 이유로 몰렉을 위한 자녀의 희생은 가족 파괴적 악행이다. 무엇보다 우상에게 사랑하는 자녀를 희생시킨다는 점에서 그러하다. 또한 이 관행은 죽은 조상이 살아있는 가족의 삶을 통제한다는 점에서 사악하다.

이러한 이유들로 인해 몰렉신에 대한 자녀 희생을 엄히 금지한 이 명령은 가족의 질서를 붕괴시키는 성적인 문제를 다룬 법들과 나란히 배열된다고 볼 수 있다.

여기에 추가적인 이유가 제안될 수 있다. 다시 말해 몰렉 숭배와 거기에 동반되는 초혼술과 점술이 왜 다른 성범죄와 나란히 열거되는지 더욱 그럴듯한 근거가 있어 보인다. 레위기 18, 20장은 분명 성범죄 목록이다. 그런데 몰렉 숭배도 바로 이 성범죄의 범주에 넣을 수 있다. 다음은

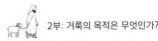

그것을 분명하게 명시하는 표현이다.

> 내가 그 사람과 그의 권속에게 진노하여 그와 그를 본받아 몰렉을 음란하게
> 섬기는 모든 사람을 그들의 백성 중에서 끊으리라   레 20:5

여기서 "몰렉을 음란하게 섬긴다"는 표현을 히브리어에서 문자적으로 옮기면 이렇다. "몰렉을 따라가 음란한 짓(혹은 매춘)을 한다." 이것은 몰렉 숭배가 몰렉과의 영적 간음이라는 것을 의미한다. 실제로 구약에서는 여러 차례 우상 숭배를 하나님과의 결혼 관계를 깨트린 영적 혼음이라고 비난한다. 우상 숭배자는 영적으로 바람이 나서 남편 되신 하나님을 배반하고 다른 신에게 자신을 바치며 영적 간통죄를 범한다.

결국, 레위기 18, 20장의 범죄들은 다음과 같이 모두 성범죄로 분류할 수 있다.

> 악신과의 금지된 혼음(우상 숭배)
> 사람과의 금지된 성관계(근친상간과 간통, 동성애)
> 동물과의 금지된 결합(수간)

이로써 18장과 20장의 법의 목적이 분명해진다. 그것은 역겨운 영적이고 육적인 성적 음행의 금지다. 그것은 결국 가정의 파괴로 이어진다. 이런 일들은 주로 이집트 족속과 가나안 족속들 사이에서 행해지던 풍속이었다(레 20:3, 24). 그런 가증한 행위는 이스라엘 백성과 땅을 모두 "더럽힌다." 땅은 이스라엘 역시 토해낼 것이고, 이런 불법적인 성관계를 맺

 드라마 레위기

은 자는 "끊어질 것이다"(레 20:26-28). 이 경고대로 결국 그들은 약속의 땅에서 이런 관행을 멈추지 않음으로써 징벌을 당하여 멸절되었다.

여기서 다시 처음의 질문으로 돌아가 보자. 레위기 19장은 왜 18장과 20장 사이에 끼어 있는가? 19장은 이 두 장과 너무나 다른 법들과 명령으로 채워져 있기에 그 어떤 논리적 연관성을 찾아보기 어렵다. 그러나 우리가 조심스럽게 제안해볼 수 있는 이유는 바로 가정과 사회라는 두 체제의 연합 관계 때문이라는 것이다. 18장과 20장은 누차 말한 대로, 가족 내의 가능한 성관계(결혼)의 한계선을 그어 주는 가족 보호법이라 할 수 있다. 만일 그 선이 무너지면, 가정은 결코 유지될 수 없다. 그런데 19장의 법들과 계명들은 공동체의 삶을 위한 사회 윤리법이라 할 수 있다.

가정은 사회의 가장 기초적인 구성단위이다. 건강한 사회는 건강한 가정을 토대로 구축된다. 가정의 질서가 무너진다면, 사회의 질서도 유지될 수 없다. 따라서 질서 있는 가족은 사회적 안전을 위한 초석이다. 어떤 구약학자의 말대로, 남자와 여자에 대한 제사장의 관점의 중심에는 세계와 사회의 질서는 결혼과 대가족에 기반을 두고 있다는 믿음이 존재했다.

바로 이러한 이유로 가정 윤리법인 레위기 18장과 20장이 사회 윤리법인 레위기 19장을 앞뒤에서 둘러싸고 있는 것으로 보인다. 결국, 18-20장 전체는 언약 백성의 건강한 가정과 이상적인 사회를 구축하기 위한 윤리적 성결법이다.

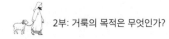

23. 거룩한 삶은
하나님 사랑, 이웃 사랑이다 / 레 19장 /

전쟁터에서 살아온 조나단

블레셋이 다시 유다를 침략했다. 헤브론 인근 마을에 살던 조나단과 마을의 장년들 셋은 애국심에 불타 전쟁터로 달려갔다. 전투는 치열했다. 철 병거를 앞세워 진격한 블레셋의 공세에 많은 희생자가 발생했다. 패배를 앞둔 절박한 순간, 때아닌 폭우가 쏟아져 블레셋의 철 병거가 무용지물이 되는 기적이 일어났다. 일거에 전세가 뒤집히고 마침내 유다가 승리했다. 조나단은 무사히 전쟁터에서 고향으로 귀환했다. 하지만 안타깝게도 참전했던 마을 동료 셋 중 두 명이 전사하고 조나단만 살아남았다. 그에게도 아찔한 순간들이 있었다. 블레셋 군의 화살이 그의 뺨을 스치며 지나갔다. 육박전의 아수라장 속에서 적의 단검이 다리를 찔렀지만, 뛰어난 무술을 지닌 그는 솜씨 있게 적들을 물리쳤다. 마침내 치열한 전투에서 극적으로 승리를 거두었다.

살아 돌아온 조나단을 위해 가족들은 성대한 화목제 잔치를 준비했다. 그러나 조나단은 마음 한구석에 하나님의 도우심도 있었지만, 목숨을 부지한 건 자신의 칼 솜

  드라마 레위기

씨 덕분이기도 하다는 생각을 했다. 그럼에도 그는 관례를 따라 가족들이 준비한 번제의 양과 화목제의 소를 준비해서 성전으로 올라갔다. 양은 번제로 하나님께 바치고, 소는 화목제로 하나님께 기름을 바친 뒤 마을 사람들과 잔치를 베풀기 위한 제물이었다.

마을 사람 전체가 화목제의 잔치에 초대되었다. 그런데 이날 화목제 잔치에서 조나단은 불행히도 커다란 실수를 범한다. 숫양 한 마리를 번제로, 황소 한 마리를 화목제로 바친 조나단의 가족은 그다지 부유한 편이 아니었다. 따라서 평소 고기를 먹을 기회가 많지 않았다. 그는 비싼 소고기를 보자 욕심이 발동했다. 조나단은 사람들 몰래 왼쪽 뒷다리를 엉덩이까지 큼지막하게 썰어 뒷마당의 선선한 창고에 걸어 놓았다. 고기를 잘 말려 가족들과 오래도록 먹을 심산이었다. 이로 인해 초대된 사람들의 몫은 크게 줄었고 고기를 배부르게 먹진 못해 화목제의 식탁이 흥이 나지 않았다. 결국 화목제 식탁의 잔치는 싱겁게 마무리되었다. 평소 여러 사람의 간증이 쏟아지고 고기도 실컷 먹으며 기쁨이 넘쳤던 화목제 잔치와는 사뭇 달라 실망스러웠다.

그런데 놀랍게도 며칠 후 조나단이 갑자기 앓더니 사망했다는 소식이 들렸다. 그가 칼에 찔린 다리 부상이 악화되어 시름시름 앓다 죽었다는 말이 돌았으나, 화목제물의 고기를 몰래 숨겨 놓아 규정을 어겼기 때문이라는 의견이 많았다. 가족들은 하나님이 명령하신 "끊어짐"(제명)의 형벌의 원칙을 따라 가족묘에 그를 묻지 않았다. 이로써 그는 공동체로부터 영원히 제명되었다.

레위기 19장에서 왜 화목제 규정이 다시 등장하는가?

감사의 화목제 고기는 당일에 모두 먹어야 하고 식탁에 참여하는 모든 사람은 정결해야 한다. 접대자 조나단이 화목제 규정을 모르는 바가

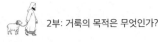

아니었다. 그러나 그는 고기 욕심에 눈이 멀어 엉덩이 살과 뒷다리를 몰래 감춰놓은 것이다. 만일 이 고기를 당일에 먹지 않고 다음 날 먹는다면 율법은 이에 대해 매우 엄중한 "끊어짐"(제명)의 형벌을 경고한다(레 7:21). 이틀간 먹을 수 있었던 서원과 자원의 화목제와 달리 감사의 화목제는 유통기한이 하루로 제한되어 있기 때문이다(레 7:15-18).

한편, 화목제에서뿐만 아니라 구약에서 자주 나오는 형벌인 '끊어짐'이란 무엇인가? 이것은 히브리어 동사 '카라트'를 번역한 것인데 '잘라냄'(cutting off)을 뜻한다. 우리는 이것을 '제명'으로 부를 것이다. 제명의 형벌은 죽음, 즉 사형과 동급의 형벌로, 이것이 구체적으로 어떤 형벌인지는 학자들 사이에 많은 이견이 있다. 즉각적인 죽음이나 이른 죽음, 혹은 대가 완전히 끊기는 형벌일 수도 있고, 혹은 공동체로부터의 추방이나 사망 후에 열조(조상들)의 무덤에 들지 못함으로써 사후에 가족과 단절되는 형벌로 간주되곤 한다.

고대 사회에서 공동체와 가족으로부터 배제되는 것은 사실상 죽음의 선고였다. 타민족에 귀화해야 한다면, 그는 우상을 섬기는 개종을 피할 수 없고, 그것이 아니라면 더 이상 대를 잇지 못하고 거처 없이 평생을 뜨내기로 살아야 하기 때문이다. 그러나 구약의 다양한 증거로 볼 때, 제명의 형벌은 죽음의 문맥에서 주로 사용되므로 죽음의 다른 표현으로 보는 것이 무난해 보인다. 그러나 많은 경우에 이것은 즉각적인 죽음으로 이어지지 않는 것 또한 사실이다.

하나님은 만일 사람들이 실컷 먹고도 고기가 남게 되면 정한 날짜가 지난 고기는 모두 태워서 없애라고 하셨다(레 7:19). 조나단이 받은 제명의 형벌이 그가 범한 죄에 비해 너무 가혹하게 생각될 수 있다. 자신이

드라마 레위기

베푼 잔치에서 순간 욕심이 발동해 가족을 위해 고깃덩어리를 떼어 감추어 놓은 것이 그리도 큰 잘못이란 말인가? 그러나 하나님은 화목제 규정에서 이러한 제명의 형벌을 엄히 경고하셨다. 그리고 거기에는 분명 나름의 이유가 있었다.

묘하게도 이 규칙이 레위기 19장에서 다시 등장한다(5-8절). 다시 한 번 화목제 고기의 유통기한의 준수가 강조되고 있으며 제명의 형벌이 경고되는 것이다. 앞서 살핀 대로, 18장과 20장의 가정 윤리법 사이에 끼인 레위기 19장은 매우 생뚱맞아 보이나 나름 이유가 있었다. 레위기 19장에 나열된 수많은 법들은 대체로 윤리법들과 약자 보호법, 그리고 사회 정의와 관련된 것들이다. 화목제의 먹는 규정이 19장에 들어간 이유가 있다. 결론부터 말하자면, 이 사회 윤리법에 등장한 화목제 고기의 유통기한의 준수에 대한 경고는 공동체의 일치와 화합을 위함이었다.

공동체를 세우기 위한 법들

레위기 19장의 법들은 대체로 인권과 관련된 것들이다. 즉 주로 약자 보호법과 더불어 거짓된 행위, 불의한 상거래, 그리고 불공정한 재판을 경고하는 법들이다. 특히 이스라엘 공동체는 사회적 약자와 가난한 사람을 도우며 살아야 한다. 고아와 과부와 나그네(외국인 거류민)는 경제적 책임을 지는 가장의 보살핌을 받지 못한다.

그러나 이러한 레위기 19장의 법들은 어떤 논리적 체계나 통일성 없이 무작위로 나열된 것처럼 보인다. 이 법들의 배열 속에서 일관된 논리적 연결성과 구조성을 찾는 것은 불가능하다. 한 가지 분명한 사실은 19장에 십계명이 모두 들어 있다는 것이다. 그러나 이 장에서 십계명은

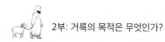

여러 법과 계명 사이에 두루 흩어져 있을 뿐 짜임새 있는 틀을 간직하고 있지는 않다. 그리하여 어떤 학자는 19장을 십계명의 주석으로 간주한다. 흥미로운 견해지만, 그렇다 하더라도 19장의 법들이 어떤 일관된 체계로 조직되어 있지 않고 단편적인 다양한 법들이 무작위로 나열되어 있음은 분명하다.

물론 몇 군데에서는 어느 정도 비슷한 종류의 법들로 묶어 볼 여지는 있다. 3-4절은 십계명 중 가장 중요한 핵심 계명들이 요약되어 있다.

> 너희 각 사람은 부모를 경외하고 나의 안식일을 지키라 나는 너희의 하나님 여호와이니라 너희는 헛된 것들에게로 향하지 말며 너희를 위하여 신상들을 부어 만들지 말라 나는 너희의 하나님 여호와이니라 레 19:3-4

부모를 공경하라(5계명)
안식일 지키라(4계명)
나는 여호와다(1계명)
우상을 섬기지 말라(2계명)

엄밀하게 보면 19장이 윤리 규정으로만 구성된 것은 아니다. 5-8절은 화목제물의 고기를 먹는 기일 준수의 요구 등 윤리적 색채가 덜한 의식법(ritual laws)이 나온다. 이것은 이어지는 9-10절의 약자를 위한 법들과 법적 취지의 연관성을 갖는다. 11-18절은 주로 공동체의 도덕적 정의를 위한 다양한 법들로 보인다. 19-31절에서는 3년간 과실수 열매의 수확 금지(23-25절) 등 몇 가지 의식법들이 한데 어우러져 있다. 이어서 32-

드라마 레위기

37절은 다시 약자 보호법과 공평한 상거래를 위한 윤리법이 분명하다. 따라서 많은 학자가 18-20장 전체를 윤리법의 목록으로 보기를 거부한다. 그러나 이러한 제의법들 또한 윤리적 취지를 포함하고 있는 것으로 보인다.

예를 들어, 앞서 말한 화목제 고기의 유통기한을 엄수하라는 명령(5-8절)의 배후에는 탐욕을 억제하기 위한 윤리적 목적이 자리 잡고 있음이 분명하다. 화목제 고기를 즉시 나누지 않고 보관하다 상하게 하는 것은 탐욕의 죄라 할 수 있다. 이것은 화목제의 정신에 어긋나며 화목제를 아무런 효력이 없게 만든다(7:18). 즉 이 화목제 규정은 공동체의 화합과 일치에 찬물을 끼얹는 탐심과 욕심을 버리고 이웃을 위해 그 고기를 아낌없이 베풀 것을 명령한다. 결국, 앞의 5-8절 고기의 유통기한 엄수를 명령한 화목제 규정은 사회 윤리법의 목록에 뜬금없이 등장한 법이 아닌 것이다.

탐욕을 버릴 것을 요구하는 이러한 법적 취지는 이어지는 9-10절의 자비로운 추수법에서 계속된다. 언약 백성은 공동체 내의 사회적 약자를 돌보아야 한다. 고아와 과부와 외국인 나그네(거류민)가 그들이다. 그것은 자신의 욕심을 내려놓고 그들을 위해 밭과 과수원의 작물 중 일부를 다 거두지 않고 남겨 두는 것이다(9-10절).

자비로운 추수법과 약자 보호법

레위기 19장 9-10절은 자비로운 추수 규정이다. 이 법은 가난한 사람들을 위해 밭 모퉁이의 곡식을 추수하지 말라고 권하면서 나아가 바닥에 떨어진 이삭들을 줍지 말고 남겨 둘 것을 명령한다. 룻기에서 성실한

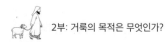

롯의 모습을 본 보아스는 일꾼들에게 곡식 다발에서 일부러 뽑아낸 곡식을 바닥에 많이 흘려 놓으라는 지시를 내린다(룻 2:15-16). 주인은 밭에 이삭을 넉넉히 남겨 둘 뿐 아니라 낫질을 하지 않는 모퉁이 구역을 넓게 산정하며 가지에 많은 포도송이를 남겨 두는 자비심을 품어야 한다.

　이 법은 과실수를 일차 수확 후 남은 과일까지 샅샅이 거두는 행위를 하지 말라고 금지한다. 과실수는 따고 남은 것이 있는가 하면, 수확 중에 바닥에 떨어진 것도 있다. 농장주는 가난한 자들을 위해 이것들을 다시 훑어가는 탐욕을 부려선 안 된다. 과실수로는 무화과나무와 감람나무, 그리고 대추나무(종려나무의 일종)도 있었다. 이 추수법은 모든 추수물에 적용되었음이 분명하다. 나아가 이 추수법의 취지는 전 재산으로 확대되었을 것이다. 그들은 밭과 과수원 외에도 많은 가축을 길렀다. 그들은 전 재산에 이 같은 율법을 적용하여 자선과 구제를 위해 가난한 자들을 상대로 나눔을 실천해야 했을 것이다.

드라마 레위기

나눔은 기본적으로 자발적이다. 율법은 크게 금지 명령과 수행 명령으로 나뉘는데, 금지 명령은 "거짓말하지 말라," "살인하지 말라"와 같은 것으로 위반 여부가 명확하다. 그러나 수행 명령은 "이웃을 사랑하라", "부모를 경외하라"와 같은 것으로 실천 여부가 모호할 수 있는 것이다. 자비로운 추수법 역시 수행 명령에 속한다. 밭과 포도원에 일부 추수물을 제대로 남겨 놓았는지 판단하기 쉽지 않다. 자신의 소유를 이웃과 나누고 베풀라는 수행 명령 또한 마찬가지다. 얼마만큼 나누는 것이 계명을 실천한 것인가? 수행 명령의 경우 개인이 율법을 지키지 않거나 교묘히 악용한다 해도 제재할 수 있는 법적 수단은 마땅치 않았다. 그럼에도 자비심이 충만했던 사람은 관례적 기준보다 몇 배나 많은 이삭을 떨어트려 놓거나 모퉁이에도 많은 곡식을 남겨 놓았을 것이다.

이어지는 법들도 공동체를 세우기 위해 타인을 배려하고 약자를 보호하는 법들이다. 언약 백성은 도둑질과 속임수, 거짓말로 상대를 해쳐선 안 된다(11절). 하나님의 이름으로 거짓된 맹세를 하여 상대에 피해를 입혀 이익을 취해선 안 된다. 그것은 그분의 이름을 더럽히는 일이다(12절). 이웃을 억압하거나 착취해선 안 되며 일용직 노동자의 일당을 아침까지 주지 않는 일은 없어야 한다(13절). 장애인을 잘 보살펴야 하며(14절) 법정에서 재판의 왜곡이나 무고한 피 흘림이 없도록 주의해야 한다(15-16절). 이웃을 비방하거나 이익을 위해 이웃의 피를 흘려선 안 되며 형제를 미워하면 안 된다(16-18절).

수행 명령에서 보았듯이, 하나님이 제정하신 법과 제도라 해도 인간이 마음으로 순종하여 자발적으로 따르지 않는다면 어쩔 수 없는 일이었다. 하지만 하나님은 모든 것을 다 아신다. 그들의 중심을 다 보고 계시기에 각자의 마음을 모두 저울에 달아 보실 것이다. 인간은 법적 판단을 내릴 수 없다 해도 하나님은 정확히 판단하신다. 그분은 결코 약자의 형편을 외면하지 않으신다. 하나님은 "그들이 내게 부르짖으면 내가 반드시 그 부르짖음을 들으리라"(출 22:23)라고 약속하신다. 이것은 누군가 사회적 불이익과 부당한 일을 당하고 있을 때, 또한 사회적 약자가 제대로 보살핌을 받지 못하고 있을 때, 자비로우신 하나님이 직접 그들의 보호자가 되신다는 의미다.

의식(儀式) 속에 담긴 윤리

이어지는 19-31절은 다시 언뜻 윤리법이 아닌 의식법(ritual law)인 것처럼 보이는 법들로 채워지고 있다. 그러나 일부를 제외하고 이 법들도 대체로 신앙적 순수함을 지향하는 윤리적 목적에 경도되어 있는 듯하다. 19절과 26-31절은 다분히 의식적인 법령이 분명해 보인다. 백성들은 여호와의 거룩을 훼손하는 일을 삼가야 한다. 거룩한 것은 정결해야 하므로 그들은 가축의 이종교배를 금지하고 밭에 두 종류의 씨를 뿌리거나 두 종류의 옷감으로 옷을 만드는 것과 같은 이질적인 것들의 '혼합'은 금지된다(19절).

또한 백성들은 피를 먹어선 안 되고 점술과 술법이 금지되며 그러한 사술을 행하는 신접한 자와 박수를 믿고 추종해서는 안 된다(26, 31절). 머리를 둥글게 깎거나 수염 끝을 잘라서는 안 된다(27절). 정통 유대교 신자들은 오늘날에도 이러한 머리 모양을 고수한다. 아마 이런 두발 규정은 이어지는 28절의 장례에서의 애곡에 대한 규정과 관련이 있을 것이다. 즉 이스라엘 백성들은 평소에 장례식을 연상케 하는 머리를 해서는

드라마 레위기

안 된다(욥 1:20; 렘 7:29; 겔 27:31). 또한 죽은 자를 위해 하나님의 창조물인 자기 몸을 해하지 말아야 한다. 자신의 몸을 스스로 베거나 몸에 문신을 새겨서는 안 된다(28절; 참조, 신 14:1). 이것들은 이방의 장례식에서 실천된 제의적 관행들로 추정되는데 분명 의식적인 것이다.

덧붙여 29절은 딸에게 매춘행위를 시키는 것과 같은 가나안 땅의 음란한 사회적 관행을 금지한다. 따라서 이것은 19-31절 중에서 뚜렷한 윤리적 금기 사항으로 보인다. 그러나 이 매춘녀는 신전 매춘녀일 가능성이 크다. 고대 가나안 일대에서 신전 순례객들을 대상으로 신전 주변에서 매춘한 여성들이 많았다고 알려진다. 이 여성들은 신전에 수입의 일부를 바치며 신전과 공생 관계를 유지했을 것으로 추론된다. 구약에서 히브리어로 "크데샤"라 불린 여성들이 바로 이 신전 매춘녀일 수 있다(크데샤는 문자적으로 "거룩한 여자"인데, 사실은 신전 창녀를 칭한다). 이 사례가 유다의 에피소드에 등장한다(창 39장). 유다가 가나안 땅의 딤나를 방문했을 때, 길거리 창녀를 만나 정욕을 해소한다. 이 창녀가 그 본문에서 신전 창녀(크데샤)로 호칭되고 있다. 모두가 아는 대로 그녀는 기생으로 변장한 유다의 며느리 다말이다.

유다와 다말 이야기는 가나안 땅에서는 매춘녀가 매우 보편적이었음을 시사한다. 그러나 이스라엘에서는 이런 일이 발생해선 안 된다. 참고로, 혹자는 크데샤를 신전에 고용되어 신전에서 거룩한 예식으로서 신 앞에서 성관계를 실행한 신전 창녀로 해석하기도 한다. 파트너인 케도쉬(신전 남창)가 엄연히 존재하기 때문이다(신 23:17; 왕하 23:7). 만일 이것이 딸을 신전 창녀로 삼는 행위라면 이것 역시 제의적 금지 명령으로 볼 수 있으며, 그러한 이유로 이 금지 명령은 다른 가나안의 종교적 관행의 금

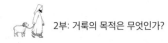

지와 묶여 있을 것이다.

비록 이러한 규정들이 언뜻 의식적 특징을 갖는 듯하나 11-15장의 의식적 정결법과는 성격이 달라 보인다. 의식적 정결법은 불가항력적으로, 또한 수동적으로 신체와 환경에서 발생된 부정결 문제를 다루는 반면, 현재의 금지 규정들은 능동적인 행동 지침과 관련되어 있다. 이것들은 하나님의 질서를 엉망으로 만드는 동성애나 수간을 금지하는 법들처럼 본질상 이방과의 구별을 위한 윤리적 행동 지침으로 경도되어 있다. 말하자면, 이방의 장례 관행이나 피 섭취, 몸에 문신을 새기거나 칼로 베어 하나님의 주신 몸을 학대하는 행위는 하나님의 윤리 규범을 어긴 행위라 볼 수 있다. 오히려 백성들은 그런 이방의 종교와 관행들을 거부하고 여호와의 예배를 위해 지정된 때(안식일)와 장소(성소)를 잘 지켜야 한다(30절).

그 외 21-22절은 다른 사람과 정혼한 여종과 동침한 행위에 대해 책임질 것을 요구한다. 이 정황은 남자의 강제적 요구나 겁탈이 아닌 남녀의 화간이 분명하다. 만일 남자가 어떤 자유민 여자와 화간을 저지르면 두 사람은 사형의 징벌을 받았다(신 22:23-24). 여기서는 자유민이 아닌 여종으로서 약혼녀인데 화간을 저지른 것이다. 이 경우 사형은 면했으며, 다만 그것은 하나님의 이름으로 맹세한 결혼 서약을 침해한 범죄에 해당되므로 반드시 속건제를 바쳐야 했다. 그럼에도 불구하고 남자는 "책망을 받을 일"을 저질렀기에 아마 그 여종의 처녀성을 해친 책임에 대한 배상을 지불했을 수 있으며, 추가로 반드시 속건제를 바쳐야 한다. 그러나 다른 학자들은 이 경우 별다른 배상 조치 없이 속건제만 바쳤을 것으로 생각한다. 어찌 되었든, 이 법은 성적인 태만에 따른 윤리적

드라마 레위기

책임과 관련된 윤리법이 분명하다.

23-25절에서 이웃을 향한 공동체의 배려가 자연의 지평으로 확대된다. 과실수를 심을 때 탐욕에 가득 차 아직 어린나무로부터 열매를 훑어 내지 말 것을 명령한다. 3년간 과실수 수확이 금지된다. 여기에는 자연에 대한 배려와 존중의 의도, 나아가 생태학적, 윤리적 교훈이 묻어 있다. 4년째 과일은 수확해서 성전에 바치고 백성들은 5년째 과일부터 즐길 수 있다. 이것은 자연에 대한 배려이기도 하지만, 공동체의 이익을 위한 것이기도 하다. 만일 어린 과실수를 일찍부터 훑어 내면 제대로 자라지 못한 부실한 과실수가 되어 결국 공동체 전체의 손해를 초래할 것이다.

32-37절은 다시 공동체 내에서 질서와 정의의 실현을 권면하는 법들이다. 공동체 안에서 노인들은 공경을 받아야 하며(32절), 나그네(거류민)를 학대하거나 차별하지 말아야 한다(33-34절). 또한 사회 정의를 위해 속이는 저울과 조작된 됫박을 이용한 거짓된 상거래를 행하여서는 안 된다(35-36절).

거룩한 삶의 핵심은 사랑이다

우리는 18-20장이 하나의 목적으로 묶이는 것을 살펴보았다. 이것은 가족의 질서를 보호하고 그것을 토대로 사회적 샬롬을 성취하기 위한 법이다. 19장이 그 중심에 놓인 것은 그것의 중요성을 말해 준다. 19장은 처음부터 "너희는 거룩하라"는 명령으로 시작된다(2절). 거룩한 삶은 구체적으로 이웃을 사랑하는 삶이고 사회 정의를 실현하는 삶이다. 핵심은 "사랑"이다.

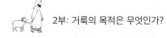

거룩한 삶이란 만인을 사랑하는 삶이다. 거룩한 사람은 자신의 힘으로 사회적 약자를 돌보고, 이웃을 돕는 자가 되어야 한다. 고용주는 최선을 다해 노동자의 삶을 돌보아야 한다. 노동자는 최선을 다해 회사를 위해 일하며 동료를 배려해야 한다. 그리스도인은 공동체의 정의를 위해 불의에 저항할 수 있어야 한다. 그리스도인은 가난한 자와 장애인, 사회적 약자와 소외된 사람을 돕고 그들과 더불어 사는 길을 모색해야 한다. 이것이 탐욕과 이기심을 극복하는 삶이다.

예수님은 원수를 갚아선 안 되며 "너희 원수를 사랑하고 너희를 박해하는 자를 위해 기도하라"고 가르치셨다(마 5:43-44). 또한 율법 전체가 "주 너의 하나님을 사랑하고 네 이웃을 네 몸과 같이 사랑하라"는 두 계명으로 요약된다고 말씀하셨다(마 22:37-40). 그분은 이 말씀을 레위기 19장에서 끌어오셨음이 분명하다.

원수를 갚지 말며 동포를 원망하지 말며 네 이웃 사랑하기를 네 자신과 같이 사랑하라 나는 여호와이니라　레 19:18

요컨대 하나님을 사랑하고 이웃을 사랑하는 것, 이것이 바로 레위기 19장이 말하는 거룩한 삶이다.

24. 장례식도 못 가는 제사장 / 레 21-22장 /

불구가 된 제사장 시므온

시므온은 나이가 42세인 제사장이다. 어느 날 그는 나귀를 타는 중에 실수로 떨어졌는데 불행히도 다리가 심하게 부러져 장애인이 되었다. 그는 더 이상 제사장 직무를 수행할 수 없게 되었다. 규정에 의하면, 앞을 보지 못하거나 다리를 절고 손발이 부러진 장애인은 '흠'을 지닌 이유로 제사장으로서 성소에 들어갈 수 없기 때문이다.

집에서 한가로이 하루하루 보내던 시므온은 어느 날 삼촌인 제사장 엘리에셀이 병으로 죽었다는 소식을 들었다. 시므온은 오래도록 그를 존경했으며 깊은 교분을 나누었으나 슬프게도 그의 장례에 참여할 수 없었다. 레위기 규정상 제사장은 직계가족의 장례만 참여하고 집행할 수 있으며 그 외에는 어떠한 장례식도 참여하지 못하도록 금지되어 있기 때문이다.

제사장의 장례와 결혼 규정

레위기 21-22장은 제사장의 자격과 의무를 다룬 규정이다. 이것은 제사장이라는 주제로 8-10장과 대칭을 이룬다. 8-10장이 제사장 위임과 더불어 제사장들의 첫 제사와 실패한 제사를 이야기하고 있는 반면에 21-22장은 제사장의 자격과 준수 사항, 그리고 결격 사유가 되는 신체적 흠과 그들이 분별해야 하는 짐승의 흠에 관해 이야기한다.

동물 사체와 접촉한 경우 불과 하루 동안만 부정했다. 길거리의 죽은 개를 우연히 발로 밟았거나, 키우던 고양이가 죽어서 사체를 들고 나가 묻어 주는 경우다. 이때 즉시 목욕하고 옷 세탁을 한 후 저녁까지 기다리면 되었다. 그러나 동물의 사체와 달리 인간의 시체는 가장 강력한 오염원이다. 만일 누가 죽으면, 그 송장은 당일에 매장해야 했다. 송장에서 무서운 부정결의 기운이 뿜어져 나와 계속 사람들을 부정하게 만들기 때문이다. 특히 송장은 그것이 놓인 공간에 있던 모든 사람에게 집단 감염을 발생시켰으며 뚜껑을 열어 놓은 모든 그릇마저도 부정케 되었다(민

드라마 레위기

19:14-15). 나아가 송장을 만져 부정케 된 사람을 만일 다른 사람이 만지면 즉시 2차 감염이 발생했고, 심지어 그 사람과 다시 접촉한 사람에게도 3차 감염이 발생할 정도였다.

앞서 우리는 정결과 부정결의 두 축은 생명과 죽음이라는 사실을 배웠다. 생명에 가깝고 생명에 속하면 정결하고, 죽음에 가깝고 죽음에 속하면 부정했다. 그러나 송장은 생명의 기운이 완전히 사라진 육체이기에 가장 부정한 것은 당연하다. 또한 분명히 송장은 즉시 부패가 진행되면서 사람들에게 병균을 옮기고 전염병을 발생시킬 수 있기에 보건-위생학적 이유로 당일 매장을 한 이유도 있을 것이다. 그럼에도 불구하고 앞서 정결법에서 말한 대로, 그런 조치의 근본적 취지는 더 상위의 신학적 관념에 근거하고 있었다. 즉 죽음은 곧 생명이 떠난 이유로 부정하다는 개념이다.

송장에 의한 집단 감염의 사례는 민수기 19장 11-22절에 자세히 나온다. 먼저 장례식에서 송장을 만진 사람과 장례식장에 함께 있던 모든 사람이 다 부정케 되어 송장과 더불어 그날 매장식이 진행되는 진영 밖으로 함께 나가야만 했다. 장례식에서는 이처럼 집단 감염이 일어났다. 이것은 전쟁터에서 복귀한 군인들의 경우도 마찬가지였다(민 31:19-24). 적들과 육박전을 벌이며 시체 사이에서 뒹굴다 왔기 때문에 필연적으로 집단 감염이 일어나곤 했다. 이때 감염된 모든 사람은 진 밖에서 일주일간 보내며 몸을 깨끗게 해야만 했다. 집단 감염이 발생하는 경우, 비용이 매우 저렴한 특별한 방법의 정결례가 실행되었다. 이때 사용하기 위해 붉은 암송아지를 태워 재를 만든 뒤 진영 밖의 특별한 장소에 보관한다(민 19:1-10). 그 재를 퍼 와 흐르는 물에 탄 뒤 집단 감염자에게 일주일 동안

두 차례 뿌렸다. 세 번째 날과 마지막 일곱째 날에 뿌렸다. 그 후에 집단 감염으로 격리되었던 모든 사람이 진영 안으로 복귀할 수 있었다.

이토록 인간의 시체는 무서운 부정결을 뿜어냈기에 거룩한 제사장들에게는 그것이 극도의 경계 대상이었다. 따라서 성소의 직무를 위해 구별된 제사장들은 장례식을 집행할 수 없음은 물론 장례에 참여하는 자체가 금지되었다. 다만 일반 제사장들은 직계 가족들의 장례는 치를 수 있었다(레 21:1-4). 가장 높은 거룩성을 유지해야 하는 대제사장에게는 그마저 엄중히 금지되었으며, 심지어 부모의 장례조차 허용되지 않았다(레 21:10-12). 제사장, 특히 대제사장직이 인간적으로는 얼마나 슬픈 직업이었는지 알 수 있다.

일반 제사장들의 경우 그의 집안에서 출가한 여자는 이미 다른 집안의 가족이므로 그녀의 장례에 참여할 수 없었다. 그러나 직계 가족 중 미혼인 여성들의 장례는 그가 모두 책임져야 했다. 마찬가지로 1-4절에서 제사장의 아내의 장례가 언급되지 않은 것은 시집온 그녀는 당연히 제사장의 직계 가족이기 때문으로 보인다.

제사장의 인간 시체 접촉이 엄히 금지된 이유가 다음 구절에 요약되어 있다.

> 제사장은 그의 백성의 어른인즉 자신을 더럽혀 속되게 하지 말지니라
>
> 레 21:4

즉 제사장은 자신을 더럽히지 않기 위해서는 이스라엘 백성의 장례에 관여하거나 참여해선 안 되었다. 그가 백성의 어른이라는 말에는 제사

드라마 레위기

장이 백성의 장례에 참여해 자신을 더럽히면 더불어 백성 전체를 더럽히는 결과를 초래한다는 뜻이 내포된 것으로 보인다.

5-6절 또한 장례 관행과 관련된 규정으로, 앞서 살핀 레위기 19장 27-29절과 신명기 14장 1절의 규정과 관련이 있다. 장례식의 복장과 두발 형식은 이스라엘 백성의 신분에 따라 차이가 있었다. 우선 모든 이스라엘 백성은 이방의 장례 관행을 거부해야 한다. 율법은 애도를 표현하는 방식으로 몸을 베고 눈썹 사이 이마 위의 머리털을 면도하지 말라고 명령한다(신 14:1). 덧붙여 몸에 상처를 내고 문신하는 애곡 행위 또한 이스라엘 백성에게는 허용되지 않았다(렘 41:5; 48:37).

그와 달리 이스라엘 백성은 장례 때 단순히 머리털을 밀고 수염을 깎는 것만 허용되었다(참조, 스 9:3; 욥 1:20; 렘 7:29; 16:6; 겔 27:31). 그 외 슬픔의 표시로 옷을 찢고 머리에 재를 뿌리는 경우가 많았다. 이때 옷을 찢는 것은 마음을 찢는 것을 상징했다. 그러나 제사장들은 훨씬 더 엄격하고 절제된 애곡 의식을 따라야 했다. 제사장들은 이런 특별한 장례식 두발 형식이 허용되지 않았다. 즉 그들은 머리털을 밀어선 안 되고 수염도 깎아선 안 된다. 그러나 옷을 찢고 머리를 푸는 행위는 가능했던 것으로 보인다. 나아가 대제사장들의 경우 일체의 애곡 행위, 곧 옷을 찢고 머리를 푸는 행위도 금지되었다(10절). 그것은 하나님의 이름을 욕되게 하는 행위로 간주되었다. 사랑하는 가족이 죽었는데 울지도 못하는 심정은 얼마나 고통스러웠을지 짐작이 간다.

제사장들에게 적용되는 결혼 규정 역시 평민에 비해 상당히 엄격했다. 일반 제사장들은 창녀나 이혼녀와 결혼할 수 없었는데, 과부는 가능했던 것으로 보인다. 또한 그들은 그만큼 자신의 딸도 철저히 관리해야

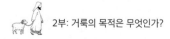

했다(레 21:9). 그러나 대제사장은 반드시 처녀를 아내로 삼아야 했다(레 21:7, 13-14).

제사장의 흠과 짐승의 흠

제사장은 직무를 수행함에 있어서도 상당히 엄격한 조건을 갖춰야 했다. 위임받은 모든 제사장이 성소에 들어갈 수 있었던 것은 아니다. 서두의 제사장 시므온처럼 몸에 어떤 장애를 지닌 경우 제사장 직무에서 제외되었다. 레위기 21장은 이러한 제사장들의 신체적 자격과 조건을 제시한다. 이것은 외모나 키, 체중 따위가 아닌 희생 짐승과 같은 신체적 흠인데 그것이 12가지로 목록화되었다(21:18-20).

제사장들의 흠 목록은 22장에서 나열되는 짐승의 12가지 흠의 목록과 나란히 병행을 이룬다(22-24절). 아마 제사장과 관련된 규정인 21-22장에서 짐승의 흠의 목록까지 배치된 이유는 제사장이 짐승의 흠을 최종적으로 점검하는 직무를 수행해야 하기 때문일 것이다. 특별히 앞서 1-7장의 제사법에서 짐승의 흠이 그토록 강조되지만, 그 흠이 어떤 종류의 것인지는 전혀 명시되지 않았는데, 여기서 비로소 그 목록이 제공된다. 아래 도표는 두 목록을 비교한 것이다. 참고로 흠은 네발 달린 짐승의 경우에만 요구되었지만, 비둘기의 경우에도 신체에 문제가 있는 것은 자동으로 배제되었을 것이다.

	제사장의 흠(21:18-20)	짐승의 흠(22:22-24)
1	맹인	눈먼 것
2	저는 다리	상함

드라마 레위기

3	불완전한 코	베임
4	더한 지체	종기
5	부러진 발	습진
6	부러진 손	비루먹음
7	곱사등	더한 지체
8	난쟁이	덜한 지체
9	백막염	빠진 고환
10	습진	치인 고환
11	버짐	터진 고환
12	상한 고환	베인 고환

 몇 가지 증상들은 히브리어의 뜻이 모호하여 파악하기 어렵다. 예를 들어, "더한 지체"는 그것이 길게 늘어난 손발을 의미하는 것인지, 아니면 손가락이나 발가락이 하나씩 더 있는 다지증(多指症)을 가리키는 것인지 정확하지 않다. 반대의 증상인 "덜한 지체" 역시 그것이 길이인지 숫자인지 의견이 나뉜다. 학자들의 견해는 "늘어난 지체"에 더 무게를 둔다. "난쟁이"에 대해서는 그것이 "여윈 몸"일 수 있다는 의견이 제시된다.

 그 외 피부질환은 습진, 버짐, 종기 등 정확한 병명을 알기 어렵다. 그러나 중요한 것은 이 피부병들은 짜라아트로 분류되는 증상들이 아니라는 사실이다. 만일 짜라아트인 악성 피부병이 발병되었다면, 직무 중지가 아니라 제사장이라도 추방을 피할 수 없다. 아마 추정컨대, 제사장의 부적격한 조건은 신체적 문제에만 국한되지 않고 심리적, 정신적 문제를 비롯해 여러 가지 문제들도 포함했을 것이다. 만일 정신질환을 앓거나, 심리적 고통을 당하고 있다면, 또는 병을 앓고 있다면 직무에서 당연

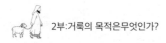

히 제외되었을 것이다.

인간과 짐승 사이에 큰 차이점이 보이는데, 겹치는 증상이 불과 4가지밖에 안 된다. 동일 증상들은 다른 색으로 표시했다. 짐승들의 경우 고환 및 성기와 관련된 증상이 4가지로 세분되고 있다. 이것은 그것이 씨의 번성과 관련된 중요한 기관으로 간주되었기 때문일 것이다. 나머지 차이점들은 아마 동물과 사람의 생물학적인 차이와 신체 구조의 차이가 크기 때문인 것으로 보인다.

목록이 각각 12가지다. 이것은 분명히 의도적인 숫자의 선택으로 보인다. 아마도 12라는 숫자가 1년 12달의 꽉 찬 완전성의 의미를 지녔기 때문일 것이다. 이스라엘은 12지파로 구성된다.

그러나 이들은 모든 흠의 대표라 볼 수 있다. 말하자면, 흠들이 굳이 각각 12가지로 제한된다고 볼 필요는 없으며 이 목록을 기준으로 흠의 목록은 더 세부적으로 확대되었을 것으로 추정된다. 예컨대, "상한 것"은 어딘가가 찢어지거나 상처가 나거나 부러진 것일 수 있는데, 이 기준은 매우 포괄적일 수 있다. 그리고 겉으로 볼 때 손상이 되거나 장애를 지니지 않았으나 삐쩍 마른 가축이라면 속병에 걸린 것으로 판단되어 제물에서 제외되었을 것이다. 또한 목록에 없으나 청각 장애가 있거나 손발이 하나 없는 장애를 지닌 제사장이 고난도의 성소 업무를 수행하기는 어려웠을 것이다.

흠을 가진 모든 짐승은 제물로 바쳐질 수 없었는데, 다만 유일하게 자원의 화목제의 경우는 더한 지체나 덜한 지체를 가진 짐승이 허용되었다(23절). 자원의 화목제의 기준이 다소 완화된 이유는 아마 그것이 매우 감사했던 일이나 서원의 이행과 같은 특별한 이유가 없이 마음에 우러

드라마 레위기

나와 바치는 것이기 때문이었을 것이다. 레위기 본문에는 언급되어 있지 않으나, 유대 문헌에 따르면 제사장에게는 제물로 희생되는 짐승을 검사할 최종 책임이 있었다.

성전은 제사가 드려지는 공간이며, 제사장은 성전에서 제사를 관장하는 사람, 그리고 희생 짐승은 그 성전에서 드려지는 제물이다. 성막, 제사장, 그리고 짐승 셋이 모두 흠이 없어야 했다. 예수님은 이 모든 것을 동시에 성취하신 분이다. 한 분 예수님이 성전이시고, 희생양이시며, 또한 동시에 그 짐승을 바치는 제사장이시다. 세 가지 모두 흠이 없어야 했던 것처럼, 예수님은 거룩한 성전으로, 흠 없는 어린 양으로, 그리고 완전한 대제사장으로 이 땅에 오셨다.

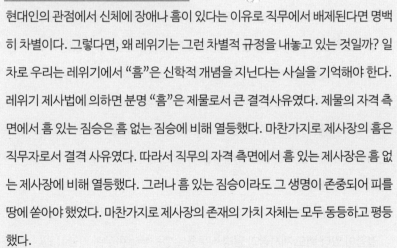

Q. 제사장의 직무 배제는 차별인가?

현대인의 관점에서 신체에 장애나 흠이 있다는 이유로 직무에서 배제된다면 명백히 차별이다. 그렇다면, 왜 레위기는 그런 차별적 규정을 내놓고 있는 것일까? 일차로 우리는 레위기에서 "흠"은 신학적 개념을 지닌다는 사실을 기억해야 한다. 레위기 제사법에 의하면 분명 "흠"은 제물로서 큰 결격사유였다. 제물의 자격 측면에서 흠 있는 짐승은 흠 없는 짐승에 비해 열등했다. 마찬가지로 제사장의 흠은 직무자로서 결격 사유였다. 따라서 직무의 자격 측면에서 흠 있는 제사장은 흠 없는 제사장에 비해 열등했다. 그러나 흠 있는 짐승이라도 그 생명이 존중되어 피를 땅에 쏟아야 했었다. 마찬가지로 제사장의 존재의 가치 자체는 모두 동등하고 평등했다.

다른 측면에서 보면, 이 규정은 장애인에 대한 차별이 아닐 수 있다. 레위기 21장은 이 질문에 대한 실마리를 제공한다.

> 그는 그의 하나님의 음식이 지성물이든지 성물이든지 먹을 것이나 휘장 안에 들어가지 못할 것이요 제단에 가까이하지 못할지니 이는 그가 흠이 있음이니라 이와 같이 그가 내 성소를 더럽히지 못할 것은 나는 그들을 거룩하게 하는 여호와임이니라 레 21:22-23

놀라운 말씀이다. 직무에서 제외된 흠 있는 제사장이 모든 "성물 음식"을 동등하게 먹을 수 있다. 제사장은 성전에 바쳐진 성물 음식만을 먹었다. 여기서는 음식만 언급하지만, 그는 모든 제사장의 특권을 차별 없이 누렸을 것이다. 진정한 차별은 직무의 배제가 아니라 권리의 박탈이다. 신체적 결격 사유로 인한 직무의 배제가 차별일 수 있지만, 노동하지 않는 제사장에 대한 대우가 동등하다면 이는 결코 차별일 수 없다. 무노동 유임금은 오히려 특혜다.

또 한 가지 우리는 제사장의 직무는 상당한 육체적 노동이 수반되었고, 또한 매우 섬세한 작업이 요구되었음을 고려해야 한다. 따라서 신체적 결함을 지닌 제사장이 성막의 과중하고 섬세한 업무를 수행하기는 쉽지 않았다. 피부병을 지닌 경우는 일시적으로 직무가 제한될 뿐이나 다른 육체적 결함은 항구적으로 업무에 지장을 줄 수 있다. 이런 신체적 장애로 인해 자칫 제의적 실수를 할 가능성도 있으니 그들을 직무에서 배제한 것은 일종의 배려일 수 있다. 장애인의 군 입대를 막는 것은 차별이 아니라 배려다.

신약 시대에는 더 이상 제사장이 존재하지 않으며, 오늘날 교회 사역자는 신체적 결함이 있다 해도 제사장과 달리 직무를 수행하는데 아무런 지장이 없다. 따라서 장애인들이 교회에서 사역자로서 차별을 받는 것은 있을 수 없다.

 드라마 레위기

그럼에도 불구하고 앞서 대제사장에게는 처녀만이 신붓감으로 허용되었던 것을 포함하여, 이러한 흠의 문제는 현대인의 관점에서 매우 차별적이고 구시대적 관습으로 느껴질 수 있다. 그러나 구약 율법은 항상 당시의 시대적, 역사적, 그리고 문화적 한계 속에서 이해해야 하며, 특히 그 세계는 가부장적 가치관이 지배하고 있었다는 사실을 고려해야 한다.

구약의 훈육은 많은 경우 실물적 교훈과 상징을 통해 이루어지는데, 여기서도 동일한 원리에 의해 신체적 흠을 불완전성의 상징으로서 하나님의 거룩에 합당하지 않게 여겨진다. 구약에서 정결한 짐승과 희생 짐승이 그렇듯이 신체의 특징과 흠은 하나님의 완전하심과 거룩하심을 교훈하기 위한 방법이었다. 예수 그리스도의 오심과 더불어 교훈을 위해 설정된 이 모든 임시적인 차별의 장벽들이 사라졌다. 그러나 우리가 기억해야 할 것은 모든 인간은 하나님 앞에 서면 장애와 흠을 지닌 존재들이라는 사실이다. 그럼에도 우리는 예수 그리스도로 말미암아 하나님 앞에 담대히 나갈 자격을 얻었다.

제사장의 음식 규례

레위기 22장에서 이어지는 제사장 규례는 먹는 문제다(1-16절). 제사장은 아무 음식이나 먹을 수 있는 것이 아니라 성물 음식을 먹었다. 그것은 성소에 봉헌물로 바쳐진 것들이다. 성물 음식은 지성물과 성물로 나뉘는데(22절) 지성물은 성물보다 거룩의 등급이 더 높았다. 지성물은 제단에 바쳐진 것들이며 그중에 제사장이 먹을 수 있는 몫은 먹는 속죄제와 속건제의 고기, 그리고 소제물이다. 제단에 바쳐진 것 중 지성물보다 등급이 낮은 성물은 화목제 고기다. 이렇게 "내게 드리는"(2절), 즉 제단에 바쳐진 성물들은 부정한 사람이 결코 접촉해선 안 된다. 말하자면, 부정 탄 사람이 그 제단의 성물을 먹을 수 없다.

앞서 평민은 유일하게 화목제 고기를 먹을 수 있었는데, 부정한 사람은 결코 화목제 식탁에 참여할 수 없었다. 즉 그 고기와 접촉이 불가하고 먹을 수도 없다. 하물며 제사장은 얼마나 더욱 그러하겠는가? 제사장 또한 화목제 고기의 몫을 배당받지만, 부정한 상태에서는 접촉과 섭취가 불가하다. 그런데 제사장은 평민과 달리 화목제보다 등급이 더 높은 지성물인 속죄제/속건제의 남은 고기와 소제의 남은 밀가루도 특권으로 먹었다. 그러나 제사장이 부정한 상태면 이 모든 성물이 허용되지 않는다. 만일 이 규정을 어기면 무서운 제명(끊어짐)의 징벌이 뒤따랐다(3-10절).

제사장이 부정케 되는 경우 역시 레위기 11-15장의 기준을 따른다. 부정한 상태는 유출증, 나병(악성 피부병), 그리고 아내와의 잠자리에서 설정에 의해 발생된다(4절). 또한 부정결을 옮기는 "기는 짐승"의 사체(개역개정의 "벌레"는 오류)를 비롯하여 각종 짐승의 사체, 그리고 사람 송장과 같은 다양한 감염원과의 접촉을 통해 부정하게 될 수 있다(5-6절, 8절). 부정하게 만드는 오염원은 제사장과 일반인의 구별을 두지 않는다. 이것들에 접촉된 사람은 제사장을 포함하여 모든 사람이 부정을 입는다.

이때 제사장은 성물 음식을 먹을 수 없으며 목욕을 하고 저녁까지 부정한 상태로 지낸다(6-7절). 본문은 목욕만 명시되나 옷도 빨았음이 분명한데, 그것은 짐승 사체와의 접촉 시에 목욕과 더불어 빨래가 요구되었다는 사실은 다른 규정들에서 확인된다(예, 레 11:25, 28, 40). 제사장은 레위기 11-15장에 규정된 정결 절차를 밟아 정결한 상태를 회복한 후에 성물 음식을 먹을 수 있다.

 드라마 레위기

제단에 오르지 않는 일반 성물 음식

한편, 부정케 된 제사장에게 모든 성물 음식이 금지된 것이 아니라 일반 성물 음식은 먹을 수 있었다. 단지 제단에 오른 성물 음식이 제한되었을 뿐이다. 제단에 오르지 않는 일반 성물로는 농산물과 축산물의 십일조, 첫 태생, 그리고 다양한 자발적인 봉헌물이 포함된다. 이것들은 부정한 상태의 제사장도 세끼로 언제든 먹을 수 있었다.

그러나 평민들은 성소에 봉헌된 일반 성물 음식을 먹을 수 없다. 거기에는 제사장 집의 손님, 제사장이 잠시 고용한 일용직 일꾼(품꾼)도 포함되었다(10절). 그러나 제사장이 장기 고용한 종(11절)과 그 종이 낳은 자녀들은 제사장의 식구로 간주되어 성물을 먹을 수 있었다(11절). 제사장의 딸이 출가하면 시댁의 일원이 되므로 성물을 먹을 권리를 박탈했으며 혼인 관계가 중단되어 아버지 집으로 돌아오는 경우에는 그 권리가 회복되었다(12절).

만일 누군가 자격이 없음에도 실수로 그것을 먹는 경우 이는 성물 침해 죄에 속하기에 속건제가 요구된다. 이때 죄인은 성물에 20%를 더하여 갚고, 이어서 숫양 1마리를 성소에 바쳐야 했다(14절). 그러나 의도적으로 성물을 먹은 자에게는 그 죄에 합당한 형벌이 내려질 것이다(15절). 이 경우에 해당하는 형벌은 명시되어 있지 않으나 성경의 다른 구절에 비추어 볼 때 "죽음"이나 "제명"이었을 것으로 추정된다.

제사에서 주의해야 할 사항들

마지막으로 제사장이 제사를 바칠 때 주의해야 할 몇 가지 추가적인 제의 규정들이 주어진다. 제사장은 먼저 짐승의 흠을 꼼꼼히 점검해야

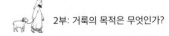

한다. 그 흠들의 목록이 22장 17-25절에 나열되어 있다. 이미 살핀 대로, 12가지의 표준적인 흠들이 제시되고 이것을 기준으로 흠의 종류는 더 늘어날 수 있었던 것으로 보인다. 어떠한 흠도 허용되지 않지만, 유일하게 "지체가 더하거나 덜하거나 한 것"(23절)은 자원의 화목제로 바칠 수 있었다. 흠이 있는 짐승에 대한 이러한 자격 박탈은 외국인에게서 받은 짐승이라 해도 예외는 아니다(25절).

제사장법 안에 이 흠의 목록이 주어진 이유는 미쉬나에 따르면 성소로 가져온 짐승을 그가 최종적으로 점검하기 때문이다. 물론 헌제자가 일단 집에서 짐승을 고를 때 흠이 있는지 여부를 자세히 관찰할 것이다. 그러나 자칫 발견하지 못한 흠이 있을 수 있으며, 또한 성소로 끌고 오는 중에 어떤 하자가 발생할 수도 있었다. 그러므로 제사장이 짐승을 제단에 바치기 전에 반드시 최종적인 신체검사를 해야만 했다.

26-33절은 추가적인 주의사항들이다. 가축의 새끼가 태어나면 7일 동안 어미와 같이 있게 하고 8일째부터는 희생으로 바칠 수 있다(27절). 이것은 남자아이가 태어나면 7일이 지나 8일째에 할례를 해야 하는 규정과 병행을 이루고 있다(창 17:12; 21:4; 눅 1:59; 2:21). 짐승의 경우 7일 동안 "어미와 같이 있게 하라"는 요구사항에서 분명히 가축에 대한 인격적 배려가 깃들어 있음을 짐작할 수 있다. 사냥감을 포함, 가축을 잡을 때, 피를 반드시 땅에 쏟아 흙으로 덮으라는 명령에서도 우리는 짐승의 생명을 존중하는 취지를 엿볼 수 있었다.

짐승에 대한 이러한 인격적 배려는 바로 뒤잇는 규정에서 명백해진다. 암컷 가축을 제물로 잡을 때 어미와 새끼를 같은 날에 잡아서는 안된다(28절). 이러한 조치의 이유로 인격적 배려 외에 다른 것을 찾아보기

드라마 레위기

는 어렵다.

마지막에 첨부된 지침은 화목제의 고기를 먹는 규정의 반복이다(29-30절). 특별히 화목제 중 감사의 화목제 고기 처분의 엄중한 기한 준수를 거듭 상기시킨다. 서원과 자원의 화목제와는 달리 감사의 화목제는 당일에 모든 고기를 처분해야 하고 이튿날 먹어서는 안 된다. 유독 첫날 고기를 모두 먹어야 했던 감사의 화목제만 나타나는데, 이것은 아마도 감사의 화목제 고기를 자칫 이튿날까지 먹는 일이 발생하지 않도록 특별한 주의를 주기 위함일 것이다.

반면에 다른 화목제 고기들, 즉 서원의 화목제와 자원의 화목제의 경우 이튿날까지 고기를 먹을 수 있었다. 우리는 앞서 화목제 고기의 이러한 짧은 유통기한은 탐심의 발동을 억제하기 위함일 수 있음을 살펴보았다. 이 화목제 규정이 또 다시 현재의 제사장 직무 규정에서 반복되는 이유는 화목제의 사적인 특징으로 인해 제사장의 지도와 관리가 더욱 필요했기 때문이었을 것이다. 이 모든 계명을 잘 지켜 행하면, 그들은 하나님의 거룩한 백성의 신분을 유지하게 될 것이다.

21-22장의 중대한 제사장 규정은 하나님이 자신의 거룩의 속성을 강조하시고 또한 자신이 이스라엘을 거룩하게 하는 여호와임을 상기시키면서 끝을 맺는다(레 22:31-33). 제사장의 자격과 의무, 권리와 주의사항 등을 다룬 21-22장은 분명히 제사장의 위임과 첫 직무에 관한 내용을 다룬 8-10장과 짝을 이룬다. 이것은 레위기가 16-17장을 중심으로 대칭 구조를 이룬다는 강력한 증거의 하나다.

25. 늦은 비가 내렸다! 올해도 풍년이다!

마침내 내린 비

가나안 땅에 우기가 막바지다. 이른 비가 내리는 음력 7월부터 마지막의 늦은 비가 내리는 12월까지 6개월은 비가 내리는 시기로 곡식이 자라 영글어 간다. 요아킴은 올 한해도 세 마지기의 밭에 보리를, 다섯 마지기의 밭에는 밀을 심었다. 다음 달 음력 1월이면 따뜻한 봄이 되면서 보리를 먼저 추수하고 그 후 두 달 정도 기다린 뒤 밀 추수를 시작한다. 지금은 음력 12월, 마지막 비가 내리는 시기다. 때로 늦은 비는 폭우처럼 쏟아져 요단강이 범람하여 홍수가 나고 곳곳에 산사태를 일으키기도 했다. 그러나 그렇게 흠뻑 내리는 비는 앞으로 1월부터 6월까지 여섯 달 동안의 건기를 버티게 한다.

그러나 이상하게 올해는 늦은 비가 아직 내리지 않고 있다. 요아킴은 혀가 바짝 타 올랐다. 그는 동료 농사꾼들과 함께 매일 아침이면 밭에 나가 하늘을 우러러 하나님께 늦은 비를 달라고 기도를 올렸다. 지난 몇 달 동안 하나님이 적절히 비를 주셔서 곡식이 잘 자랐다. 이른 비는 파종을 위해 가장 중요했다. 그러나 수확을 위해서

274 드라마 레위기

는 늦은 비가 가장 중요하다. 이 비가 오지 않으면 풍년을 기대하기 어렵다. 우기 동안 아무리 곡식이 잘 뻗어 올라왔어도 마지막 비가 오지 않으면 이삭들의 알곡이 차지 않아 농사를 망치기 때문이다. 또한 이 늦은 비가 와야 여름 과일이 풍성히 열린다.

농부들의 기도는 더욱 간절해졌다. 마침내 기다리던 늦은 비가 세차게 내렸다. 대지를 적신 늦은 비로 인해 보리와 밀에 달린 이삭들에 생명의 빛깔이 선명해졌다. 올해도 이제 풍년이다! 다가오는 유월절과 칠칠절은 기쁨의 축제가 될 것이다!

> 시온의 자녀들아 너희는 너희 하나님 여호와로 말미암아 기뻐하며 즐거워할 지어다 그가 너희를 위하여 비를 내리시되 이른 비를 너희에게 적당하게 주시리니 이른 비와 늦은 비가 예전과 같을 것이라 욜 2:23

이스라엘의 주요 명절들

레위기 23장은 이스라엘의 절기법을 제정한다. 이스라엘의 절기는 음력을 따르며 주요 절기들은 대체로 농사, 특히 추수와 깊은 관련이 있다. 크게 음력 1-6월은 건기, 7-12월은 우기에 속한다. 구약에 자주 나오는 표현인 "이른 비"와 "늦은 비"는 우기의 시작과 끝을 가리킨다. 7월에 이른 비가 내린 뒤, 8-9월 사이에 파종(씨뿌리기)을 마무리하고, 다음해 1-2월 사이에 추수를 시작해 마친다. 이때 추수 직전에 봄비, 즉 늦은 비가 내려 풍성한 추수를 거둘 수 있게 된다. 따라서 이른 비와 늦은 비는 추수에서 가장 중요한 요소이자 하나님의 축복으로 간주되었다. 이스라엘의 절기와 달력에서 기억해야 하는 것들이 있다.

첫째, 하루의 계산과 안식일 주기는 태양력을 기준으로 삼는다. 이스라엘의 하루는 저녁에 해가 질 때 새로운 하루가 시작된다(창 1장). 현대인에게는 태양을 기준으로 해가 뜰 때 하루가 시작되고 해가 질 때 하루가 마감된다. 하루의 시작과 끝의 관념이 다르다. 그러나 동시에 일과의 시작은 아침 동틀 때를 기점으로 삼았다는 다양한 증거가 존재한다(출 29:39와 민 28:4; 출 30:7; 레 6:12; 7:15-18; 수 6:12; 8:10). 하지만 날짜를 계산할 때는 태양을 기준으로 저녁이 하루의 시작이었음이 분명하다. 또한 일주일의 안식일의 주기 또한 태양력을 따른다.

둘째, 절기는 모두 음력을 따른다. 이 점은 우리나라를 비롯한 동양과 동일하다. 성경에 구체적인 날짜가 명시될 때는 항상 음력이라 생각하면 된다. 예외적으로 노아 홍수 이야기에서 날짜가 연이어서 적시되는데, 그것은 분명히 일주일 주기의 태양력을 따른다. 그 외에는 모두 음력이다. 따라서 유월절은 음력 1월 14일, 오순절은 음력 3월 6일을 뜻한다. 음력 날짜는 양력 날짜에서 매년 바뀐다. 한국인을 포함한 동양인들은 이에 익숙하다. 유대력 음력 1월은 대략 양력 3~4월, 3월은 대략 5~6월이다. 유대의 음력 1월은 한국을 포함한 동양의 음력 2월이다. 즉 유대력 음력은 동양의 음력보다 숫자만 한 달 빠르다. 날짜 계산만 한 달의 차이가 날 뿐 양쪽의 음력 체계가 동일하다. 정리하자면, 유대력은 동양과 마찬가지로 음력과 양력을 혼용하는데, 7일의 안식일 주기는 양력을 따르고 나머지는 모두 음력을 따른다. 따라서 우리가 어떤 해에 설날과 주일이 겹칠 수 있듯이, 예를 들어, 유대인들에게는 음력의 유월절이 양력의 안식일과 겹칠 수 있다.

우선 '시간의 주기'는 다음과 같이 구분된다.

드라마 레위기

매일	안식일 (7일 주기)	초하루 (한 달 주기)	안식년 (7년 주기)	희년 (50년 주기)

그 외 연중에는 날짜가 지정된 다양한 절기들이 기념된다. 절기들은 연중의 축제일로서 농사력을 따르면서 1-3월과 7월의 추수기에 집중되어 있다. 1-3월(대략 양력 3-5/6월)은 봄철의 보리와 밀의 추수기이며, 7월(대략 양력 9-10월)은 가을철의 과일 추수기다. 추수를 축하하는 절기에는 온 백성이 주로 노동을 멈추고 안식을 하며 성회로 모여 축제를 벌였다. 또한 절기에는 제사장들이 성소에서 백성을 대표해 많은 제물을 하나님께 바쳤다.

레위기 23장의 절기법은 민수기에서 완성된다. 이는 각 절기에 바쳐야 할 제사의 목록이 민수기 28-29장에서 상세하게 주어지기 때문이다. 또한 상번제와 초하루 절기 등도 거기에서 법제화된다. 따라서 레위기의 23장의 절기법은 민수기 28-29장을 보완하면서 읽어야 한다. 물론 23장에서도 각 절기에 어떤 제물들을 바치는지 언급된다. 그러나 그것은 상세하지 않으며 체계화되어 있지 않다.

다음 도표는 그것을 종합해서 보여 준다. 이것은 이스라엘의 달력에서 시간의 주기와 다양한 절기들, 그리고 각 절기에서 바치는 제물의 종류를 정리한 도표다. 시간의 주기에서 7년 주기의 안식년과 50년 주기의 희년은 생략했으며 제물이 바쳐진 모든 주기적인 날과 절기들이 목록화되어 있다.

절기에 바친 제물들의 목록						
시간의 주기	날짜	번제				속죄제
		상번제 숫양	수소	숫양	일 년생 숫양	숫염소
상번제	매일	2				
안식일	매 7일	2			2	
초하루	매월 1일	2	2	1	7	1
절기	날짜	제물				
유월절	1월 14일	2	유월절 양/염소(제단에 바치지 않음)			
무교절	1월 15-21일 (매일)	2	2	1	7	1
초실절	1월 16일 (보리)	2	2	1	7+1 (+보리 소제물)	1
칠칠절	3월 6일 (밀)	2	2	1	7+화목제 숫양 2 (+두 개의 유교병)	1
나팔절	7월 1일	2	2(+1)	1(+1)	7(+7)	1
속죄일	7월 10일	2	1	1	7	1
			"속죄일의 속죄제"(하타트 하키푸림) 속죄제(수소1/숫염소2) + 번제(숫양 2)			
초막절 (*22일 대회)	15일(1)	2	13	2	14	1
	16일(2)	2	12	2	14	1
	17일(3)	2	11	2	14	1
	18일(4)	2	10	2	14	1
	19일(5)	2	9	2	14	1
	20일(6)	2	8	2	14	1
	21일(7)	2	7	2	14	1
	*22일(8)	2	1	1	7	1

시간의 주기

매일의 날짜는, 앞서 말한 대로, 저녁을 기준으로 변경된다. 그러나 매일 바치는 상번제는 제사장이 아침 동틀 때, 그리고 저녁 해질 때 바친다. 제물은 일 년생 숫양 2마리다. 상번제와 초하루의 규정은 레위기

드라마 레위기

23장에 없으며 민수기 28장에서 명시된다.

도표에서 보듯이 이 상번제 숫양 2마리는 어떠한 경우에도 매일 바쳐야 하며, 모든 절기에서도 가장 기본 제사로 드려진다. 예를 들어, 초하루(월삭)에는 번제로 수소 2마리, 숫양 1마리, 일 년생 숫양 1마리를, 그리고 속죄제로 숫염소 1마리를 바친다. 이것이 이후 모든 절기의 기본적인 제사 품목이다. 그런데 그날 가장 우선 순위는 매일의 상번제로 숫양 2마리를 바쳐야 한다.

절기마다 앞서 명시된 다양한 짐승의 번제와 더불어 속죄제로 숫염소 1마리가 고정적으로 드려진다. 중요한 것은 이때 각 짐승을 바칠 때 일정한 양의 밀가루와 기름, 그리고 포도주가 함께 드려진다는 사실이다. 레위기 23장에는 이러한 내용이 누락되어 있으나 민수기 15장에서 보완된다. 레위기 1-7장에서는 짐승 제사를 드릴 때, 단지 짐승만 바치는 것처럼 되어 있다. 그러나 민수기 15장은 짐승과 밀가루(기름 포함)와 포도주가 세트로 바칠 것을 명령한다. 다시 한 번 레위기와 민수기를 보완해서 읽어야 한다는 사실이 확인된다.

요컨대, 매일의 상번제와 감사의 제물(번제와 화목제)의 경우에 모든 짐승을 바칠 때마다 각 짐승의 크기에 비례한 일정량의 소제 밀가루와 거기에 붓는 기름, 그리고 전제의 포도주(상번제는 곡주)가 짐승과 함께 드려졌다(민 15:1-12; 28장). 다음 도표는 그것을 정리한 것이다.

희생물	밀가루	기름	전제(포도주)
양/염소	1/10에바(2.2리터)	1/4힌(0.9리터)	1/4힌(0.9리터)
큰 숫양	2/10에바(4.4리터)	1/3힌(1.2리터)	1/3힌(1.2리터)
소	3/10에바(6.6리터)	1/2힌(1.8리터)	1/2힌(1.8리터)

2부: 거룩의 목적은 무엇인가?

짐승의 크기가 클수록 밀가루와 기름, 그리고 포도주의 양도 많았다. 가장 큰 소의 경우 양/염소에 비해 세 배의 밀가루가 바쳐지고 기름과 포도주는 두 배다. 숫양은 보통 일 년생의 양이나 염소와 달리 아주 컸으며 값도 비쌌다. 따라서 역시 숫양에 곁들여진 농산물 제물들도 양/염소에 비해 매우 많다. 상번제의 경우에만 곡주가 전제로 드려지고(민 28:7) 그 외에는 모두 포도주였으며 기름을 섞은 밀가루는 개인 소제물과 달리 한 움큼이 아니라 모두 태웠다.

우리가 고깃집에서 고기를 먹을 때도 고기만 먹는 사람이 거의 없고 대부분 이런 방식으로 고기를 먹는다. 즉 고기(소)를 먹을 때 콜라(포도주)를 마시고 공기밥(밀가루)도 시켜 먹는다. 이게 우리의 고기 밥상 세트다. 마찬가지로 이 품목들은 당시 가나안 문화권의 식탁 차림이면서 신에게 바치는 고기 제사 세트이기도 했다. 그러나 감사의 제사인 번제/화목제가 아닌 속죄를 위한 속죄제/속건제를 드릴 때는 짐승만 드려진 것으로 보인다. 민수기 15장 1-12절과 28-29장을 보면, 감사제인 번제와 화목제의 경우에만 밀가루의 소제와 포도주의 전제가 수반될 뿐이다(195쪽에서 말한 난제의 이유).

안식일에는 제사장들이 상번제 숫양 2마리에 추가로 안식일을 위한 제물로 숫양 2마리를 바쳤다. 이것 역시 현재의 레위기 23장에서는 언급되지 않지만, 민수기 28장에 명시되어 있다(민 28:9-10). 안식일에 백성들은 별다른 제사를 바치지 않고 집에서 안식을 누렸으며, 제사장들이 백성을 대표해서 숫양 2마리로 안식일 예배를 드린 셈이다. 이때 백성은 각자 집에서 그 예배에 동참했을 것이다.

드라마 레위기

26. 이스라엘의 절기들 / 레 23장 /

유월절과 무교절

유월절은 음력 1월 14일이다. 다음 날인 1월 15일부터 일주일간, 즉 1월 15-22일은 무교절이다. 총 8일간 유월절과 무교절을 지킨다. 유월절 규례는 이미 출애굽기 12-13장에서 제정되었다. 당시 이집트를 탈출해야 하는 긴박한 상황 중에 하나님의 지시로 제정되었으며 즉각적인 최초의 유월절 준수와 더불어 출애굽이 실행되었다. 하나님의 섭리에 따라 봄철의 수확기인 1월에 이집트를 탈출하는 유월절 사건이 발생하여 아마도 고대로부터 지켜 온 전통적 봄 추수 감사 축제에 새로운 구원사적-신학적 의미가 덧붙여졌을 것이다.

유월절은 1월 14일에 해가 지면서 그날 저녁에 시작된다. 이날 유월절 양을 구워서 먹고 무교병과 쓴 나물을 곁들어 먹었다. 유월절과 무교절 기간에는 누룩을 넣지 않은 떡, 즉 무교병을 먹어야 한다. 무교절 첫날인 1월 15일과 일곱째 날인 1월 21일은 성회로 모이며 안식하는 날이다(7절). 따라서 이 두 날에 모든 노동이 금지된다. 이날은 정규 안식일이 아닌 "절기 안식일"이다. 유월절과 무교절은 각각 독립된 절기이면서도 하나로 연결된 절기들이다. 유월절-무교절은 총 8일인데, 이 기간 전체를 단순히 유월절로(겔 45:21), 혹은 무교절로 부르곤 했다(대하 30:21; 스 6:22).

무교절의 일주일 기간에 매일 "여호와께 화제," 즉 음식 봉헌물을 바쳐야 하는데(8절) 레위기 23장에는 구체적으로 이것이 무엇인지 전혀 언급되지 않는다. 이 제물들의 목록은 민수기 28장 18-24절에 자세히 명시되어 있으며 앞의 도표(278쪽)에 정리되어 있다. 유월절에는 상번제 숫양 두 마리만 바치고 그 외 제단에 바치는 제물은 없다. 각 백성은 집에서 유월절 양을 잡으며 그날을 지켜야 한다. 다만 신명기의 유월절은 땅에 들어가서 지켜야 할 법안이기에 약간 수정된다. 가나안 땅에서는 양/염소를 성소로 끌어와 잡은 뒤 피만 제단 벽에 뿌리고 모든 고기는 집으로 가져가 거기서 나누어 먹는다(신 16:5-6). 유월절 다음날부터 일주일간 무교절인데, 날마다 월삭(초하루)과 동일한 제사 품목을 바친다. 마찬가지로 매일의 상번제 숫양 2마리는 변함이 없다.

초실절

레위기 23장 9-14절은 보리의 초실절에 대한 규례로서 유월절-무교절 기간에 포함되어 있다. 이와 같이 유월절/무교절은 이집트에서 탈출한 날을 기념하는 동시에 보리 추수를 축하하는 축제일이기도 하다. 초실절은 무교절 첫날 절기 안식일인 1월 15일의 이튿날이다(10-11절 "안식일 이튿날"). 말하자면, 음력 1월 16일이다. 이날 보리의 첫 추수물을 바친다. 이 보리의 초실절에는 아마도 백성의 대표가 첫 번째로 익은 보리 이삭 한 단을 바치면 제사장이 그것을 들어 올린다(11절의 "흔들되"는 들어

 드라마 레위기

올린 동작으로 보임). 23장에는 생략되어 있으나 제사장은 그 보리를 볶아서 가루로 만든 다음 소제물로 제단에 바친다(레 2:14). 아마도 뒤이어 농사꾼들이 자발적으로 일정량의 보리 추수물의 봉헌물을 성전에 바친 뒤 보리를 먹기 시작한 것으로 보인다(레 23:14; 민 18:12-13).

1월 16일, 보리의 초실절에 바치는 제물들은 다음과 같다.

절기에 바친 제물들의 목록						
절기	날짜	번제				속죄제
		상번제 숫양	수소	숫양	일 년생 숫양	숫염소
초실절	1월 16일 (보리)	2	2	1	7+1 (+보리 소제물)	1

우선 기본적으로 무교절 기간의 기본 제사 품목을 바친다. 여기에 번제로 숫양 1마리가 추가된다. 즉 숫양 7마리에 1마리가 더해진 것이다. 볶아서 바칠 보리 한 단이 준비되고 추가된 숫양의 번제에 세트로 수반되는 정량의 농산물들이 준비된다(총 고운 가루 2/10에바와 포도주 1/4힌) (12-13절). 여기서 추가된 일 년생 숫양은 1마리인데, 고운 가루가 정량 1/10에바가 아닌 2/10에바인 이유는 보리 한 단을 볶아서 1/10에바의 보리 소제물을 추가로 준비하기 때문이다.

여기서 "초실절"이라는 용어는 기독교 절기에서 혼동을 일으킨다. "맥추절"(출 23:16), 혹은 "맥추의 초실절"(출 34:22)이라는 표현이 주는 혼란이다. 이 맥추절은 분명히 3월 6일의 칠칠절을 가리키기 때문에 현재의 1월 16일 보리의 초실절이 아니다. 따라서 이 번역은 "밀의 초실절"로 변경되어야 한다. 앞서 레위기 2장에서 설명한 대로, 2장 14절의 "곡식의

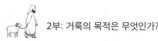

첫 이삭을 바치는 날"은 1월 16일로서 보리의 첫 이삭을 가리킨다.

레위기 23장 10-11, 15절의 진술에 의하면, "(절기) 안식일 이튿날"(1월 16일) 보리의 첫 번째 이삭 한 단(한아름)을 제사장에게 가져오고 제사장은 그것을 제단 앞에서 들어 올린("흔들다"보다는) 다음(11절) 하나님께 바친다. 그렇다면 레위기 2장 12절의 "처음 익은 것"은 다음 15절 이하에서 설명되는 칠칠절(오순절)의 밀 수확을 의미한다.

유대인들은 오늘날 보리의 초실절은 지키지 않으나 오순절인 밀(맥추)의 초실절은 큰 명절로 지킨다. 하지만 기독교인들에게는 이 보리의 초실절이 훨씬 중요하다. 왜냐하면 바로 이날이 유월절(1월 14일)에 돌아가신 예수님이 3일 만에 부활의 '첫 열매'로 부활하신 날(1월 16일)이기 때문이다.

칠칠절(맥추절, 오순절)

이날은 음력 1월 16일부터 일곱 번의 일주일, 곧 49일을 세어 정한 날, 곧 음력 3월 6일이다. 50일은 1월 16일을 포함한 포괄 셈법이며(오순절이라는 명칭의 유래), 49일은 그날을 뺀 일반 셈법이다. 오순절은 구약에는 나오지 않고 중간기에 생긴 명칭으로 신약에서만 언급된다. 3월 6일은 밀 추수가 시작되는 날이다. 어떤 사람은 밀 추수를 마친 날이라 주장하나 잘못된 견해다. 첫 번째 밀 수확물을 성전에 바치는데 따라서 이날을 "맥추의 초실절"이라 칭하기도 한다(출 34:22).

보리의 초실절과 달리 밀의 초실절(맥추절)에는 백성을 대표한 농부가 처음 수확한 밀로 집에서 직접 두 개의 떡을 만들어서 성전에 가져오는 것이 특징이다. 이것을 "새 소제"라고 부르는데(레 23:16) 첫 이삭의 떡이

드라마 레위기

며 특이하게 누룩을 넣은 두 개의 유교병이다(17, 20절). 유교병은 원칙상 일절 제단에 올리지 않으므로 그것을 제단에 태우지는 않고(레 2:12) 하나님께 드리는 봉헌물로 성전에 바친 뒤 제사장의 몫으로 돌렸다. 아마 첫 밀가루를 제단에 올려 태우지 않은 이유는 앞서 소제에서 설명한 대로, 이미 보리-밀로 연속되는 곡식 추수기의 첫 제물로 보릿가루가 태워졌기 때문일 것이다. 다음 도표에서 보듯이 물론 이 두 개의 유교병 외에 칠칠절에 바치는 여러 짐승의 제물은 따로 드려졌다.

절기에 바친 제물들의 목록						속죄제
절기	날짜	번제				
		상번제 숫양	수소	숫양	일 년생 숫양	숫염소
칠칠절	3월 6일 (밀)	2	2	1	7+화목제 숫양 2 (+두 개의 유교병)	1

기본 제사 품목은 초하루(월삭)의 제사 품목과 동일한데, 추가로 화목제 숫양 2마리가 바쳐진다(7+2). 따라서 추가 품목은 두 숫양과 두 개의 유교병이다. 이때 두 떡과 두 양을 요제로 들어 올리는 의식을 행한다. 여기서도 거대한 숫양을 들고 흔들 수는 없으므로 아마 양의 두 앞발만 붙들고 들어 올렸을 것이다. 특이한 사실은 절기에서 화목제가 요구되는 때는 오직 칠칠절뿐이라는 점이다. 화목제는 이 외에는 의무적으로 바쳐진 적이 없는데 이는 전적으로 자발적이고 사적인 잔치의 제사라는 특징을 가졌기 때문이다. 제단에 태우지 않는 새 곡식의 소제물와 더불어 화목제의 기름을 제외한 모든 고기 또한 제사장의 몫으로 돌렸다(20절). 칠칠절 역시 절기 안식일의 성회로 선포되면서 모든 노동이 금지

된다(21절). 민수기 18장 12-13절은 첫 수확의 보리와 밀의 소제물 외에
모든 농부가 첫 추수물의 일부를 제사장의 몫으로 성소에 바쳐야 한다
고 명령한다. 그 양이 얼마인지 명시되어 있지 않으나 랍비들은 농부들
의 재력에 따라 차이를 두었으나 수확물의 평균 1/60이어야 한다고 정
했다.

　요약하자면, 칠칠절에는 밀의 첫 추수물로 두 개의 유교병을 만들어
바치는데 유교병이므로 보리와 달리 제단에 태우지 않는다. 화목제 숫
양 2마리를 바친다. 모든 농부는 각자 자신의 첫 추수물의 일부를 바친
다. 물론 상번제 숫양 2마리와 절기에 바치는 기본 제사 품목에 이것들
이 더해진다.

　전통적으로 유대인들은 칠칠절에 봄에 새로 추수한 밀뿐 아니라 처음
수확하는 햇과일을 비롯하여 7가지 소산물을 전시하면서 축제를 벌였

드라마 레위기

다. 신명기 8장 8절에는 위에 언급된 가나안의 7가지 주요 농산물이 나열된다: 밀, 보리, 포도, 무화과, 석류, 감람나무, 꿀(과일즙을 짜서 만든 과일꿀로 추정). 앞서 말한 대로, 유대인들에게는 밀 농사가 가장 중요하므로 오순절(칠칠절)을 큰 명절로 지켰다. 그리스도인에게는 예수님의 부활과 관련된 보리의 초실절과 성령 강림일인 오순절이 매우 중요하다. 그날(1월 16일)에 예수님이 부활의 첫 열매로 무덤에서 일어나셨다. 그리고 그날 이후 50일째 되던 날, 또한 승천일로부터 열흘이 되던 날인 3월 6일 오순절(칠칠절)에 성령이 강림했다.

나팔절

음력 1월과 더불어 7월에 명절들이 집중되어 있다. 7월에는 세 가지 주요 절기가 연이어진다: 나팔절(7월 1일; 신년, 곧 설날); 대속죄일(7월 10일); 초막절(수장절; 7월 15-22일). 우선 나팔절에 대해서 살펴보자.

나팔절인 7월 1일은 유대인의 설날로 나팔을 불어 그날을 전국에 알린다. 중간기 이후 유대인들은 이날을 "그해의 머리", 곧 새해 첫날을 뜻하는 히브리어 '로쉬 하샤나'(rosh hashana)라고 불렀다. 이날이 유대인의 설날인 이유는 원래 민간력으로는 그날이 1월 1일이었기 때문이다. 오늘날도 유대교의 설날은 여전히 음력 7월 1일이다. 참고로 종교력 1월 1일은 출애굽이 있었던 그달을 첫 달로 잡은 뒤 절기의 모든 음력 날짜를 이 기준으로 정한다. 신년인 나팔절 또한 절기 안식일로서 온 백성이 온전한 안식을 누리며 모든 노동을 멈춘 채 성회로 지키는 날이다(23:24). 백성들은 성전에 올라오지 않고 각자의 처소에서 이날을 기념했다. 양의 뿔로 만든 나팔 소리와 더불어 그날의 시작을 알렸다(24절). 그 나팔

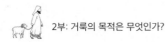

소리는 "기념"을 위한 것이다. 레위기 23장은 나팔절에 바치는 제물에 대해서도 단지 "여호와께 화제(봉헌물)를 드릴지니라"고 간단히 언급하는 데 그친다(25절). 그것의 상세한 제물 목록은 민수기 29장 1-6절에 나타나며 다음과 같다.

절기에 바친 제물들의 목록						
		번제				속죄제
절기	날짜	상번제 숫양	수소	숫양	일 년생 숫양	숫염소
나팔절	7월 1일	2	2(+1)	1(+1)	7(+7)	1

흥미롭게도 나팔절은 그달의 첫날인 초하루, 즉 월삭이면서 동시에 신년이다. 따라서 도표에서 확인해 볼 수 있듯이 제물이 이중적으로 드려진다. 먼저 매일의 상번제가 기본으로 올라가고, 이어서 월삭의 제물이 올라가는데 앞서 제시된 규정대로 번제물로 수소 2마리, 숫양 1마리, 일 년생 숫양 7마리, 그리고 속죄제로 숫염소 1마리다. 동시에 이날은 다른 초하루와는 달리 신년, 곧 설날이므로 이날을 축하하기 위한 제물들이 다시 추가된다. 나팔절 자체의 제물들인 번제의 수소 1마리, 숫양 1마리, 일 년생 숫양 7마리다. 이 모든 짐승마다(아마 속죄제를 제외하고) 앞서 설명한 대로, 짐승의 크기에 맞는 정량의 소제물(밀가루)과 전제(포도주)를 함께 바쳤다.

속죄일
7월 10일은 가장 중요한 대속죄일이다. 속죄일과 관련하여 여기서 바

 드라마 레위기

쳐지는 제물의 품목에 주목할 필요가 있다. 이미 우리가 레위기 16장의 속죄일에서 살핀 대로, 그날 다양한 짐승들이 제물로 바쳐진다: 수소와 숫염소의 속죄제; 아사셀 염소 의식; 두 마리 양의 번제. 그러나 민수기 29장 7-11절에서 확인되는 바와 같이, 다른 절기와 마찬가지로 속죄일에도 그 절기 자체를 기념하기 위한 제물이 별도로 드려진다.

우선 매일의 상번제로 숫양 2마리가 그날도 드려졌다. 그리고 속죄일 자체의 기념으로 다른 절기와 비슷하게 번제물로 수소 1마리, 숫양 1마리, 일 년생 숫양 7마리, 그리고 속죄제로 숫염소 1마리다(민 29:8). 다른 절기와 차이가 있다면, 나팔절과 마찬가지로 번제물로 수소가 2마리가 아닌 1마리뿐이라는 점이다. 그리고 속죄제 숫염소를 제외하고 마찬가지로 짐승의 크기에 비례해서 소제의 밀가루와 전제의 포도주를 함께 바친다(민 29:7-11).

절기에 바친 제물들의 목록						
절기	날짜	번제				속죄제
		상번제 숫양	수소	숫양	일 년생 숫양	숫염소
속죄일	7월 10일	2	1	1	7	1
			"속죄일의 속죄제"(하타트 하키푸림) 속죄제(수소1/숫염소2) + 번제(숫양 2)			

그러나 매우 흥미롭고 중요한 사실은 민수기 29장 11절에서 속죄일에 바치는 제물들의 전체 목록을 "속죄제와 상번제와 그 소제와 그 전제 외에 숫염소 한 마리를 속죄제로 드릴 것이니라"로 표현하고 있다는 점이다. 이것은 다른 동일한 반복적 형식문인 "상번제와 (그 소제와) 그 전제

외에 숫염소 한 마리를 속죄제로 드릴 것이니라"에 비해(민 28:15, 31; 29:16, 19; 그 외 민 28:22-23과 29:5-6도 사실상 동일한 표현이다) 맨 앞에 독특하게 "속죄제"라는 표현이 별도로 추가되어 있다는 점이 다르다. 이것은 매우 중요한 차이점이다.

일단 "속죄제"의 번역은 오역이다. 이것의 히브리어는 '하타트 하키푸림'(hattat haqipurim)이기 때문이다. 이것은 문자적으로 "속죄일의 속죄 제물"인데 이것은 분명히 일반적인 속죄 제물과는 전혀 다른 속죄 제물을 뜻한다. 필자의 견해로 이것은 속죄일의 예전에서 온 백성의 속죄를 위해 드려진 짐승의 제물 전체를 가리키는 표현이다: 속죄제의 수소와 숫염소; 아사셀 염소; 번제의 두 숫양. 이 모든 제사는 이스라엘의 속죄와 성전의 청소라는 효과를 내기 위해 속죄일의 특수한 속죄제 의례로 통합되어 있다. 그것이 민수기 20장 11절에서 '하타트 하키푸림'으로 표현된다. 결국 속죄일에는 속죄일의 예전의 제물을 "속죄일의 속죄 제물"로 바치고, 거기에 덧붙여 나팔절과 동일한 제사 품목을 바친다.

앞서 레위기 23장 28-32절에서 그날 백성들이 스스로를 괴롭게 하는 관행을 살펴보았다. 여기서 중요한 사실은 누군가 레위기 16장의 속죄일 예전의 형식을 완벽히 지킨다 해서 속죄의 효과가 그날 그에게 자동으로 주어지는 것이 아니라는 것을 강조한다. 제사 형식의 철저한 준수도 중요하지만, 동시에 헌제자의 내면의 준비와 태도가 더욱 중요하다. 내면의 질서가 올바르지 않다면 그 제사가 아무런 효력을 지닐 수 없다는 사실을 속죄일에 자기 고행과 노동 금지를 강조한 구절에서 알 수 있다. 만일 이 준수 사항을 어긴다면 속죄일에 속죄는 고사하고 오히려 그 범법자들에게 가혹한 끊어짐과 멸절의 형벌이 가해진다.

드라마 레위기

초막절(수장절)

초막절은 음력 7월 15일부터 7월 21일까지의 7일간이다(레 23:34). 8일째인 22일은 "대회"로 지킨다. 유대력 음력 7월 15일은 동양의 음력 8월 15일이며 따라서 우리나라의 추석과 같은 날이다. 이 절기를 칭하는 히브리어 '수코트'(sukkot)의 문자적 의미는 임시로 나뭇가지를 엮어 지은 움막이나 오두막, 즉 "초막들"이며, 또한 허름한 "천막/장막"(tent)의 의미를 포함할 수 있다. 이 명절의 이름은 이 단어에서 비롯되었다. 이날을 여름 과일을 수확하여 저장하는 절기라 해서 수장절이라고도 부른다(출 23:16; 34:22). 15일부터 21일까지 일주일 동안은 매일 가을 추수물의 소제와 더불어 많은 짐승을 바쳤다(레 23:36-38; 민 29:12-16). 레위기 23장에서 가을의 수장절인 초막절은 보리와 밀의 추수를 기념한 유월절과 달리 기본적으로 과일 수확을 축하하는 날이었다(39절). 첫날인 15일과 여덟째 날인 22일을 각각 노동이 금지된 성회의 날로 지켰다(35-36절).

초막절에 바치는 제물 또한 "여호와께 화제"를 드리라는 말과 더불어(36절), 구체적으로 번제, 소제, 희생제, 그리고 전제를 바치도록 명령한다(37절). 이것은 초막절 기간 중 한 날에 찾아올 안식일의 제물(38절, "안식일 외에"), 매일의 상번제, 그리고 개인들이 드린 자원의 감사 제물과 별개로 그날의 축하를 위한 정규 제물들이었다(38절). 그런데 이 제물들의 상세한 목록은 다른 절기들과 마찬가지로 레위기 절기법에서는 더 이상 구체적으로 언급되지 않는다. 이것 역시 민수기 29장 12-34절에서 발견되는데 다음 도표에 정리되어 있듯이 대단히 많은 짐승을 바쳤다(민 29:12-34). 그 외에도 백성들은 자발적으로 다양한 헌물과 더불어 개인의 화목제인 서원 제물과 자원 제물을 드릴 수 있었을 것이다(38절).

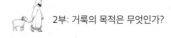

절기	날짜	번제				속죄제
		상번제 숫양	수소	숫양	일 년생 숫양	숫염소
초막절 (*22일 대회)	15일(1)	2	13	2	14	1
	16일(2)	2	12	2	14	1
	17일(3)	2	11	2	14	1
	18일(4)	2	10	2	14	1
	19일(5)	2	9	2	14	1
	20일(6)	2	8	2	14	1
	21일(7)	2	7	2	14	1
	*22일(8)	2	1	1	7	1

초막절 첫날에 바친 제물은 번제물로 수소 13마리, 숫양 2마리, 일 년
생 숫양 14마리, 그리고 속죄제 숫염소 1마리다. 마찬가지로 각 짐승에
제사법의 원칙을 따라 기름을 섞은 고운 가루(밀가루)의 소제와 포도주의
전제가 더하여진다. 특이하게도 매일 바치는 수소의 숫자가 매일 한 마
리씩 줄어들다가 7일째에는 일곱 마리의 소가 바쳐진다. 특히 22일은 거
룩한 대회(장엄한 성회)로 모였으며 이날은 다른 절기에 준한 숫자의 여러
종류의 짐승들을 바쳤다(민 29:35-38)

초막절은 가을 추수를 끝내고 축제를 벌이는 절기다(레 23:39). 실제적
으로 곡식 추수와 마찬가지로 과일 추수 또한 지역의 기후와 토양의 차
이로 인해 지역마다 편차가 있었을 것이다. 하지만 이날은 구약 이스라
엘의 공식적인 국가적 추수 감사일이며 오늘날도 유월절과 더불어 가장
큰 국경일이다. 이 규례는 다시 한번 첫날(7월 15일)과 여덟째 날(7월 22일)

을 절기 안식일로 지킬 것을 명령한다. 유대 전통에 따르면, 첫날에 백성들은 레위기 23장 40절을 따라 다양한 과일들과 종려나무 가지와 잎사귀가 무성한 나뭇가지, 그리고 시냇가에서 잘라 온 버드나무 가지를 취하여 '루랍'이라는 축제용 나무 다발을 만들어 그날을 즐거워했다고 전해진다.

이 전통을 따라 오늘날에도 유대인들은 초막절 첫날에 이 물건을 준비하여 루랍을 손에 들고 열을 지어 초막절의 일주일 기간에(7월 15-21일) 거리를 행진한다. 또한 백성들은 추후 가나안 땅으로 들어간 뒤에는 초막절 첫날부터 일주일 동안 임시로 거주할 초막들을 짓고 그곳에서 지내야 했다. 8일째인 22일은 이러한 행사를 비롯한 모든 일을 멈추고 쉬면서 엄숙한 대회로 지켰다.

위에서 언급한 히브리어 '수코트'는 원래 천막을 의미했으나 가나안 땅으로 들어간 뒤에는 또한 나뭇가지로 엮어 만든 임시 움막의 뜻을 포함하게 되었을 것이다. 이 기간에 초막에 거주하라는 명령은 과거 광야에서 장막 생활을 하며 떠돌았던 조상들의 힘든 광야 시대를 회상하도록 하기 위함이었다(43절). 특히 백성들이 출애굽 직후 처음 야영한 장소가 숙곳(수코트)이었음을 상기할 필요가 있다. 따라서 초막은 광야의 고달픈 생활을 회상하면서 광야 기간에 자신들을 먹이시고 채우셨던 하나님의 은혜를 상기하고 동시에 이제는 가나안 땅의 풍성한 축복을 공급하시는 하나님의 은혜를 기억하기 위한 목적으로 세워졌을 것이다.

이 모든 절기 중에 삼대 절기는 유월절/무교절, 칠칠절(오순절), 그리고 초막절(수장절)이다. 이 절기에는 모든 성인 남자들은 의무적으로, 가족들은 권장 사항으로, 헌물을 준비해서 성전으로 회집해야 한다. 역사

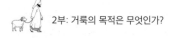

적으로 이 삼대 절기에는 성전이 있는 예루살렘이 엄청난 순례객으로 붐볐다고 한다.

절기	날짜	기념
유월절 무교절 초실절	1.14 (유월절)	애굽에서 해방된 날을 기념
	1.15-21 (무교절)	누룩 없는 떡을 먹음(1주간)
	1.16(보리) (초실절)	첫 수확한 보리 한 단을 성전에 바침
칠칠절 =맥추절 =오순절	3.6(밀)(맥추절)	첫 수확한 밀 한 단을 성전에 바침 초실절로부터 50일째 되는 날 신약의 성령강림절
나팔절	7.1	신년(설날) / 민간력 1월 1일
속죄일	7.10	민족적 대회개의 날
초막절 =장막절 =수장절	7.15-21	출애굽 후 광야의 천막 생활 기념 가을 추수 감사(1주간)
	7.22(대회)	초막절 주간의 이튿날
역사 기념일		
수전절	9.25-10.1	성전 수복일(1주간) / 기원전 165년
부림절	12.14	유대인 구원 기념(에스더서)

그 외 레위기와 오경에서 지정되지 않은 유대의 전통 명절로 수전절과 부림절이 있다. 수전절은 중간기의 성전 회복과 이스라엘의 독립을 일시적으로 회복한 날을 기념하는 명절이고, 이스라엘의 구원을 축하하는 부림절은 에스더서에 기원을 둔다.

드라마 레위기

등잔대

뜬금없게도 일곱 분지 등잔의 관리와 진설병에 관한 규례가 절기법 다음에 배치되어 있다(레 24:1-9). 그 이유는 무엇인가? 레위기 24장 1-9절은 등잔대의 관리 및 사용 규정과 진설상의 떡을 놓는 방법에 대한 규정으로서 이것은 사실 23장의 절기법과 관련이 있는 단락이다. 이는 매일의 상번제처럼 내성소의 등잔대를 매일 관리하고 불을 밝혀야 한다는 점에서 그러하며, 또한 안식일마다 안식일을 위한 2마리 숫양의 번제를 드리는 것처럼 안식일마다 진설상의 떡을 새로 교체해야 한다는 점에서 그러하다.

등잔대와 진설상의 제작법, 향료 제조법, 그리고 이것들의 기본적인 사용법과 관리법은 일차로 출애굽기에서 설명되어 있고(출 25:23-40; 37:10-29) 레위기에서 그것들에 대한 더욱 상세한 지침들이 내려진다. 현재의 본문은 거기서 빠진 그 기물들의 자세한 관리법과 사용법을 보충하고 있다. 오경의 율법들을 공부할 때 오경 전체의 흩어진 관련 법규들을 살펴볼 필요가 있다는 사실이 재차 확인된다.

등잔대는 가운데 본줄기에서 좌우로 세 개의 분지가 뻗어 나온 일곱 가지 위에 일곱 개의 등잔이 놓여 있다. 이것은 몇 개의 작은 부속 비품을 포함하여 순금 1달란트(34kg)로 제작되었는데 금덩어리 전체를 녹여 주물을 만들고 세공을 하는 고도의 기술적 과정을 통해 만들어졌다(출 25:39; 37:24). 등잔대에 쓸 기름은 감람나무 열매를 찧어서 짠 감람유, 곧 올리브 기름이다. 이 기름은 "순결한 기름," 곧 깨끗한 감람유이어야 한다(레 24:2). 이것은 오물과 미세한 이물질을 완전히 걸러낸 맑은 기름이다. 따라서 이 감람유는 연기와 그을음이 나지 않으며 불도 매우 밝았을

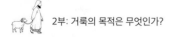

것이다. 이 깨끗한 기름으로 일곱 등잔의 불을 밝힌다.

　레위기 24장 2절은 등잔대에 "계속해서" 불을 켜 두라고 명령한다. 그러나 등잔대의 불을 하루 종일 지폈는지, 아니면 저녁부터 아침까지만 지폈는지는 의견이 분분하다. 24장 2절은 온종일로 이해될 수 있지만, 많은 학자가 3절과 출애굽기 27장 21절의 "저녁부터 아침까지"라는 표현에 근거하여 낮에는 등불을 켜지 않고 저녁부터 아침 동이 틀 무렵까지 불을 밝혔을 것으로 본다. 하지만 회막 내부는 삼중 내지 사중의 덮개로 덮여 있어 자연 채광이 전혀 되지 않은 캄캄한 공간이므로 24시간 불을 켜 놓아야 했을 것이다. 또한 출애굽기 27장 20절 역시 레위기 24장 2절과 마찬가지로 "끊이지 않게 등불을" 켜라고 명령한다. 완전수 '7'을 가리키는 7개의 등잔 빛은 꺼지지 않는 하나님의 빛을 상징하므로 등잔불은 결코 꺼지지 않았을 것이다.

　일단 저녁과 밤중에는 7개의 등잔을 모두 밝혔던 것이 분명하다. 그러나 요세푸스의 설명에 의하면, 낮에도 적어도 3개의 등불을 켜 놓았다. 만일 이것이 사실이라면, 낮에 등잔들을 청소하고 재를 제거하고 심지를 갈 때(3-4절) 3개와 4개, 혹은 4개와 3개로 나누어서 번갈아 그 작업을 진행했으며, 이때 적어도 등잔들의 절반은 계속 켜놓았을 것이다. "순결한 등잔대"란 늘 관리가 잘된 깨끗한 상태의 등잔대를 가리킨다. 이 청소와 관리는 아론의 책무라는 것이 명시된다(3절).

　그러나 출애굽기 27장 21절은 "아론과 그의 아들들이" 이 등잔대를 관리하고 불을 밝혀야 한다고 명령한다. 결국 아론은 내성소의 여러 비품을 관리하고 예식을 지휘하는 총책임자로 금등대를 관리하면서 불을 언제나 밝힐 책무를 지닌다. 그의 책임 아래 흔하게 아론의 아들들인 일반 제사장들이 실무적 일을 담당했을 것이다.

떡상의 진설병

진설상 제작법과 기본 관리법 및 사용법 또한 성막 기사인 출애굽기 25장 23-30절과 37장 10-16절에 나타난다. 현재의 본문은 거기서 설명되지 않은 진설상 관리에 대한 상세한 지침을 내린다. 진설병의 히브리어 뜻은 "얼굴의 떡"인데, 얼굴은 하나님의 임재를 뜻한다. 하나님이 떡상에 임재하신 이유는 떡상의 예물을 기쁘게 받으시기 위함이다. 떡은 총 12개를 만들었는데(5절) 한 줄에 6개씩 두 줄로 놓았으며 각 줄 위에 불순물이 없는 "정결한" 유향이 첨가되었다(6-7절). 이 유향은 소제의 밀가루 위에도 놓았다. 랍비 라쉬(Rashi)는 이 떡 위에 놓은 향은 안식일에 새 떡을 놓으며 떡을 교체할 때 불로 피웠다고 주장한다.

흔히 사람들은 떡상 위에다 떡들을 두 줄로 나누어 6개씩 포개진 채 쌓아올렸다고 생각한다. 그리고 그 떡의 크기와 모양을 자그마한 호떡과 비슷한 것으로 추정한다. 그런데 레위기 24장 5절에 의하면, 떡 하나의 크기가 무려 2/10에바, 즉 약 4.4리터 정도로 굉장히 컸다. 따라서 2/10에바의 부피는 2리터짜리 생수병이 두 개가 넘는 엄청난 양이다. 만일 안식일에 이만한 크기의 떡 6개, 그것도 갓 구운 말랑한 더운 떡을(삼상 21:6) 포개서 쌓는다면 아래쪽에 있는 떡은 뭉개지고 말 것이다. 따라서 출애굽기의 진설병 제작법은 침묵하고 있지만, 탈무드와 랍비들은 떡상의 본체 위에 좌우로 6개씩의 커다란 떡을 넣는 칸들이 별도로 만들어졌다고 추론한다. 12개의 떡은 물론 이스라엘 12지파를 상징했다.

진설병은 안식일마다 새로운 떡으로 교체되었다. 여기에 그 떡이 "이

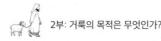

스라엘을 위한 것이요 영원한 언약"이라는 말이 첨부된다(레 24:8). 이 떡이 "영원한 언약"이라는 말은 이 떡의 매우 중요한 기능을 시사한다. 매 안식일마다 떡을 하나님께 바친 것은 하나님 앞에서 언약의 식탁이 계속 진행된다는 것을 말해 준다. 안식일마다 새로운 떡들을 올리고, 물린 떡은 제사장들이 먹었다(9절). 진설병은 구약에서 무교병이라는 언급이 전혀 없으나 요세푸스와 후대의 유대 문헌은 이것을 무교병으로 확정짓는다.

이 떡은 일주일이 지났으나 상하지 않았던 것으로 보인다. 일부 사람들은 탈무드를 증거로 들면서 일주일 후에도 하나님의 기적으로 그것이 김이 나는 더운 상태를 유지했다는 신비주의적 주장을 한다. 그러나 그것은 아무런 근거가 없다. 다만 탈무드 요마(Yoma) 38a에 담긴 이야기가 상당히 와전된 것으로 보인다. 그것은 비밀스러운 특수한 진설병 만드는 기술을 지닌 축복받은 가르무(Garmu) 가문이 만든 진설병만이 단지 오래도록 곰팡이가 피지 않았다고 기록하고 있을 뿐이다.

무교병의 특징은 만든 후 수 시간 만에 굳기 시작한다는 점이다. 아마 무교병이었던 진설병은 곧장 딱딱해지긴 했을 것이나 이것은 특수하게 제작되었기에 쉽게 상하지 않았을 것이다. 특별한 상황에서 다윗과 그의 군사들이 제사장들의 독점이었던 그 떡을 공급받아 허기를 채웠다는 사실에서도 떡 상태가 오래 보존되었음이 확인된다(삼상 21:5-6). 제사장들은 일주일 뒤 딱딱해진 그 진설병을 먹을 수 있도록 부수거나 다시 데워 먹었을 것이다. 참고로 여기서도 진설병이 "화제"로 번역되는데, 그것의 히브리어 '이쉐'(isshe)는 "음식 예물"로 번역하는 것이 옳다는 것이 재차 확인된다. 진설병은 전혀 태우지 않기 때문이다.

드라마 레위기

눈에는 눈 이에는 이

이어지는 레위기 24장 10-23절은 소위 "동해동형법"에 대한 것이다. 이것은 "눈에는 눈, 이에는 이"로 널리 알려진 법으로 "동해복수법," 혹은 "동태복수법"으로도 칭한다. 레위기는 대부분 법규와 명령, 훈계로 가득 차 있지만 법 제정의 흐름을 일시적으로 가로막는 단편적인 2개의 에피소드가 끼어 있다. 이 둘은 레위기 구조의 중심 양쪽에 배치되면서 심각한 범죄와 죽음의 형벌이라는 주제적 공통점을 지닌다.

전반부에서는 그것이 아론의 두 아들 나답과 아비후의 신성모독죄와 죽음이었고(레 10장), 후반부인 현재의 에피소드에서는 어떤 혼혈인 이스라엘 사람 하나의 신성모독죄와 죽음이다. 나답과 아비후는 잘못된 제사로 하나님의 성전을 더럽힌 반면, 혼혈 이스라엘은 저주의 모독으로 하나님의 성호를 더럽혔다. 전자는 하나님의 직접적인 불의 심판으로, 후자는 하나님을 대신한 백성들의 투석형으로 처형되었다. 이 비슷한 두 에피소드가 레위기 16-17장을 중심으로 양쪽에 배치된 것은 분명 우연이 아니다.

더구나 레위기 10장과 24장의 두 이야기의 대조성은 그들의 신분에서도 드러난다. 전자는 이스라엘 백성 중 가장 중심된 신분의 제사장들인 반면, 후자는 아버지가 이집트인이며 어머니는 이스라엘인으로 혈통적으로 가장 경계선 끝에 놓인 사람이다(10절). 그 사람의 어머니는 단지파 디브리의 딸인 슬로밋이었다(11절). 범죄자는 여호와의 이름을 모독하며 저주했다. 현장에서 이 신성모독의 범죄를 목격한 백성의 무리는 그를 체포하여 모세에게 끌고 갔다.

저주란 파멸의 선언이다. 따라서 하나님을 저주하여 그분의 이름을 더럽힌 신성모독범은 어떤 측면에서 하나님을 파멸시킨 일종의 신적 살해범이다. 그는 자신의 엄청난 중범죄의 대가를 담당해야 한다. 흥미롭게도 여호와의 이름을 더럽히는 신성 모독죄를 처리하는 과정에서 돌연 동해동형법이 선포된다. 이것은 마치 레위기 10장에서 아론의 두 아들 나답과 아비후의 범죄와 그에 따른 즉각적인 불 심판이 떨어진 후 레위기 16장에서 그 서사의 연속적 흐름을 이어 가며(레 11-15장은 그 사이에 삽입된 정결법으로 역시 16장을 준비한다) 반역죄로 인해 더럽혀진 지성소를 청소하는 속죄일 규례가 제정된 것에 비견된다.

레위기 24장의 법안 제정은 특징적인 대칭 구조를 보여 준다.

A 신적 살해와 처형 지시(16절)

B 사람의 살해와 처형(17절)

C 짐승의 살해와 배상(18절)

X 동해동형법: 눈에는 눈, 이에는 이(19-20절)

C¹ 짐승의 살해와 배상(21a절)

B¹ 사람의 살해와 처형(21b-22절)

A¹ 신적 살해의 처형 집행(23절)

신적 살해범에 대한 사형 선고와 더불어 각 사례는 하강 곡선을 그리면서 점차 사람의 살해, 짐승의 살해로 내려온다. 중간의 교차 지점에서 "눈에는 눈, 이에는 이"로 요약되는 동해동형법의 원리가 반포된다. 이어서 다시 상승 곡선을 그리며 짐승의 살해, 사람의 살해, 그리고 신적 살해의 사례로 올라가면서 대칭을 형성한다.

드라마 레위기

동해동형법의 원리는 동물, 인간, 그리고 하나님 모두에게 공통으로 적용된다. 짐승을 죽인 자는 짐승으로, 사람을 죽인 자는 사법적 처형으로, 하나님을 저주한(살해한) 자는 온 회중에 의한 극형으로 처벌한다. 이 법은 거류민과 본토인 둘 다에게 동일하게 적용된다. 거류민은 앞서 말한 대로, 현대의 영주권자 신분과 비슷하므로 그들은 이스라엘의 율법 준수의 의무가 있었으며 또한 축복을 누릴 권리도 거의 동등했다.

신적 살해는 회중들이 돌로 죄인을 쳐서 죽이는 가장 끔찍한 방식으로 처형된다. 여호와를 반역하면 이처럼 투석형에 처하고 아마도 사체는 불태웠을 것이다. 반면 단순 살인죄에는 회중 전체가 동참하는 사형 대신 사법적 절차에 따른 처형이 집행된 것으로 보인다. 여기서 살인이 여호와의 저주와 동일한 처벌을 받는 데는 인간이 하나님의 형상을 지니고 있다는 점이 근거가 된다. 따라서 살인이란 하나님에 대한 저주와 더불어 하나님의 권위를 침해하는 또 다른 형태의 신성모독이라 볼 수 있다.

참고로 동해동형법은 출애굽기 21장 23-25절과 신명기 19장 21절에서도 발견된다. "눈에는 눈, 이에는 이"라는 형법은 이미 고대 함무라비 법전에서도 발견되는 고대 근동의 보편적인 사법 정의의 원리이기도 했다. 그런데 정작 이스라엘에서는 이 법이 역사 속에서 문자적으로 실행된 적이 있을까? 이 동해동형법의 잔인성으로 인해 고대로부터 랍비들은 역사적으로 실행된 적이 없다고 주장해 왔다. 실제로 구약 전체에서 이 법이 실천된 증거는 전혀 발견되지 않으며 다른 유대 문헌에서도 그 사례를 찾아보기 힘들다.

그러나 어떤 무슬림 지역에서는 오늘날까지 동해동형법을 문자적으로 실행하여 전 세계적 비난을 받곤 한다. 랍비들을 비롯한 많은 해석가들은 동해동형법은 실천을 목적으로 주어진 법이 아니라 형벌의 기준과 원칙을 설정한 법이라고 생각한다. 다른 말로 단지 이 법은 사법적 정의와 공정한 재판의 기준이 된다는 점에서 의미가 있다. 인간은 본성상 피해를 당하면 그 이상을 보복하는 심리가 있다. 그런데 동해동형법은 이러한 과도한 보복을 금지하고, 또한 보복의 악순환을 막으면서 공정한 형벌을 가하기 위해 원칙과 가이드라인을 세운 법이었다.

드라마 레위기

27. 희년, 사회적-우주적

리셋의 날 / 레 25장 /

다시 찾아온 희년의 감격!

이스라엘에 희년이 찾아왔다. 50년 주기로 찾아오는 대안식년이다. 요아킴은 지난 수년간 하나님의 큰 축복을 받아 삶이 넉넉해졌다. 자신에게 금전적 빚을 진 여러 사람들로부터 광활한 토지의 사용권을 넘겨받아 농사와 목축은 크게 번성했고 종들도 많이 사들여 노동력도 충분했다. 그러나 나팔 소리와 더불어 희년이 찾아오자, 요아킴은 하나님이 지키라 하신 희년의 강령대로 실천했다. 우선 경제가 파탄이 나 빚더미에 눌려 할 수 없이 토지 사용권을 넘긴 사람들에게 땅을 돌려주었다. 어떤 사람들은 땅을 처분했음에도 빚을 다 갚지 못해 자신과 가족을 종으로 팔아야만 했다. 요아킴도 이런 종의 신세로 전락한 여러 가족을 종으로 사들였는데 희년을 맞아 그들이 모두 자유인의 신분으로 되돌아가게 했다. 온 땅에 기쁨의 웃음소리가 넘쳤다. 자유민이 되어 땅을 되찾은 사람들의 새로운 힘찬 발걸음으로 온 사회가 활기를 띠었다. 사실 요아킴을 비롯한 많은 부자들은 희년에 저당 잡았던 땅을 모두 돌려주고 종들을 모두 해방시켜 주었기에 커다란 금전적 손해를 입었다. 하지만 그들도 동포 이스라엘 백성의 해방과 땅의 회복, 그리고 새로운 출발을 진심으로 함께 기뻐했다. 불과 15년 전에 요아킴 자신도 사업이 파산하여 모든 것을 잃었으나 희년에 모든 것을 돌려받아 새출발하여 지금의 가문을 일으키지 않았던가!

이스라엘의 희년법과 토지법은 "토지는 다 하나님의 것"이라는 선언을 토대로 토지의 원 소유권이 항구적으로 다른 사람에게 넘어가는 것을 금지한다(레 25:23). 어떤 사람도 종신토록 다른 사람의 속박 아래 노예로 살아선 안 된다. 가끔 종이 주인을 사랑하여 귀를 뚫어 그 집안의 종신 노예를 자처하는 경우도 있었으나(출 21:5-6; 신 15:12-18), 그런 경우라도 희년에는 주인이 그들이 원하는 경우 풀어줄 수 있었던 것으로 추론된다.

원칙적으로 이스라엘 민족은 노예 신분이던 이집트로부터 자유민으로 부름을 받았다. 그들은 더 이상 노예가 아닌 누구의 구속도 받지 않는 자유민이다. 따라서 우선 7년 주기의 안식년에 부분적인 희년의 성취가 이루어졌다. 땅이 휴경을 하여 지력을 회복하고 사람은 빚이 탕감되어 경제력을 회복하였다. 그러나 일곱째 안식년인 대안식년인 희년에는 모든 것이 '원래의 상태와 질서'로 돌아가는 전면적인 회복이 이루어졌다. 땅은 지계표를 회복했고 모든 사람은 자유민의 신분을 되찾았다. 그리하여 이스라엘은 50년 주기로 모든 백성은 다시 기본 생존권이 보장되어 새로운 인생을 출발할 수 있었으며 따라서 거지가 존재할 수 없는 가장 이상적인 국가였다.

드라마 레위기

안식년과 희년에 실행된 우주적 리셋

레위기 25장은 안식년과 희년에 대한 법이다. 안식년과 희년에 관해 여러 가지 신학적 쟁점들이 있으나 여기서 상세한 토론은 생략한다.

나봇의 포도원 사건에서 강력히 암시되어 있듯이(왕상 21장) 레위기 토지법/희년법은 왕이라 할지라도 거역하기 어려운 하나님이 세운 제도였다. 모든 백성은 영구히 자신의 가문의 토지를 할당받았으며 이 지계표는 결코 변경되어선 안 된다. 즉 토지 매매를 통해 토지의 원소유권이 영원히 넘어가는 일은 가능하지 않다. 따라서 이스라엘에서는 부동산 투기란 존재할 수가 없는 경제적인 평등이 제도적으로 완벽하게 보장된 하나님의 국가였다.

안식년에는 땅의 휴경(안식)과 빚 탕감이 실행되었다. 따라서 빚이 면제되었다 해서 "면제년"이라고도 불린다. 이때 흔히 알려진 대로 노예 해방은 이루어지지 않는다. 말하자면, 안식년에는 빚이 탕감되지만 노예 해방이 실행되지 않는다. 종종 안식년에 노예가 해방된다는 견해가 있지만, 그것은 신명기 15장 12-18절(출 21:1-11)의 노예 해방법을 오해한 결과다. 그 법은 이스라엘 사람이 종이 되더라도 그 기간은 6년으로 정한다. 따라서 이스라엘 사람은 7년째에 자유를 되찾게 되는데 이것은 매 7년마다 찾아오는 안식년을 의미하지 않는다. 종이 된 시점부터 6년간 봉사한 후 7년째에 그를 풀어 주기 때문이다.

희년에는 땅이 휴경하고, 가장 중요하게는 모든 땅이 원주인에게 돌아간다. 그리고 노예도 모두 해방된다. 희년에 해방된 노예는 6년 노역 후 7년째에 해방되는 노예와 달리 매우 큰 빚을 진 사람이었을 것이다. 성경은 어떤 경우에 7년 노예로 제한되고, 어떤 경우에 희년까지 기다려

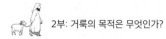

야 하는 노예로 전락되는지 말해 주지 않는다. 게다가 노예의 연차뿐만 아니라, 팔려간 토지 또한 팔려간 시점으로부터 희년까지의 연차의 차이는 개인마다 크게 날 수 있는데, 이 경우 어떤 합리적인 규칙이 적용되는지 성경은 침묵한다.

희년은 모든 것이 원상 복귀하는 날이었다. 노예 상태의 모든 이스라엘 사람이 자유민의 신분을 회복한다. 경제적으로 힘들거나 파산한 사람들의 땅이 다른 사람들에게 일시 넘어가 땅의 실제적인 지계표가 엉망이 되었는데, 희년이 돌아오면 모든 땅이 원주인에게 돌아간다. 그리하여 이스라엘 백성과 사회, 그리고 자연, 이 모든 것이 처음 상태로 회복된다.

놀랍게도 희년의 도래는 속죄일인 7월 10일에 나팔을 불면서 선포된다(레 25:9). 우리는 왜 희년의 선포일이 바로 속죄일인 7월 10일이었는지 주목해야 한다. 우리는 앞서 속죄일을 '이스라엘이 리셋되는 날'로 설명한 바 있다. 7월 10일 속죄일에 나팔 소리와 함께 희년이 시작되는 것은 (아마 안식년 또한) 단순한 우연일까? 희년에는 빼앗긴 토지가 원주인에게 돌아오고 빚으로 노예 신분이 되었던 모든 사람이 해방된다. 이렇듯 희년은 회복과 해방의 날이었다. 이 두 날의 일치는 중대한 신학적 의미를 지니고 있음이 분명하다. 속죄일에는 이스라엘 전체가 국가적 속죄를 받는다. 성전도 정화되어 거룩의 상태를 회복하고, 백성도 속죄되어 죄로부터 해방되며, 다시 거룩한 백성의 지위를 회복한다. 아마도 바로 그러한 회복과 해방의 날인 속죄일에 희년이 선포된 이유는 희년 또한 회복과 해방의 해였기 때문일 것이다.

속죄일에 온 이스라엘이 거룩을 회복하여 원래의 상태로 돌아가듯이

드라마 레위기

안식년에는 혹사당한 땅이 쉬고 채무 상태의 사람이 자유케 되며, 희년에는 모든 종이 자유의 신분으로 돌아가고 잃었던 땅을 되찾아 본래의 지위와 재산을 회복한다. 말하자면, 희년은 사회적-우주적 리셋의 날이다! 땅은 무질서해졌을 뿐 아니라 인간의 폭압적 죄로 인해 더럽혀져 있었다. 50년을 주기로 이스라엘의 모든 것이 제자리로 돌아가 원래의 질서정연한 상태를 회복한다. 이것이 바로 하나님의 택함 받은 거룩한 나라의 모습이다. 희년 제도는 사회적 정의를 실현하고 자연의 질서를 회복하는 우주적 구원의 일면을 분명하게 보여준다. 결국, 놀랍게도 속죄일의 속죄는 개인적, 민족적 속죄에 그치지 않는다. 7년 주기의 안식년에는 부분적, 50년 주기의 희년에는 총체적인 사회적-우주적 속죄가 성취되는 것이다. 말하자면, 50년 주기로 7월 10일 속죄일에 희년이 선포됨으로써 속죄일의 성취가 사회적-우주적 지평으로 확대된다.

예수님은 희년을 선포하며 자신의 사역을 시작하셨다(눅 4:17-19). 그분은 희년의 성취자로 이 땅에 오셨다. 그분은 죄로부터 해방을 선언하시고, 자신과 더불어 하나님 나라가 도래했음을 선포하셨다. 따라서 그분 안에서 모든 것이 초기화되어 만물이 새롭게 되고 그분을 믿는 자는 누구든지 새로운 피조물이 된다.

Q. 희년의 주기는 49년인가, 50년인가?

대표적으로 희년의 주기가 49년인지 50년인지 해묵은 논쟁이 진행되고 있는데, 구약학자들은 물론 유대 랍비들마저도 의견이 나뉘어 있다. 만일 50년 주기라면 49년째는 안식년, 50년째는 희년으로 쉬어 두 해 연속 농사를 휴경해야 한다. 다른 학자

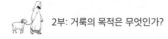

들은 49년 주기로 본다. 이 경우 첫해를 포함해서 세는 포괄 셈법에 따라 레위기가 50년 주기로 표현한다고 해석한다. 이것은 칠칠절이 초실절부터 실제 49일 후인데 첫날을 세는 포괄 셈법에 따라 50일째가 되는 것과 같은 이치다. 필자는 처음에 49년 설을 지지했으나 최근 면밀한 연구를 통해 이것이 50년 주기가 타당하다는 결론에 이르렀다. 그러나 49년 주기든, 50년 주기든, 이것은 더 이상 중요하지 않으며 우리에겐 희년법이 주는 현대적 의의가 더욱 중요하다.

희년은 현대에 적용 가능한가?

그렇다면 "토지는 내 것이라", 곧 토지는 하나님의 소유라는 선언은 우리 시대에도 적용되는 영구적, 신적 원리요 법칙인가? 이스라엘의 희년법은 최고 수준의 복지 제도이자 사회 보장 제도였다. 모든 빚을 탕감해주고 심지어 잃었던 땅을 되돌려주는 제도는 이스라엘의 율법 외에 어디에서도 찾아보기 어렵다.

그러나 성경과 이스라엘 역사에서 희년이 실제로 실행된 흔적은 찾아보기 어려운 것이 사실이다. 따라서 비평학자들은 희년 제도는 유토피아적 이스라엘 공동체를 꿈꾼 실현 불가능한 이상적 법에 불과했다고 주장한다. 하지만 에스겔은 그동안 법을 어기고 사면하지 못했던 노예들을 위해 "해방"(히. 데도르)의 해를 선언한다. 그 외에도 고대 근동에는 유사 희년법이 존재했었다. 다만 레위기의 희년법처럼 정례화된 제도는 아니었을 뿐이다. 이러한 이유로 희년을 그저 유토피아적인 비현실적인 법으로 치부해선 안 된다.

레위기의 선언에 의하면, 토지는 공적 자산이다. 그것은 마치 물과 공기처럼 사유화할 수 있는 것이 아니다. 따라서 토지의 이익이 사회 전체에 공평하게 분배되는 것은 대단히 성경적 사상이다. 공산주의는 물리적으로 폭력적으로 국가가 모든 토지를 몰수해 사유지를 없앴다. 그러나 이것을 성경의 토지 사상과 비슷하게 보는 것은 큰 오해다.

레위기 토지법은 토지를 하나님의 소유로 돌림으로써 토지 매매를 불가능하게 만들었는데, 동시에 하나님이 할당해 주신 토지를 누구도, 심지어 고대의 신적 권위를 지녔던 왕이라 할지라도, 그 어떤 국가 권력도 결코 찬탈할 수 없도록 영구적인 소유권을 보장해 주었다. 그리하여 그 포악한 절대 권력의 아합 왕도 일개 평민인 나봇의 포도원을 빼앗지 못했다(왕상 21장). 또한 레위기 토지법은 자신의 땅에서 능력껏 농사를 짓고 경제활동을 함으로써 얼마든지 사유 재산을 증식할 수 있도록 보장해 주었다. 이로 인해 이스라엘 사회에서도 빈부격차가 필연적으로 발생되었다. 따라서 성경의 토지 사상은 공산주의 사상과 근본적으로 다른 것이다.

오늘날 이미 사유화되어 있는 토지를 국가가 물리력을 동원해 공유화할 수는 없다. 따라서 레위기의 토지법과 희년법을 결코 문자적으로 실천할 수는 없다. 그럼에도 불구하고 우리는 토지법의 근본 취지에 초점을 맞추어야 한다. 그것은 땅의 이익을 공평하게 분배하는 것이다. 토지에서 나오는 이익을 특정한 사람이 독점하지 못하게 막는 것이다. 이것을 경제사상으로 새롭게 정립한 사람이 헨리 조지(Henry George)였다.

헨리 조지의 경제사상은 오늘날 재평가되고 있다. 한국에서도 오래전부터 고 대천덕 신부가 그의 사상을 소개해 오늘날 "토지 공개념"이 경제의 핵심 쟁점이 되도록 만들었다. 헨리 조지의 주장은 토지 가격의 상

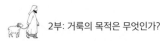

승으로 인한 이익을 세금으로 환수하여 공공의 혜택으로 돌리는 제도를 마련하자는 것이다. 이때 과중한 세금 때문에 토짓값이 상승하지 않을 테니 부동산 투기를 통한 불로소득이 사라지는 대신 활발한 투자를 통한 토지의 활용으로 토지는 공공의 이익을 위해 가장 효율적인 방법으로 쓰이게 된다.

헨리 조지가 주창한 경제 이론은 공산주의도 자본주의도 아니다. 그것은 토지를 근본으로 하는 "지본주의" 사상이다. 그는 성경의 토지법에서 영감을 얻어 자신의 경제 이론을 내놓았다. 자본주의는 양극화로 상위 소수자가 부가 독점되도록 만드는 구조이고, 공산주의는 폭력적 수단으로 이 부의 편중을 공평히 배분하려는 사상이다. 둘 다 성경적이지 않다. 그리하여 헨리 조지는 성경적 토지 공개념을 대안으로 제시한 것이다. 그러나 당시 그의 사상은 공산주의와 자본주의 양쪽에서 공격을 받아 주목을 받지 못했고, 헨리 조지는 오래도록 경제학에서는 아웃사이더로 취급되었다.

하지만 현대에 와서 신자유주의 사상이 세계를 휩쓸며 무한 자유 경쟁의 극단적 자본주의가 경제의 기본 사상으로 자리 잡은 결과 양극화 문제는 전 지구적 문제가 되었다. 이로 인해 헨리 조지의 사상이 재평가되면서 주목을 받는 추세다. 앞서 말한 대로, 한국의 토지 공개념 또한 바로 여기서 기원했다. 요컨대, 레위기의 토지법과 희년법이 보장한 공평한 땅의 이익 분배는 오늘날 법적, 제도적 장치의 보완을 통해 어느 정도 실현될 수 있다. 경제는 결코 단순하지 않고 따라서 토지 공개념이 제도화되어 구현되기는 쉬운 일이 아니지만, 우리는 이것이 결코 공산주의도 자본주의도 아닌 성경적 경제 정의의 실현임을 기억할 필요가 있다.

드라마 레위기

28. 젖과 꿀이 흐르는 땅은 무엇인가? / 레 26장 /

돌밭투성이 가나안 땅

레위기의 사실상의 마무리는 26장의 '축복과 저주'의 선언이다. 법전은 통상적으로 축복과 저주 조항으로 끝맺기 때문이다. 레위기의 마지막을 장식하는 27장은 추가적인 '예물법'을 가르치기 위한 부록이다. 27장은 레위기 첫 부분인 1-7장의 제사법과 어울리는 다양한 봉헌물에 대한 법들이다. 1-7장이 제단에 올리는 봉헌물이라면, 27장은 제단에 올리지 않고 성소에 봉헌하는 예물들이다. 그것은 서원의 예물, 자원해서 성별해서 바치는 예물, 그리고 십일조 등을 포함한다. 또한 하나님께 성별해서 어떤 땅을 바친 경우, 희년에 무르기가 가능한 경우와 불가능한 경우를 상세히 설명해 준다. 이것은 25장의 희년법의 보완이기도 하다.

26장은 희년법을 제정하는 25장에 이어서 등장한다. 26장을 요약하자면 희년법을 비롯하여 하나님의 법을 잘 지키면 다양한 종류의 풍성한 복들을 받을 것이고, 반대로 불순종하면 갖가지 끔찍한 재앙들이 찾

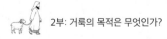

아올 것이라는 경고다. 백성들은 순종하면 약속대로 "젖과 꿀이 흐르는 땅"의 축복을 누린다.

"젖과 꿀이 흐르는 땅"이라는 표현은 레위기에서는 단 한 번 등장할 뿐이다(레 20:24). 그럼에도 불구하고 이스라엘 백성들이 누릴 땅의 축복은 "젖과 꿀이 흐르는 땅"으로 표현하는 것이 가장 적절하다. 26장은 서두에서 이렇게 축복을 약속하기 때문이다.

> 너희가 내 규례와 계명을 준행하면 내가 너희에게 철따라 비를 주리니 땅은 그 산물을 내고 밭의 나무는 열매를 맺으리라 너희의 타작은 포도 딸 때까지 미치며 너희의 포도 따는 것은 파종할 때까지 미치리니 너희가 음식을 배불리 먹고 너희의 땅에 안전하게 거주하리라 레 26:3-5

그렇다면 "젖과 꿀이 흐르는 땅"은 무엇을 의미하는가? 가나안 땅, 즉 오늘날 이스라엘 땅은 북부의 일부 평야 지대를 제외하고 전 국토가 사실 돌밭투성이다.

유대 전설에 다음과 같은 이야기가 내려온다고 한다. 하나님이 세상을 창조하신 후 천사들에게 자갈과 바위를 지구 곳곳에 뿌리고 오라고 명령을 내린다. 그런데 천사 한 명이 자갈과 바위를 싣고 가다가 다른 국가와 지역으로 뿌릴 돌 자루를 실수로 땅에 쏟아 버린다. 바로 그곳이 팔레스타인 지역이라는 것이다. 가나안은 그만큼 돌이 많은 땅이라는 뜻이다. 또한 토양도 석회암 지역이 많아 비가 오면 물을 가두어 놓고 필요할 때 쓸 수도 없다. 저수지가 무용지물인 토질이라는 의미다. 다시 말해 그 지역의 특징적인 토양과 기후의 측면에서 객관적으로 그 땅은 "젖과 꿀

드라마 레위기

이 흐르는 땅"이 될 수 없다. 흔한 말로 돈이 안 되는 땅인 것이다.

그러나 유독 구약성경에서만은 그 땅을 "젖과 꿀이 흐르는 땅"이요, 축복의 땅, 생명과 풍요의 땅이라고 묘사한다. 도대체 왜 그럴까? 우선 성경 시대, 특히 구약 시대였던 지금으로부터 약 3~5천 년 전에는 가나안 땅의 기후와 토지 상황이 지금과는 달랐다는 견해가 있다. 현재보다 강우량이 많았고, 또한 숲 지역도 훨씬 방대하고 넓어 농사에 좋은 환경이었다는 주장이다.

실제로 이집트의 어떤 문헌에는 가나안 땅이 포도와 무화과, 감람나무의 소산이 풍성한 땅으로 기록되어 있다. 그러나 과거의 가나안에 비해 현대의 그 땅이 분명 기후와 숲의 면적 등의 생태적 상황이 일부 달라진 것이 명백하나, 커다란 변화는 없었다는 것이 중론이다. 실제로 성경의 기록에 의하면, 아브라함이 조카 롯에게 좋은 땅을 양보한 뒤 자신은 가나안 땅 지역을 선택했는데, 당시에도 전혀 매력적이지 않은 땅이었다. 그러나 가나안 땅은 예나 지금이나 물 공급이 충분하기만 하면 농사가 대박을 치는 땅이었다는 것은 변함없는 사실이다.

젖과 꿀이 흐르는 땅의 의미

"젖과 꿀이 흐르는 땅"에서 '젖과 꿀'은 무엇을 의미하는가? 여기서 한 가지 잘못 알려진 것부터 바로잡아야 할 것 같다. 젖은 당연히 가축의 젖, 즉 우유를 말한다. 그러면 '꿀'은 무엇인가? 앞서 소제에 대한 설명에서 이것을 자세히 설명한 바 있다.

요약하자면, '꿀'에 해당되는 히브리어 '데바쉬'(debash)는 벌꿀과 과일 꿀, 둘 다를 의미할 수 있다. 벌꿀은 야생 꿀이고 과일 꿀은 주로 대추(우

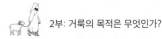

리나라 대추와 다름)나 포도로 만든 과일 시럽이다. 여기서는 분명 '우유'와 상응하는 '과일 꿀'로 보는 것이 자연스럽다. 생산의 축복을 약속하는 말씀이기 때문이다. 따라서 "젖과 꿀이 흐른다"는 말은 가축들이 너무 잘 자라고 과일이 넘치도록 생산되는 땅, 다시 말해 '목축과 농사'가 아주 잘되는 땅이라는 표현이다. 한 마디로 복 받은 땅이다.

하지만 돌밭에다 강우량이 부족하며 물을 가두어 건기와 가뭄에 대처하기도 어려운 땅인데 왜 하나님은 "젖과 꿀이 흐르는 땅"이라 하셨을까? "젖과 꿀이 흐르는 땅"이라는 수식어에 가장 적합한 땅은 사실은 이집트의 나일 삼각주와 메소포타미아의 티그리스-유프라테스강 하역이다. 해마다 기름진 흙이 쌓이는 그 땅은 홍수 조절만 잘하면 소위 대박나는 땅이다. 그래서 광야로 출애굽 해서 나온 이스라엘 백성은 물과 식량이 부족하자 이집트 땅은 "젖과 꿀이 흐르는 땅"이었다고 하면서 반란을 일으킨다(민 16:13-14).

사실 이 불평의 표현은 오히려 매우 불경하고 하나님을 모독하는 반역적인 언사다. 감히 하나님이 사용하시던 "젖과 꿀이 흐르는"이라는 표현을 이집트 땅에 갖다 붙이고 있기 때문이다. 객관적으로는 그 땅들은 백성들이 표현한 대로 다양한 과일과 채소가 생산되는 풍요의 땅이다. 그러나 하나님은 그 땅을 "젖과 꿀이 흐르는 땅"으로 묘사하신 적이 없다. 유독 구약성경이 가나안 땅을 기름진 땅, 풍요의 땅이라고 소개하고 있는 이유가 있다고 본다. 다름 아닌 바로 '하나님의 은혜'로 말미암아 그 땅이 젖과 꿀이 흐르는 땅이 된다는 것이다.

드라마 레위기

순종하면 축복, 불순종하면 저주

이때 레위기 26장의 말씀대로 순종이 조건이 된다. 순종하면 그 땅은 '대박'나는 땅이라는 것이다. 그러나 불순종하면 소위 '쪽박'을 찼다. 실제로 그들은 불순종으로 인해 레위기 26장에서 나열된 기근, 가뭄, 병충해, 전염병, 전쟁 등 모든 재앙을 다 겪는다. 묘하게도 그 땅은 비만 오면 곡식이 쑥쑥 잘 자란다고 한다. 그러나 비가 와 줘야 한다. 특히 이른 비가 와야 파종을 하는데, 안 오면 일 년 농사는 망친다. 그 후 6개월의 우기에 중간 비도 꾸준히 와줘야 하지만 중간 비는 약간 부실하더라도 가장 중요한 비는 늦은 비다. 추수 직전의 늦은 비가 꼭, 그리고 충분히 와줘야 한다. 안 오면 곡식의 알이 잘 안 차 막판에 농사를 망치며 땅을 갈고 파종을 하며 정성을 들인 몇 달의 수고가 허사가 된다. 따라서 "이른 비"와 "늦은 비"가 가장 중요했다.

하늘의 수도꼭지를 하나님이 쥐고 계신다. 순종하면 열어 주시고 불순종하면 잠그신다. 그래서 26장은 서두에서 강조한다.

> 너희가 내 규례와 계명을 준행하면 내가 너희에게 철따라 비를 주리니 땅은
> 그 산물을 내고 밭의 나무는 열매를 맺으리라 레 26:3-4

그 외에도 구약 전반에서 "이른 비와 늦은 비를 내리시는 하나님"이 그토록 강조된다. 결국, 나라의 논밭 전체가 '천수답'인 셈인데, 다른 식으로 표현하면 구약 백성의 농법은 '하늘 농법', '기도 농법' 혹은 '믿음 농법'이었다.

이미 이스라엘이 그 땅을 점유하기 전에 가나안은 젖과 꿀이 흐르는

땅이었다는 것이 증명된다. 민수기에 보면 정탐꾼들이 거대한 포도송이를 두 사람이 메고 와야 할 정도였다(민 13:23). 여기서 "포도송이 '하나'를 어떻게 두 사람이 멜 수 있느냐?"고 물으며 혹자는 생물학적으로 그런 포도는 존재할 수 없다며 과장된 이야기로 보려 한다. 그러나 그 "한"(히브리어 '에하드') 포도송이는 가지에 붙은 한 꾸러미의 여러 포도송이일 수 있다. 정탐꾼들은 그것을 가지 채 잘라내서 석류와 무화과와 더불어 두 사람이 들고 왔다(민 13:23).

어쨌든 정탐꾼은 그 땅이 약속한 대로 엄청난 풍요의 땅임을 확증하는 증거물을 가져왔다는 것이 그 이야기의 핵심이다. 그런데 이미 가나안 족속들이 그 땅의 풍요를 누리고 있었다. 그러나 결국 그들은 하나님을 모르고 사는 우상 숭배자들이요 도덕적으로 심히 부패하고 패역한 족속이기 때문에 오히려 그 풍요의 땅에서 추방을 당하고 그 자리를 이스라엘이 대신하게 된다.

드라마 레위기

마지막으로 우리는 가나안 땅을 선택하신 하나님의 일하는 방법에 주목해야 한다. 하나님은 이집트의 옥토인 델타(삼각주) 지역을 택하지 않으셨다. 메소포타미아의 여러 지류가 흐르는 비옥한 농토가 있는 땅도 택하지 않으셨다. 하나님은 농사의 측면에서는 인기가 전혀 없던 척박한, 그리고 강대국 틈에 끼인 자그마한 가나안 땅을 선택하시고 그 땅을 "젖과 꿀이 흐르는 땅"이라고 선언하셨다. 이것이 하나님의 일하시는 방법이다.

　　이스라엘 민족의 형편도 한번 생각해 보자. 사실 이스라엘 백성 자체가 바로 가나안 땅과 같은 존재였다. 그들은 두들겨 맞으며 중노동에 시달린 "노예 민족"이었다. 그들은 분명 아브라함 안에 이미 선택된 민족으로 예정되어 있었지만, 인간적인 눈으로 볼 때는 하나님은 초문명을 자랑하는 강대국 이집트 민족도, 엄청난 무기와 치적을 자랑하는 위엄 있는 앗수르 민족도 택하지 않으시고 한낱 매질 당하는 "흙수저 민족"을 택하셨다. 하나님은 무시당하는 바닥의 민족을 택하시고 그들을 "나의 특별한 보물"(히. 세굴라)이요 "제사장 나라와 거룩한 백성"이라 하셨고(출 19:3-4), 인기 없는 가나안 땅을 선택하시어 "젖과 꿀이 흐르는 나의 땅"이라 하셨다.

　　사람들은 스스로 날 때부터 흙수저를 물고 태어나고 태생적 환경이 막장이라고 생각하면서 희망이 없다고 말한다. 분명 우리는 이런 부당하고 불의한 사회 구조를 바꾸기 위해 노력해야만 한다. 하지만 하나님은 시스템 저 너머에 계신다. 구조와 법을 바꾸는 노력과 더불어 우리는 그런 사회적 한계를 뛰어넘게 하시는 하나님의 일하심을 확신해야 한다. 하나님은 가나안 땅, 바로 거기서 자신의 일을 시작하신다.

내가 거룩하니 너희도 거룩하라!

구조를 통해 본 레위기의 메시지

레위기의 구조를 마지막 글에서 다루는 것이 엉뚱할 수도 있으나 필자는 의도적으로 이것을 마지막 결론으로 배치했다. 왜냐하면 구조를 들여다보면 레위기의 중심 주제가 쉽게 파악되고 전체적인 내용이 한눈에 정돈되고 요약되기 때문이다. 학자들의 레위기 구조는 직선적 구조로 대동소이하다. 일부 창의적인 구조들도 제안되어 왔으나 필자가 보는 레위기는 대략 다음과 같은 구조를 갖는다.

A 1-7장: 거룩한 제사

B 8-10장: 거룩한 제사장직; 위임과 첫 직무

C 11-15장: 거룩을 위한 의식적 정결

X 16-17장: 거룩의 회복; 속죄일과 피

C¹ 18-20장: 거룩을 위한 윤리적 정결

B¹ 21-22장: 거룩한 제사장직; 자격과 의무

A¹ 23-27장: 거룩한 절기

 드라마 레위기

이것은 대체적으로 좌우 대칭의 교차 구조다. 16장과 17장의 내용은 전혀 별개이기에 학자들은 대부분 이 두 장을 분리하곤 한다. 그러나 우리는 이미 16장과 17장을 나란히 배치해야 하는 이유를 살펴보았다. 16장은 피로 범벅된 대속죄일이 주제이고, 17장은 바로 그 피의 의미와 기능을 설명하고 있기 때문이다. 속죄일과 피는 이스라엘의 거룩의 회복을 위한 가장 중요한 요소들이다.

　　16-17장의 중심 부분을 기준으로 위아래로 올라가며 살피면 대칭성이 뚜렷해진다. 16-17장을 중심으로 대칭 구도를 이루는 11-15장과 18-20장의 내용은 각각 정결법(의식적 정결)과 성결법(윤리적 정결)이다. 이 두 법은 각각 의식과 윤리의 영역에서 "너희는 거룩하라"는 최종 목표를 공유하고 있다(레 11:44-45; 20:26). 이러한 특징은 정결법과 성결법의 대칭성을 정당화한다.

　　제사장에 대한 내용 또한 대칭을 이루고 있다: 제사장의 위임과 첫 직무(8-9장); 제사장의 자격과 준수 사항(21-22장). 특히 제사장의 자격과 준수 사항 및 신체적 흠은 희생 짐승의 신체적 흠과 마찬가지로 완전성을 통한 거룩을 교훈한다. 제사장의 신체적 흠에 이어(레

21:17-24) 짐승의 흠이 제시되는(레 22:16-24) 이유는 이 둘이 모두 성전에 바쳐질 자격에 관한 것이고, 짐승에 흠이 있는지를 최종 점검할 책임은 제사장에게 있기 때문이다.

흥미롭게도 중심축 X의 16-17장을 기준으로 두 가지 비극적 사건이 양쪽에 배치되어 있다. 먼저 앞부분에 아론의 두 아들이 죽는 비극적 에피소드가 들어 있다(10장). 두 제사장에 의한 하나님의 성소의 오염이다. 그런데 뒷부분에도 또 하나의 비극적 사건이 끼어 있다(24:10-23). 그것은 평민에 의한 여호와의 성호의 모독이다.

10장에서 두 제사장이 "다른 불", 즉 불법적 불을 사용하여 여호와의 성소를 더럽힌다. 이때 여호와에 의해 직접 화형(火刑)을 당한다. 24장은 이와 대조적인 특징을 보인다. 혼혈족 평민이 여호와의 이름을 저주하고 모독하여 여호와의 성호를 더럽힌다. 이때 여호와의 지시에 따라 회중에 의한 투석형을 당한다.

놀라운 것은 제사장과 혼혈족은 신분상 양극단에 놓여 있다는 것이다. 전자는 성직에 있으면서 이스라엘의 가장 중심에 위치한 반면, 후자는 혼혈족 신분으로 공동체의 끝자락에 위치한다는 점에서 사마리아인에 비할 수 있다. 이런 방식으로 위의 두 비극적 사건은 전 백성을 포괄한다.

두 경우 모두 사건 발생과 더불어 그 사건과 관련된 법이 주어진다. 전자에서는 두 제사장이 사망한 직후 제사장의 주의사항, 즉 직무 중 금주와 핵심 의무가 지시된다(레 10:9-11), 후자에서는 평민이 투석형과 더불어 동해동형법과 그것에 따른 여러 형벌법이 제정

 드라마 레위기

된다(레 24:16-22). 제사장의 금주는 성-속과 정-부정의 분별과 예방을 위한 것이고, 동해동형법은 정의-불의의 판결과 시행을 위한 법이다.

마지막으로 제사법(1-7장)과 절기법(23-27장)이 대칭을 이룬다. 물론 23-27장은 절기법만이 아닌 26장의 축복과 저주 조항, 그리고 27장의 추가적 예물법으로 구성되어 있지만, 대략적으로 시간과 관련된 절기법으로 묶어 볼 수 있다. 23장은 절기법, 24장이 전반부는 안식일, 떡상, 금등대의 사용법으로서 시간의 주기와 관련되어 있다. 25장은 희년법으로서 역시 시간과 관련된 법안이다. 양쪽 모두 백성의 제의적 삶을 통제하는 의식법으로 간주할 수 있다. 또한 사실 27장은 희년과 관련된 땅 무르기에 대한 법을 추가하고 있기에 25장의 희년법과도 깊이 연결되어 있다.

특히 25-26장은 정결과 거룩의 지평을 사회와 자연, 우주적 차원으로 확대한다. 그것은 자연 질서의 회복과 사회 정의 실현에 초점을 맞추고 있다. 토지는 휴경을 통해 땅의 기력을 회복한다. 또한 이스라엘 사회는 모든 노예를 해방해야 하고 땅은 원주인에게 돌아가 흐트러진 땅의 무질서가 50년 주기로 바로 잡힌다(25장). 만일 그들이 이 법을 잘 지키면 땅이 주는 풍성한 복이 약속되어 있다(26장). 왜냐하면, 휴경한 땅은 기력을 회복하여 농사가 잘되고 또한 토지가 원주인에게 돌아가 토지의 이익이 공정하게 잘 분배됨에 따라 공동체 전체의 삶의 질이 높아지기 때문이다. 따라서 26장의 축복과 저주는 당장에는 바로 앞의 희년의 토지법과 밀접히 관련되어 있다.

만일 이 법을 지키지 않으면 저주가 임한다.

희년법을 통해 이스라엘은 50년 주기로 사회적-우주적 리셋이 발생한다. 이것은 이스라엘 사회와 자연 전체가 온전히 처음의 순수한 거룩한 상태로 돌아감을 의미한다. 놀랍게도 희년이 속죄일인 7월 10일에 나팔 소리와 함께 선포된다. 이것은 50년 주기의 희년마다 속죄일의 성취가 사회적, 우주적으로 확대되는 것을 의미한다. 이렇듯 성경의 속죄 개념은 이미 구약에서부터 개인 구원과 사회 구원의 차이를 두지 않은 통전적 속죄 개념이다. 구약은 이미 개인의 속죄와 구원뿐 아니라, 사회적, 우주적 회복과 구원의 프로그램을 제시한다.

한편 26장은 25장과 결부되어 있고 그 법의 순종 여부에 따른 축복과 저주를 선언하지만, 동시에 레위기 전체의 결론으로서 축복과 저주의 선포로 기능한다. 언약 법전은 항상 마지막에 축복과 저주 조항으로 마무리되기 때문이다. 따라서 27장이 다시 덧붙여진 것은 매우 이상하게 보이나 이것은 부록처럼 의도적으로 배치된 것이 분명하다.

레위기의 마지막인 27장은 다시 1-7장의 제사법과 대칭을 이룬다. 앞서 말한 대로, 1-7장이 제단에 올리는 여러 가지 봉헌물에 대한 법이라면, 27장은 제단에 올리지 않는 다양한 봉헌물들, 예컨대, 십일조, 서원의 예물, 그 외 자원하여 성별해서 성소에 바치는 예물들에 대한 법이다. 이렇게 해서 레위기는 의도적으로 치밀한 대칭 구조를 이루며 기록되었으며 이것은 분명히 "거룩"을 가르치기 위함이다.

 드라마 레위기

내가 거룩하니 너희도 거룩하라!

레위기의 교훈을 요약하면 "내가 거룩하니 너희도 거룩하라"이다. 거룩에의 요청은 책 전반에 스며들어 있고 레위기 구조의 각 부분의 제목에서 보듯이 거룩의 주제가 처음부터 끝을 관통한다. 그들이 왜 거룩한 삶을 살아야 하는지는 레위기 11장 45절에 잘 요약되어 있다.

> 나는 너희의 하나님이 되려고 너희를 애굽 땅에서 인도하여 낸 여호와라 내가 거룩하니 너희도 거룩할지어다 레 11:45

이들은 이집트의 노예 신분에서 구출되어 자유민으로 해방된 민족이다. 그것은 하나님이 그들의 하나님이 되시기 위해서였다. 또한 그들을 하나님의 뜻에 따라 사는 하나님의 백성으로 삼기 위함이었다.

하나님은 자신이 거룩한 것처럼 그들이 거룩한 백성이 되라고 명령하신다.

"너희는 거룩하라."

이것이 레위기의 최종 목적이다.